中国
创业观察
创业活动的结构分析

高建　程源　牟睿　董雅莉
— 著 —

清華大学出版社
北京

内 容 简 介

本书是基于 2002—2020 年全球创业观察中国研究收集的成人创业调查数据、专家访谈数据及中国创业活动的统计数据,对中国创业活动进行的结构分析。本书把创业活动的结构细分为特征结构、质量结构、区域结构、国际多边结构和生态环境结构五个方面。通过对创业活动的结构分析,我们可以深化对创业者和创业活动的动机、创业行为、创业过程、创业活动的影响因素、创业成效和创业政策的认识,激发系统思考和探索更有意义的理论和实践问题,助力创业活动高质量发展,提升创业活动对增强经济社会持续活力的实质作用。

图书在版编目(CIP)数据

中国创业观察:创业活动的结构分析/高建等著. —北京:清华大学出版社,2022.12
ISBN 978-7-302-62197-3

Ⅰ. ①中⋯ Ⅱ. ①高⋯ Ⅲ. ①创业－研究－中国 Ⅳ. ①F249.214

中国版本图书馆 CIP 数据核字(2022)第 221388 号

责任编辑:高晓蔚
封面设计:汉风唐韵
责任校对:宋玉莲
责任印制:杨　艳

出版发行:清华大学出版社
　　　　网　　址:http://www.tup.com.cn,http://www.wqbook.com
　　　　地　　址:北京清华大学学研大厦 A 座　　**邮　　编:**100084
　　　　社 总 机:010-83470000　　　　　　　　**邮　　购:**010-62786544
　　　　投稿与读者服务:010-62776969,c-service@tup.tsinghua.edu.cn
　　　　质量反馈:010-62772015,zhiliang@tup.tsinghua.edu.cn
印 装 者:北京嘉实印刷有限公司
经　　销:全国新华书店
开　　本:185mm×260mm　　**印　　张:**21.25　　　　**字　　数:**490 千字
版　　次:2022 年 12 月第 1 版　　　　　　　**印　　次:**2022 年 12 月第 1 次印刷
定　　价:98.00 元

产品编号:100230-01

致谢

本书是全球创业观察中国研究团队基于从 2002 年参加全球创业观察研究项目到 2020 年发布第 16 份全球创业观察研究中国报告的 18 年时间里完成的成人创业调查和专家访谈基础上完成的。

由于该研究所需要的成人创业调查数据和专家访谈数据都需要研究团队自己收集，每年度的研究经费都需要自己筹集。因此，在这 18 年间，每年给予研究经费和合作支持的单位、科研项目及个人都对本书的最终出版作出了不可替代的贡献。没有这些单位、科研项目和个人的支持，我们不可能坚持 18 年的研究，也不可能完成这本记载我国 18 年间创业活动变化的书。

我们要特别感谢清华大学经济管理学院中国创业研究中心作为全球创业观察中国研究启动后的承担单位。中国创业研究中心的时任主任姜彦福教授不仅积极支持开展全球创业观察中国研究，而且直接指导和参与研究工作；北京市科学技术委员会软科学处把全球创业观察中国研究作为科研课题，时任处长颜振军博士到清华大学调研，认可该研究的学术和实践意义，并且应邀参加年度报告的发布会和做主题发言；教育部人文社科重点研究基地重大项目（06JJD630012）、国家自然科学基金项目（70571043）、国家社会科学基金项目（04BJL022）支持了与课题有关的研究部分。清华大学科研院为本研究立项，支持在全球创业观察框架下对中国创业活动进行深度持续研究。

全球创业观察中国研究还得到了人力资源与社会保障部就业促进司的支持。与我们合作交流最多的柴海山副司长曾积极参与全球创业观察中国报告的发布会并作重要讲话。

需要着重感谢启迪创新研究院和陈鸿波院长持续支持全球创业观察中国研究，确保了全球创业观察中国研究不断深化和更有价值。在 2015—2018 年间，作为合作研究伙伴，我们一起研究、共同发布年度的全球创业观察中国报告。

感谢 2019/2020 年度的全球创业观察中国报告的合作方华普亿方教育集团及其创始人付鹏董事长。由于他们的支持，我们一起顺利完成了 2019/2020 年的全球创业观察中国报告，这也是我们发布的最后一份年度报告。2020 年起由于新冠肺炎疫情对调查工作的严重影响，我们不再参加全球创业观察研究项目。

著　者

2022 年 10 月

目录

第 3 篇　质　量　结　构

第6篇 生态环境结构

Contents

第1篇

导　论

绪言

清华经管学院的研究团队自 2001 年加入全球创业观察研究项目,2002 年开始调研,2003 年发布第 1 份全球创业观察中国报告直到 2020 年完成并发布全球创业观察 2019/2020 中国报告,其间的 18 年时间里,共发布了 16 份年度研究报告,对中国的创业活跃程度、创业活动特征、创业环境与政策进行了长期研究。

全球创业观察中国报告是全球了解中国创业活动的重要来源,是对中国创业活动的历史记录;同时,全球创业观察中国年度报告的研究成果得到国家相关部门的认可,服务于人力资源和社会保障部的中国实施创业带动就业战略和二十国集团创业行动计划、服务于国家人才中长期规划指标的测算、服务于国家推进"大众创业、万众创新"高质量发展的需要。这些报告中,2002 年、2003 年、2005 年和 2007 年的年度报告都由清华大学出版社出版,并且 2005 年和 2007 年的年度报告曾获得了北京市哲学社会科学优秀成果奖一等奖和教育部人文社科优秀成果奖三等奖。

基于年度数据完成的研究报告使用的是截面数据,而经过近 20 年的调查积累,我们已经形成了结构化的时间序列数据。在参加全球创业观察的 110 多个经济体中,中国团队连续坚持了近 20 年,没有更换过研究团队,是参与方中参与年数排在前 10% 的研究团队,也是亚洲参与时间最长的团队。有鉴于此,我们研究团队认为有必要把这 18 年间的一手研究数据汇集起来,从时间序列维度进行创业活动的结构分析。从相对长期的维度审视和梳理中国创业活动的构成、特征、变化、当前状况与问题,为读者提供一个了解中国创业活动的结构化图景。

0.1 创业活动的结构

创业活动是体现人类创造力的重要活动之一,也是最复杂的创造力活动之一。创业活动的参与者众多,不同年龄、性别、区域、受教育程度的成年人都可以参与,创办的新企业分布于不同的产业部门。创业过程环节多、过程复杂、涉及面广。创业企业在从无到有、从小到大的过程中,对就业、经济增长、社会进步、产业更替、全球发展与合作等产生持续的影响。同时,创业过程中创业者和创业企业不断面临机遇和挑战、面临生存压力、面临成功者寡和失败者多的现实。如何改善创业过程、提高创业成效是创业领域始终关心的问题。

从结构分析入手是认识创业活动的有效方式。而且,结构分析有助于从复杂的创业活动中发现深层次的创业驱动因素、寻找提高创业成效的途径。

创业活动的结构包括特征结构、质量结构、区域结构、国际多边结构和生态环境结构五种结构。

(1)特征结构包含四个方面。①人口统计学特征结构。创业活动具有明显的创业者人口统计学特征。因为创业活动的参与者是来自不同年龄、性别、受教育程度的个人。创业活动的人口统计学特征涉及创业者的性别、创业者的受教育程度、创业者的收入水平、创业者的年龄分布、创业者的创业地点等。②动机结构。创业者动机可以细分为很多种,但也可以分为比较简单有效的生存型和机会型创业活动。此外,可依据创业者的创业动机主要是追求商业价值还是社会价值,把创业活动分为商业创业活动和社会创业活动。③行业结构。创业活动分布在不同产业领域,如通常所说的一、二、三产业的创业分布,和同一产业不同部门的创业分布。例如,服务业的创业活动还可以分为一般服务创业和专业服务创业等。④群体结构。创业活动的群体特征涉及不同类型的人群,比较典型的包括青年创业、老年创业、女性创业、家族创业、移民创业、公司内创业、残疾人创业等。

（2）质量结构。创业活动的质量决定创业活动的未来,没有质量的创业是没有竞争力的。创业质量涉及创新型创业、创业的成长性、创业带动就业效应、创业的国际化、创业退出的主动和被动选择、高附加值创业部门表现等。

（3）区域结构。创业活动是一种区域现象,呈现不均衡的发展分布。区域结构关注我国不同区域的创业活动和创业环境的表现。以省和直辖市为单位,使用衡量指标反映我国区域创业活动的数量、质量、变化和驱动因素;以主要城市为单位,使用衡量指标反映我国区域创业环境的基本状况、变化和城市差异。

（4）国际多边结构。全球创业观察项目的参与方迄今已经超过110个经济体。每个参与方不仅可以研究所在经济体的创业活动,也可以并且有条件研究不同的国际多边机制下各经济体组合的创业活动。例如,研究"一带一路"国家的创业活动、二十国集团的创业活动、金砖国家的创业活动、东盟国家的创业活动、欧盟成员国的创业活动等。这些不同的国际多边结构的经济体组合也关注和加强创业及就业的政策和行动,其创业活动形成不同的实力、特点和结构。

（5）生态环境结构。创业的生态环境理论正在形成中,全球创业观察项目也在开发和尝试新的评价创业生态环境的框架。我们的研究一方面借鉴这些新的探索,同时也专门研究其中的特定方面,比如创业文化、创业金融、创业教育和创业政策等。

0.2　数据来源

本书中,研究中国区域创业活动和典型城市创业环境的章节使用的数据截止到2020年,其他各章分析用的数据来源于全球创业观察中国团队自2002年参加全球创业观察项目到2020年因为疫情原因停止参加该项目的18年的时间段内,包括2002年至2019年间年对中国创业活动的成人调查、专家调查数据、各年度发布的全球创业观察中国报告以及全球创业观察研究项目的全球数据。

全球创业观察中国团队2002年加入全球创业观察项目。我们在2002年进行首次问卷调查,在2003年首次发布全球创业观察中国年度报告,2020年发布最后一份全球创业观察中国年度报告;在2002—2020年的18年间,没有参加2004年和2008年的全球创业观察研究,共计参加了16个年度的全球创业观察研究,发布了16份全球创业观察中国报告。各年度的全球创业观察中国报告是基于上一年度得到的调查数据完成。

在使用全球创业观察数据时,来源有两部分:全球创业观察的整体数据和全球创业观察的中国数据。全球创业观察的整体数据是参与到全球创业观察项目中的各个经济体的团队有权使用的所有参与方数据合并后的主要统计数据。中国数据则是中国研究团队自己获取的所有底层数据。

0.2.1 全球创业观察的整体数据

全球创业观察研究自 1999 年开始,总计有超过 110 个经济体在不同年份参加研究,每年平均收集的成人创业调查样本超过 20 万个。

2019 年有 50 个经济体参与了全球创业观察研究,包括 23 个欧洲和北美经济体、11 个中东地区和非洲经济体、8 个亚太地区经济体及 8 个拉丁美洲和加勒比海地区经济体。50 个经济体的受访者样本超过 15 万个。

本书有权使用的全球创业观察的整体数据时间跨度是从 1999 到 2019 年,包含所有参与的经济体,无论其参与 1 次还是 20 次的面板数据。从统计上看,77 个经济体参与次数低于 10 次,其中低于 5 次的有 52 个。因此,不是所有参与的经济体的创业观察数据都具有同等的可比性和可用性。由于我国参与时间长且连续,因此在本书中并不是,也不需要使用全部的全球创业观察的整体数据,而是根据需要选择具有可比性和完备性的数据,基于结构分析的要求进行采用。

0.2.2 全球创业观察的中国数据

全球创业观察的中国数据通过问卷调查和专家访谈获取。成人问卷调查(adult population survey,APS)收集被调查的成年人有关创业方面的信息。该项调查包括两个层次:第一个层次是关于所调查的成年人参与创业活动的基本问题,涉及已参与创建的新企业、参与的创业活动和将来可能参与的创业活动或创建新企业,以及参与创业融资的情况等;第二个层次建立在第一个层次上,用于获得创业活动动机、行为、机会等特征的数据。

2002—2019 年中国成人创业调查问卷样本总量为 52 151。样本量最少的是 2002 年的 1 607。样本量最多的是 2016 年的 3 974。分年份的样本情况如表 0-1 所示。

表 0-1　2002—2019 年中国成人调查问卷样本量

年份	2002	2003	2004	2006	2008	2009	2010	2011
样本量	2 054	1 607	2 109	2 399	2 666	3 608	3 677	3 690
年份	2012	2013	2014	2015	2016	2017	2018	2019
样本量	3 684	3 634	3 647	3 822	3 974	3 911	3 828	3 841

专家访谈(national expert survey,NES)是为了调查所在经济体的创业环境条件而进行的数据收集。按照创业环境条件的九个方面选择所在经济体在这九方面有声誉的专家进行面对面访谈,同时完成一份标准的专家问卷;该问卷包括创业环境条件的九个方面 70 个以上的专业问题,另外还有专门设计的半开放式问题。

2002—2019 年全球创业观察中国研究中所访谈的专家超过 580 位,平均每年不少 36 位。我们在正式出版的全球创业观察中国报告中包含了访谈专家的基本信息。

0.3　本书的篇章结构

本书包括 6 篇 16 章。按照 0.1 节确定的创业活动结构类型,本书的篇章结构如下。

第 1 篇是导论。包括前言和第 1 章对创业活动的结构认识。

第 2 篇:创业活动的特征结构。该部分包括第 2 章青年创业、第 3 章女性创业、第 4 章老年创业、第 5 章社会创业、第 6 章服务业创业。

第 3 篇：创业活动的质量结构。该部分包括第 7 章创新型创业、第 8 章高成长创业、第 9 章国际创业、第 10 章创业带动就业效应、第 11 章创业退出。

第 4 篇：创业活动的区域结构。该部分包括第 12 章区域创业活动、第 13 章我国主要城市的创业环境

第 5 篇：创业活动的国际多边结构。该部分为第 14 章二十国集团和金砖国家创业活动的比较。

第 6 篇：创业活动的生态环境结构。该部分包括第 15 章创业环境和第 16 章创业文化。

第 4 章老年创业由英国埃塞克斯大学李俊教授负责撰写，使用的是全球创业观察中国团队的数据库。

第 1 章
对创业活动的结构认识

中国团队参加全球创业观察并发布年度报告的时间段为 2003—2020 年,收集数据的时间是 2002 年到 2019 年。在每年发布中国创业观察年度报告时,研究集中于当期数据。虽然在参与全球创业观察项目 10 周年时也做过一个以 10 年间数据为基础的分析,但当时查看的是变化趋势,还没有形成对创业活动的结构认识,也没有进行全面的结构分析。

本章结合全球创业观察项目的概念框架,对创业活动及其结构进行分析。首先解释全球创业观察项目对创业活动的参与者及创业过程的界定。了解这些界定是正确理解本书在使用全球创业观察总体数据和中国数据时的前提,同时也是认识创业活动结构特征的开始。其次,解读全球创业观察项目概念框架的构成,全面认识创业活动的结构要件、结构指标和结构关系,形成深入探究创业活动的结构视角和结构空间。

1.1 创业活动及其表现

创业活动是创业者开展的创办新企业的活动。在描述创业活动的时候,包括创业者和创业过程两个方面。

1.1.1 创业者和创业过程

全球创业观察对创业者的定义是:①被调查者自己或者与他人共同创办企业;②被调查者自己或者与他人共同为雇主开展一项新生意或者建立一个新企业;③被调查者自己或者与他人共同拥有一家公司,并由被调查者负责经营管理。因此,在本书中,创业者是符合上述特征的参与创业活动的人群集合。

全球创业观察研究的创业者所参与的创业过程分解为三个环节。一是潜在创业者产生创业动机,并可能导致创业的行动。二是产生创业行动后,在创业初期表现出的早期创业活动。这个时期分为企业成立前三个月的初生创业者和不超过 42 个月的新企业创业者。三是运营超过 42 个月的已有企业创业者,这些人已经走上了持续经营之路。

全球创业观察项目从创立之初就构造了一个衡量早期创业活动的指标,即早期创业活动指数(total early-stage entrepreneurial activity rate,TEA 指数)。该指数的含义是 18~64 岁的人口中目前是初生创业者或者是新企业拥有所有权的创业者人数所占比例,用来反映一个经济体早期创业活动的总体水平或规模。

1.1.2 创业活动的表现

创业活动的表现有长期和短期之分。长期表现是促进经济社会发展,短期表现是创造就业、提高国内生产总值、实现创新和社会价值等。

1.2　全球创业观察概念框架的组成

全球创业观察研究的概念框架对创业活动的影响因素、创业过程和创业表现的内涵及它们之间的关系进行了概括。

虽然从1999年到2022年,全球创业观察研究的概念框架有所调整,但影响创业活动因素的主要结构没有改变①,包括基础条件、效率条件和创新创业条件,分别由影响创业的基础水平、效率水平和创新创业支撑水平的相关因素构成(见图1-1和图1-2)。

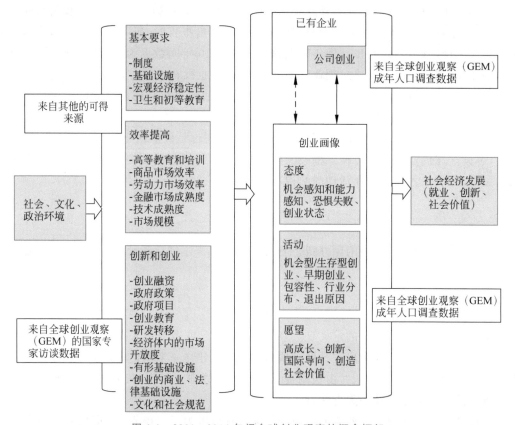

图 1-1　2011—2014 年间全球创业观察的概念框架

从图1-1可以看出,创业活动是在一定社会、文化和政治环境下进行的。基础条件包括制度、有形的和无形的基础设施、宏观经济稳定、健康状况和基础教育等;效率条件是那些能够改善效率或者提高效率的因素,包括高等教育和培训、商品市场效率、劳动市场效率、金融市场成熟度、技术准备程度和市场规模等;创新创业条件是与创业活动直接相关的支撑条件,包括创业金融、政府政策、政府创业项目、创业教育、研究开发转移、市场开放程度、创业的有形基础设施、服务于创业的商业和法律的基础设施、文化和社会规范等。

---

① 全球创业观察在1999—2020年间,其研究的概念框架大致经历了四次变化:1999—2010、2011—2014、2015—2018、2019至今。四次变化都是增补和完善式的,相对于过去的概念框架更清晰和更合理。这里摘用了其2011—2014和2019至今两个在内容细致程度上具有互补性的概念框架作为分析图示。

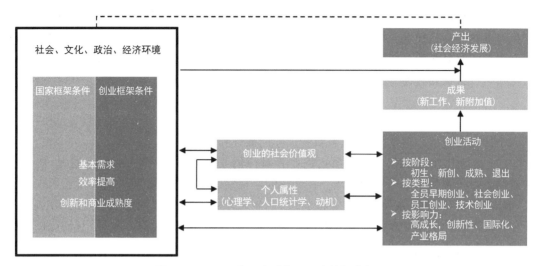

图 1-2　2019 至今　全球创业观察的概念框架

创业过程可以从图 1-1 的中间模块内容中看得比较清楚。在活动的模块里,早期创业活动(early-stage)包括了初生创业活动和新企业创业活动两个阶段。在这个模块中的退出,也是创业活动的一个环节,可以和早期创业活动过程连接起来。创业退出既可以发生在早期创业活动的两个阶段上,也可以发生在存活期超过 42 个月的已有企业阶段。

创业活动的表现在图 1-2 中划分得更加明晰,既可以是用社会经济发展衡量的长期成果,也可以是创造新工作和新附加值的近期产出。

1.3　创业活动的结构指标

图 1-2 中左边的社会、文化、政治和经济环境是对创业环境的结构化分解。其包括国际框架条件和创业框架条件。图 1-2 的中间两个方格分别从社会属性和个体属性上划分了创业者的客观特征。在特定的社会、文化、政治和经济环境下,创业者的社会属性和个体属性与国家框架条件和创业框架条件组合起来,表现为在不同创业阶段、创业类型和创业质量下的创业活动。因此,图 1-2 对我们理解创业活动的结构提供比较清晰的视角、过程和组成。但是,如果仅就字面意思去理解相关概念和对应的创业活动,未免会流于简单和表面。在对图 1-2 中各项创业活动进行了明确的定义、数据获取和分析之后,我们可以对创业活动的结构有比较准确、全面和系统的认识。

图 1-2 右边的三个方格是对创业活动进行分解后的结构指标。右下角的方格包括按阶段、类型、影响力划分的创业活动结构的指标。右上角的两个方格中的创业产出指标分为成果和产出;成果为创业活动短期产出,能够产生立竿见影的成效,而产出则是度量创业活动的长期产生,能够产生的对经济社会的持续影响。

以下是对图 1-2 中包含的主要结构指标的介绍。

1.3.1　创业的社会价值观

创业的社会价值观是创业者在形成创业想法、成为潜在创业者和成为创业者后始终考虑的创业追求,包括对个人、对他人和对社会的回报,以及回报的性质。在更广泛的意义上,创业的社会价值观所体现的是创业者创业活动的目标导向,和对商业文明进步和社会文明进步的重视和贡献程度。在全球创业观察的研究中,对创业社会价值观的认识非常具体,以问卷调查询问创业者对创业活动的个人认知和社会认知。对创业活动有更加积极正面的个人认知和社会认知有助于增强创业活动的活力。

1.3.2 个体属性

个体属性包括心理学的属性、人口统计学的属性和创业动机。

（1）心理属性。在图1-1中,描述创业者对待创业机会、判断自己的创业能力、对创业失败的恐惧等都属于心理学的属性。在全球创业观察中国研究中使用的成人创业调查问卷中,有专门的问题询问被调查者对创业机会、创业能力的评判,以及对创业失败的态度。

不同经济体的创业者由于所处的创业环境不同,自身的情况也存在差异,对创业机会的认知水平肯定是有差异的。因此,对于什么是真正的创业机会并没有一致的理解,都带有自己的主观判断。在创业准备阶段或者创立之初,创业者都是信心满满、全力投入。如果在这个时候就认为前景渺茫或者不能胜任,那么创业者是迈不出创业步伐的。创业者对创业能力的评价也有相当部分的主观成分,甚至有无知者无畏的情况。

对待创业失败的态度主要表现在社会创业氛围给创业者失败后的反馈是宽容还是蔑视;创业失败后的再创业机会成本是否高。当创业者惧怕失败的比例高时,创业活动会受到抑制甚至举步维艰。在宽容失败的文化氛围下和失败后再创业的机会成本不高的环境下,创业者的创业心态会更加积极,预期会更乐观,创业主动性会增强。

（2）人口统计学属性。在全球创业观察的中国研究中,人口统计学的属性是分析创业活动的基础。我们会关注不同年龄、性别、受教育程度、收入水平、城乡地域等典型的人口统计学创业活动特征。

年龄。全球创业观察中国研究中,我们关注18～64岁成年人口的创业活动。在分析中,我们通常划分为5个年龄段,分别是18～24岁,25～34岁,35～44岁,45～54岁,55～64岁。其中,18～34岁为青年创业者,35～54为中年创业者,55～64岁为老年创业者。本书中专章研究了青年创业和老年创业。

性别。在全球创业观察中国研究中,针对18～64岁不同性别的创业者的创业活动特征进行了多角度的分析。专章研究了女性创业。在其他章节中,如与创业质量相关的章节中,都有针对性别在创业质量表现上的分析。

受教育程度。创业者的受教育程度对开展创业活动的意愿、能力、认知以及创业活动的质量和影响力都具有影响。全球创业观察中国研究将创业者的受教育程度作为关键指标持续追踪。

收入水平。创业者的收入水平与创业活动之间可能存在一定的关系,对于早期创业者来说,较高的家庭收入可以为创业活动提供一定的资金支持,但同时也可能限制他们从事有风险的创业活动的积极性。按照被调查者家庭收入水平的分布情况,全球创业观察中国研究中,我们将创业者的收入水平归纳为三个收入层次:低收入群体、中等收入群体和高收入群体。归纳的具体做法是将所有被调查者的家庭收入从高到低排序,前1/3定义为高收入群体,后1/3定义为低收入群体,中间1/3定义为中等收入群体。

（3）创业动机。在全球创业观察的中国研究中,创业动机属于个体属性之一,并且多年以来划分为生存型动机和机会型动机。通过调查问卷询问被调查者确定创业者的创业动机是机会型创业还是生存型创业。该问题是一个单选题。虽然也有少数回答者认为两个动机都有，但对于刚刚创业的早期创业者，单个动机的可能性更大。因此，通过询问判断创业者的创业动机，并且研究不同创业动机下的创业行为和创业绩效，对于认识创业者的创业行为和增强在制定创业政策时的针对性是有现实且可证实的意义的。

当然，创业动机仍然可以在上述的二分法下继续分解。2019 年全球创业观察中国研究采用了全球创业观察研究尝试的新创业动机分类作为调查问题，将原有的创业动机二分法改变为以下四个问题：改变世界，创造巨大财富或高收入，延续家庭传统，因为工作机会稀缺。其中，最后一个问题基本等同于生存型创业，前三个更倾向于机会型创业。但在我们长期从事全球创业观察中国研究的研究者看来，这样的划分并不利于对创业者创业动机及其作用的深入研究，反而由于各个问题的边界不清，影响对创业者基本创业动机的捕捉。

1.3.3　创业阶段

划分创业阶段后，可以研究不同阶段创业者的各类特性、行为和预期成果。同时，也可以通过观察不同阶段创业者的转化，动态分析创业者创办企业的生存能力如何、后续发展能力如何等重要问题。

全球创业观察研究项目按照创业阶段，把创业企业分为初生企业、新企业、成熟企业和退出。前文对前三类企业的划分做了明确定义（见 1.1 节）。退出行为可以出现在初生企业、新企业或者成熟企业中的任何一个阶段，并非指发展到成熟企业后才有的现象。

由于诸多原因，创业者不得不退出创业活动。本书中有专章研究与创业退出有关的问题。不过，创业退出往往不是不再创业，而是指本次创业活动结束。无论是主动退出还是被动退出，本次创业活动的结束有可能是新一次创业活动的开始。

1.3.4　创业类型

（1）商业创业。在图 1-1 和图 1-2 中，虽然我们并没有看到商业创业的概念，但整个全球创业观察的概念框架最初是围绕着商业创业活动设计的。技术创业、社会创业和公司创业（又称员工创业、雇员创业）是在全球创业观察的后续年份研究中发展出来的。这一方面说明，商业创业是创业活动最基本和最主要的类型；另一方面也表明，分析商业创业活动的概念框架也是适用于社会创业、公司创业等创业类型。

（2）技术创业。全球创业观察研究关注创业中的创新活动。在 2006 年的成人创业问卷调查中，创业中的产品和市场创新等情况都是被调查的问题。通过获取数据，我们能够了解创业中创新的表现，换句话说，我们能观察到创新型创业活动。但是，创新型创业活动不同于技术创业。技术创业指的是有中高技术为基础的创业活动，该类创业企业可以称为是中高技术企业。

（3）社会创业。在图 1-2 的右侧方格中有社会创业一项。社会创业度量在过去三年内年龄在 18～64 岁间的成年人，单独或与他人一起以任何形式去尝试开始或正在运营具有社会、环境或社区目标的活动。全球创业观察中国研究 2009 年的问卷中包含了社会创业的问题。迄今为止全球创业观察分别在 2009 年和 2015 年做过两次有关社会创业活动的专题调查，中国团队也有这两年中国的社会创业数据。本书中围绕社会创业有专门一章内容介绍。

（4）公司创业。在图 1-2 的右侧方格中有公司员工创业一项。公司员工创业通常简称为公司创业。公司创业关心的是公司内的创业活动特征。在全球创业观察的成人创业调查问卷中加入公司创业的问题，通过问卷调查收集数据并进行分析，计算公司创业活动指数，显示公司员工创业活动的基本特征。由于全球创业观察研究的成人创业调查面向所有成年人，除非有很大规模的问卷调查，有大样本的数据，否则公司创业的样本量通常是不充分的。这样的现状限制了在全球创业观察研究中进行公司创业活动研究的可行性。不过，这的确是一个创业活动研究的重要问题，不应该因此而忽视。

1.3.5 质量指标

在图 1-2 的影响力方格中，创新型、高成长、国际化和产业分布都是体现创业质量的指标。称这些指标为影响力指标也是合理的，一是这些指标的确代表了创业活动产生的成效，二是这些指标反映了创业活动的产出形成的辐射面。例如，对国际市场的开拓、对产业结构转型的作用等。我们认为关注创业质量与关注影响力同等重要，甚至更为重要。而且，在创业的质量指标中，需要包括创业带动就业的成效。因此，我们认为创业活动的结构指标中，衡量创业活动质量的指标有五项：创新型创业、高成长创业、国际创业、创业带动就业和创业活动的产业分布。

（1）创新型创业。创新型创业活动是指有新产品或/和新市场的创业活动。如果一个企业提供的产品或服务对全部或部分客户是新颖的，并且在市场上很少有或没有竞争对手，那么可以认为该企业具有创新能力。2019 年全球创业观察将产品新颖性这一指标加以变化，对企业提供的产品或服务，不再是从客户的角度评价是否新颖和独特，而是企业自己评价是否在本地区范围、本经济体范围和全球范围是全新的。这里的本地区范围是指企业所在的地区，从地理范围上比经济体小。

（2）高成长创业。如果一个早期创业企业预期在未来 5 年内拥有超过 20 个雇员，则视为高成长型创业活动。在全球创业观察的研究中，高成长创业中的高成长是用预期的雇员人数规模度量的。这样的考虑可以避免在获取财务数据上的困难，也与创业活动起起伏伏，更看重未来，用预期度量更合理有关。当然，被调查者也存在高估自己的可能性。调查人员在调查时可以通过正确指导在一定程度上降低非理性因素的影响。

（3）国际创业。创业的国际化程度是衡量国际创业活动的指标。在全球创业观察中国研究中，有多年收集这方面的数据。衡量国际创业活动的指标是海外客户的营业收入占公司销售收入的比例。创业企业既有有国际创业活动的，也有没有国际创业活动的。在本书的国际创业一章中，我们区别了没有国际创业活动和有不同程度国际创业活动的情况。影响国际创业程度的主要因素告诉我们如何推动国际创业，提高我国的创业活动质量。

（4）创业带动就业。创业具有带动就业的作用。创业带动就业是指 18～64 岁的成年人创业活动预期在一定时间内能产生的新工作岗位数量。在 2007 年我们发布全球创业观察中国报告时，把报告的主题定位为创业转型和就业效应。我们的研究发现，机会型创业和生存型创业的就业效应不同，即两种动机类型下的创业带动就业能力是不同的。其实，影响就业效应的创业活动还有很多种情况。本书将对此进行新的深入研究，从多方面分析创业带动就业的影响因素，发现那些带动更强就业效应的创业人群和创业领域。

（5）创业活动的产业分布。创业活动的产业分布是指创业活动发生在哪些行业和行业部门。全球创业观察中国研究中,没有直接使用第一、二、三产业的分类,也没有直接使用国际统计的行业分类标准,而是把创业者建立的企业分为四类行业,即采集提炼类行业、移动转移类行业、客户服务业和商业服务业。2010 年后又将商业服务业更加细化为信息和通信产业、专业服务业和管理服务业三类。四类行业中的具体行业部门在后文的具体分析中会专门列出,在此不赘述。创业活动的行业分布与创业质量、创业活跃程度、创业人群、产业格局等有密切关系,值得进行长期动态跟踪研究。

1.4　全球创业观察的专题研究

专题研究是创业活动结构分析的重要形式。全球创业观察研究自 1999 年开展以来,每年发布的创业观察全球报告,基本上是基于全球创业观察关注的基本问题展开,一直没有发布过结构分析报告。但是,在过去的 20 多年里,基于全球创业观察各参与方的数据,全球创业观察研究完成并发布过若干专题报告。这些专题报告具有对创业活动进行结构分析的特点,弥补了全球创业观察研究在结构分析上的缺失。

经过我们的统计,全球创业观察项目自 2004 年至 2019 年的 15 年间共发布了 24 份专题研究报告,其中,发布过 2 次及以上的专题研究报告涉及的领域有:创业融资(2004,2006,2015)、社会创业(2009,2015)、女性创业(2006—2018 年间 7 次)、创新信心指数(2007,2008,2009)和青年创业(2012,2015)。具体情况如表 1-1 所示。

表 1-1　全球创业观察项目发布的专题研究报告清单(截至 2019 年底)

全球创业观察项目发布的独立专题报告(2004—2019)	
2009,2015	社会创业(social entrepreneurship)
2007	高成长创业(high-growth entrepreneurship)
2005	高预期创业(high expectation entrepreneurship)
2004,2006,2015	创业融资(entrepreneurial financing)
2006,2007,2010,2012,2014,2016,2018	女性创业(women and entrepreneurship)
2008	教育和培训(education and training)
2011	员工创业(entrepreneurial employee activity)
2016	老人创业(senior entrepreneurship)
2019	家族创业(family entrepreneurship)
2011	高影响力创业(high impact entrepreneurship)(endeavor)
2007,2008,2009	创新信心指数(innovation confidence index(IIIP))
2012(YBI),2015	青年创业(youth entrepreneurship)

第2篇

特征结构

第 2 章
青年创业

青年是我国创业主体中最具活力的群体,代表创业的未来和希望。国务院《中长期青年发展规划(2016—2025 年)》将青年的年龄范围界定为 14～35 岁,国家统计局将 15～34 岁的群体划分为青年。

全球创业观察研究一直将青年作为全球创业活动的重要群体进行追踪观察,其对青年的年龄范围定义为 18～34 岁。因此,从全球创业研究的广泛可比性角度,本研究将 18～34 岁的人口划分为青年,35～64 岁的人口划分为非青年。

此外,为了更清晰地反映我国青年创业的特征和质量,在下文分析中我们将青年群体区分为两个年龄段,分别是 18～24 岁和 25～34 岁。

2.1 青年创业的年龄分布

根据图 2-1 显示,2002—2019 年我国创业者的年龄分布中,以 25～34 岁的青年和 35～44 岁的中年人群为主。其中,青年(18～34 岁)是我国参与创业活动最为活跃的群体,平均占比为 49.2%,几乎占创业人群总数的一半。

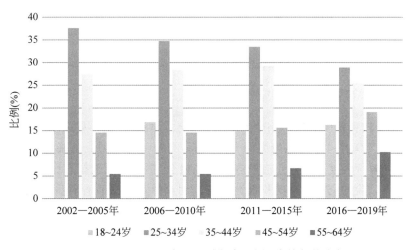

图 2-1　2002—2019 年不同时期我国创业者的年龄分布

在全球创业观察对青年创业的分段统计中,18～34 岁的青年创业活动划分为 18～24 岁和 25～34 岁两个年龄段,相对来说 25～34 岁年龄段的青年创业活动更为活跃,比例为 33.4%。在 2019 年的创业活动成人调查中,我国创业者中青年(18～34 岁)占比 47.7%,其中 18～24 岁占比为 17.7%,25～34 岁占比为 30%。

此外,从不同时期来看,2016—2019 年间 18～64 岁成年人口各年龄段的创业者分布更为均衡；18～24 岁和 25～34 岁青年占比分别为 16.3％和 28.9％,35～44 岁和 45～54 岁中年占比分别为 25.5％和 19.1％,55～54 岁老年占比为 10.2％。

青年创业指数是指青年中参与创业活动的人数占青年总数的比重,用来反映一个国家的青年创业活动的活跃程度。从 G20 经济体来看(图 2-2),效率驱动阶段经济体的青年创业活动整体上比创新驱动阶段经济体更为活跃。例如,巴西青年创业指数高达 18.2％,排名 G20 经济体第一;我国青年创业指数为 17.9％,排名第二;处于创新驱动阶段的国家中,加拿大青年创业指数最高(14.4％),美国为 13.3％,日本、法国和意大利的青年创业活动最不活跃,青年创业指数均在 6％以下。

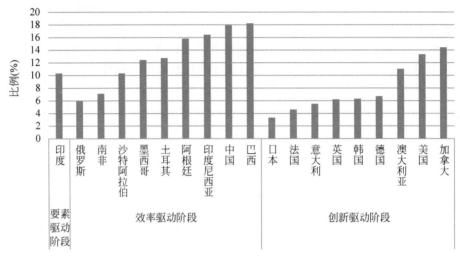

图 2-2　G20 经济体青年创业指数(2002—2019 年)

2.2　青年创业的特征

2.2.1　受高等教育的比重在上升

一个人的受教育程度不仅影响个人的就业机会,而且影响其从事创业活动的潜力。一方面,受教育程度高者通常掌握较高的专业技能,具有一定的创业基础,创业潜力较强;但是另一方面,受教育程度高者由于有较多的就业机会,更有可能选择有稳定收入和保障的工作,因而参与有风险的创业活动的积极性不高。创业活动与受教育程度之间的关系较为复杂,因人而异。

按照我国学历等级的划分,受教育程度分为三类:①高中及以下;②大学(包括大专、本科学历);③研究生(包括硕士和博士研究生)。

根据图 2-3 显示,我国 2002—2019 年不同时期受高等教育的青年创业者比例呈上升趋势。2002—2015 年间青年创业者中有一半以上都是高中及以下学历;2016—2019 年间具有大学及以上学历的青年创业者成为我国创业活动的主要力量,占到青年创业者的半数以上,具体来说 18～24 岁和 25～34 岁青年创业者中受高等教育的比例分别为 61.1％和 56.7％。

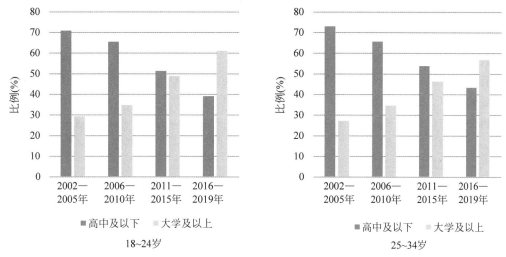

图 2-3　2002—2019 年不同时期我国青年创业者的受教育程度

2.2.2　机会型创业为主

一般说来,个人开创一个新企业主要出于两个方面的原因:

(1) 创业者为了把握出现或者觉察到的商业机会;

(2) 创业者在没有更好的工作选择的情况下(没有工作,或对现有工作不满意),不得不自己创业。

全球创业观察研究将创业者的创业动机分为两类,一类是机会型动机,另一类是生存型动机。

如图 2-4 所示,2002—2018 年[①]我国不同时期青年创业者的创业动机一直是以机会型

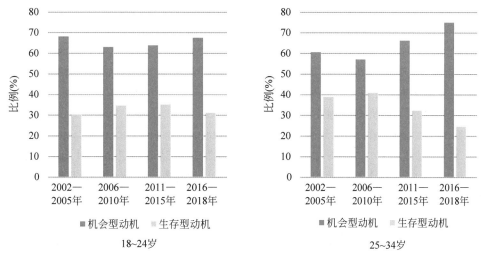

图 2-4　2002—2018 年不同时期我国青年创业者的创业动机

---

① 创业动机、创新性、个人认知、社会认知这四项指标的含义在 2019 年有调整,本章中,这些指标在与之前年份一并统计时取到 2018 年。

动机为主,平均有 64.3％ 的机会型青年创业者。在 25～34 岁青年人群中,机会型动机的比例呈明显的上升趋势,2016—2018 年间达到 75％。

青年创业者无论受教育水平的高低,都是以机会型创业动机为主(见图 2-5)。学历越高的青年创业者,其机会型创业动机比例更高,即为把握机会而创业的人数远远高于为生存而创业的人数。这一点在 25～34 岁青年人群中表现尤为显著,高中及以下学历的青年创业者的机会型动机比例为 58％,生存型动机为 41％;大学学历的青年创业者这两个比例分别为 71.4％ 和 27.9％;研究生学历的青年创业者这两个比例相差更多,机会型动机比例为 97.4％,生存型动机为 2.6％。

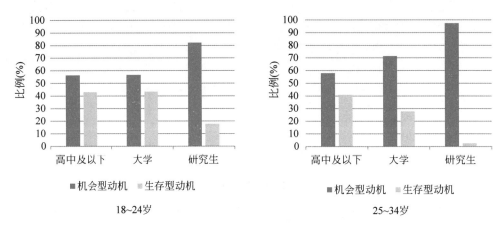

图 2-5　不同学历的青年创业者的创业动机(2002—2018 年)

2.2.3　创业动机多样化

为了更细致地了解人们开始尝试创业的原因,2019 年全球创业观察研究在全球调查中将原有的创业动机二分法改变为以下四个问题(可以多项选择):

- 改变世界;
- 创造巨大财富或高收入;
- 延续家庭传统;
- 因为缺乏工作机会而创业。

根据图 2-6 显示,在 2019 年我国成人创业活动的问卷调查中,无论青年(18～24 岁和 25～34 岁)还是非青年(35～64 岁),都有超过 60％ 的人群认为缺乏工作机会是尝试创业的首要原因,而且年龄越大持此项观点的人群比例越多。创造财富是青年创业的第二大原因,有超过 53％ 的青年人为了创造巨大财富或追求高收入而选择创业,相比之下非青年人群的这一比例为 42.4％。

18～24 岁的年轻人有将近一半(48.6％)是为了改变世界而创业,有同样想法的 25～34 岁青年比例仅为 31.3％,而非青年人群的这一比例为 42.7％。在为了延续家族传统而创业方面,非青年人群的比例最高(46.9％),其次分别是 25～34 岁和 18～24 岁的青年,占比分别为 37.9％ 和 27.6％。

结合受教育程度来看青年的创业动机(图 2-7),缺乏工作机会是 18～24 岁高中及以下

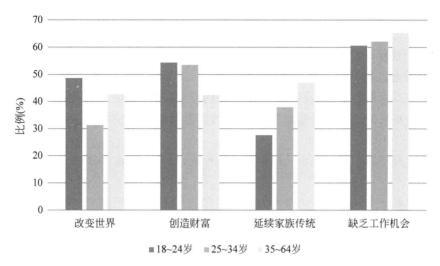

图 2-6 不同年龄段创业者的创业动机(2019 年)

学历者和 25～34 岁大学及以上学历者最主要的创业动机,比例分别为 71.4% 和 69.7%。
而对于 18～24 岁大学及以上学历者和 25～34 岁高中及以下学历者,创造财富或追求高收
入则是他们创业的主要动机,比例分别为 55.6% 和 64.3%。

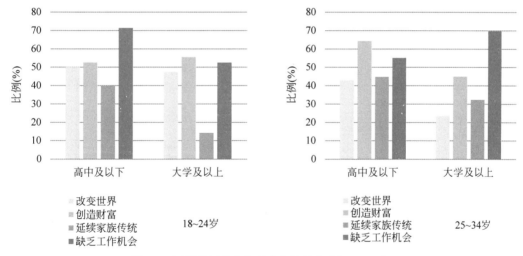

图 2-7 不同学历的青年创业者的创业动机(2019 年)

我们发现改变世界这一创业动机,随着年龄的增长,受教育程度的提高,持同意观点
的青年比例在降低。18～24 岁高中及以下学历者比例为 50%,大学及以上学历者比例
为 47.4%;25～34 岁高中及以下学历者比例为 42.9%,大学及以上学历者比例为
23.5%。

为了延续家族传统而创业的青年,在不同的年龄段都表现出受教育程度越高其比例越
低的特点。18～24 岁高中及以下学历者比例为 40%,大学及以上学历者比例为 14.3%;
25～34 岁高中及以下学历者比例为 44.8%,大学及以上学历者比例为 32.4%。

2.2.4 客户服务业是创业的主要领域

全球创业观察研究参考国际标准行业分类代码（ISIC）对企业的商业活动进行分类，并归结为四类行业。

（1）采集提炼类。从自然资源中提炼产品的行业，包括农业、林业、渔业和采矿业等。

（2）移动转换类。将人或物进行物理上的位置转移或改变的行业，包括建筑业、制造业、交通运输业和批发分销业等。

（3）商业服务类。为其他企业提供服务的行业，包括金融业、房地产业以及其他商业服务业。

（4）客户服务类。以个体消费者为服务对象的行业，包括零售、餐饮、酒店、保健、教育、社会服务和娱乐业等。

客户服务产业是我国青年创业者创业的主要领域，平均 66.7% 的青年创业者集中在客户服务产业开展创业活动，然后依次为移动转移类（21.6%）、商业服务类（8.5%）、采集提炼类（3.2%）。

从 2002—2019 年不同时期我国青年创业活动行业分布的变化趋势来看（图 2-8），以第一产业为主的采集提炼类行业比例变化不大，一直在 7% 以下；以第二产业为主的移动转换类行业比例呈下降趋势，2016—2019 年间降到了 20% 以下；青年创业者在商业服务业的比例呈上升趋势，2016—2019 年间 18~24 岁和 25~34 岁青年的这一比例分别为 11.5% 和 12.6%；客户服务业青年创业者的比例变化不大，保持在 60% 以上。

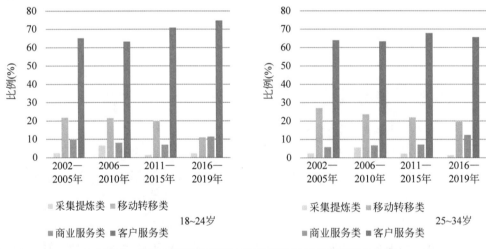

图 2-8　2002—2019 年不同时期我国青年创业者的行业分布

结合青年创业者的受教育程度来分析（图 2-9），我们发现无论受教育程度如何，青年创业者都更多地集中在客户服务类行业来开展创业活动。其中，在 18~24 岁的青年人群中，有 89.7% 的大学及以上学历者，82.4% 的高中及以下学历者；在 25~34 岁年龄段，大学及以上学历的青年比例（59.5%）要明显低于高中及以下学历的青年（72.2%）。

在对技术要求和附加值更高的商业服务业，大学及以上学历的青年创业者的比例更高，其中 18~24 岁的比例为 6.9%，25~34 岁的比例为 11.9%，而相比之下高中及以下学历的

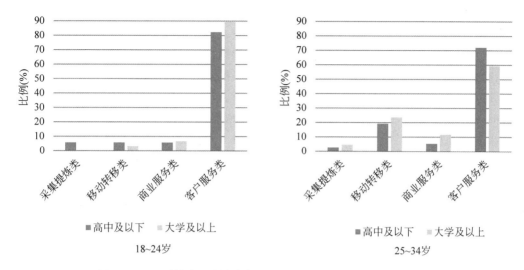

图 2-9 不同受教育程度的青年创业者的行业分布(2002—2019 年)

青年创业者在同一年龄段比例分别为 5.9% 和 5.6%。

从更为细致的行业来看(图 2-10),大学及以上学历的 25～34 岁的青年更多地从事政府、医疗、教育和社会服务(26.2%)、制造业(14.3%)、信息和通信业(7.1%)等行业;而比例高达 55.6% 的高中及以下学历者集中在零售业、住宿和餐饮业,13.9% 分布在批发业,11.1% 从事政府、医疗、教育和社会服务。

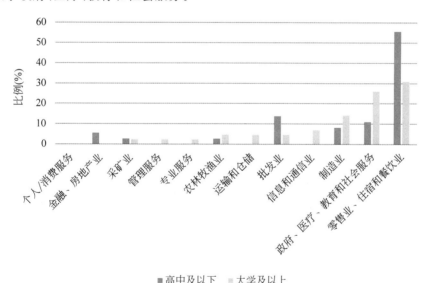

图 2-10 不同受教育程度的 25～34 岁青年创业者的行业分布(2002—2019 年)

2.2.5 创业资金主要来源于个人及家庭成员

创业企业经营规模小、信用程度低、贷款风险高,所以创业融资是初创企业普遍面临的难题。

　　全球创业观察研究分别在 2012 年、2014 年、2015 年开展了关于创业融资的专题调查。前两个年份仅有 1 个问卷问题来询问受访者创业资金的主要来源，对应 5 个单选项（个人、家庭、朋友、银行、其他）；2015 年扩展到 8 个问卷问题，涵盖了更丰富的创业融资渠道（包括个人、家庭成员、朋友或邻居、雇主或同事、银行或其他金融机构、私人投资或创业投资、政府计划、捐赠或拨款、网上众筹），受访者可以多项选择。

　　根据图 2-11 显示，我国青年的创业活动主要依靠家庭成员的资助和个人自有资金。18～24 岁青年中 46.8％依靠家庭成员，33.8％来自个人资金，这两项比例均高于 25～34 岁青年，25～34 岁青年这两项比例分别为 42.3％和 32.4％。

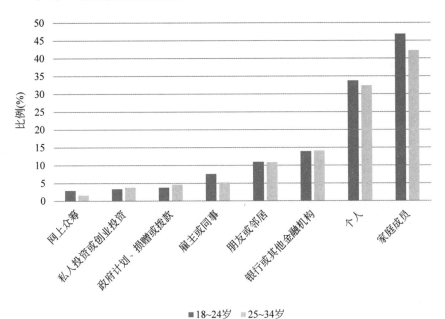

图 2-11　青年创业者的创业资金来源（2012/2014/2015 年）

　　其次是通过银行等金融机构以及朋友或邻居获取创业资金，18～24 岁和 25～34 岁青年在这两项来源的比例几乎相同，分别约为 14％和 11％。

　　此外，还有低于 10％的青年创业者选择其他融资渠道，比如分别有 7.6％和 3％的 18～24 岁青年从雇员或同事，或通过网上众筹来获取创业资金；有 4.6％的 25～34 岁青年得到政府资金扶持，还有 3.8％的 25～34 岁青年获得私人投资或创业投资。

2.3　青年创业的质量

2.3.1　创新性呈上升趋势

　　就客户而言，企业的产品或服务是否是新颖和独特的，客户可以有不同的评价。就企业而言，企业提供的产品或服务被全部或某些客户认为是新颖的，那么可以认为该企业的产品或服务具有创新性。

　　2002—2018 年我国不同时期青年创业者创办的企业提供的产品或服务的创新性呈上

升趋势(图 2-12)。2002—2005 年间产品或服务具有新颖性的 18～24 岁和 25～34 岁青年创业者比例分别为 39.1% 和 41%,而到 2016—2018 年间这两个年龄段的比例分别上升到了 77.3% 和 78.6%。

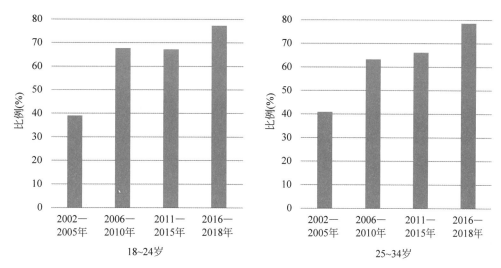

图 2-12　2002—2018 年不同时期我国青年创业者提供的产品/服务新颖性

2019 年全球创业观察研究对产品新颖性指标进行了新的区分,对企业提供的产品或服务,不再是从客户的角度评价是否新颖和独特,而是由企业自己评价是否在本地区范围、本国范围和全球范围是全新的。这里的本地区范围是指企业所在的地区,从地理范围上比国家小。

在新的划分下,不同年龄段的创业者在产品/服务新颖性方面差异明显(图 2-13)。2019 年我国 35～64 岁非青年创业者所创办的企业提供产品/服务具有新颖性的比例远高于青年人群。而不同年龄段的青年创业者的创新性也有差异,25～34 岁青年中 21.5% 和 4.6% 在本地区范围内和本国范围内具有创新性,高于 18～24 岁青年的相应比例;18～24 岁青年有 2.6% 的比例在全球范围内具有创新性,而 25～34 岁青年的这一比例仅为 1.5%。

2.3.2　成长性呈上升趋势

创业者在开办企业的过程中根据企业发展情况和增长潜力雇佣更多的员工。在全球创业观察研究中初创企业的成长性主要指企业规模的成长性,用企业雇佣员工的数量来反映。

2002—2019 年青年创业企业中能够提供 1～5 个就业岗位的企业平均比例最高(61.2%);能够提供 6～19 个和 20 个以上就业岗位的平均比例分别为 15.6% 和 11.9%。

从不同时间段来看(图 2-14),青年创业企业能够提供 6～19 个就业岗位的比例呈上升趋势。2016—2019 年间能够提供 6～19 个和 20 个以上就业岗位的青年创业比例达到最高,其中 18～24 岁青年的这两个比例为 17.2% 和 21%,25～34 岁青年的这两个比例为 29.4% 和 15.5%。

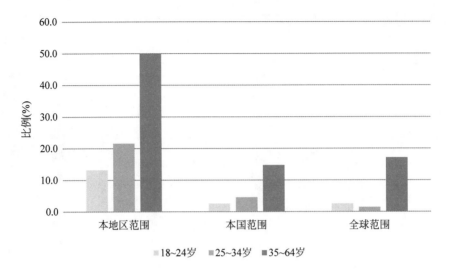

图 2-13　青年及非青年创业者提供的产品/服务新颖性（2019 年）

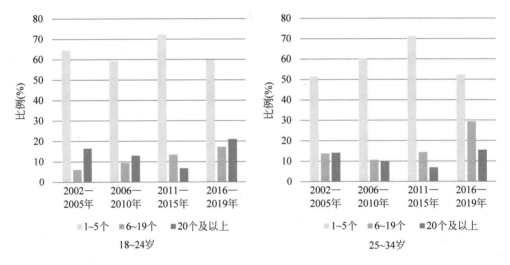

图 2-14　2002—2019 年不同时期我国青年创业企业提供就业岗位规模

2.3.3　国际化水平较低

创业活动的国际化指标采用的是创业企业来自海外客户的收入占年度销售收入的比例。

总体来说，我国青年创业活动的国际化水平较低，平均 71.9％的青年创业企业没有来自海外客户的收入，25％以下营业额来自海外客户的企业比例为 23.5％，而 25％～75％和 75％以上营业额来自海外客户的企业比例较低，分别为 3.8％和 0.9％。

根据图 2-15 显示，我国 2002—2019 年不同时期的青年创业企业的国际化水平变化不大。2016—2019 年间 18～24 岁青年创业企业 25％以下、25％～75％和 75％以上营业额来自海外客户的比例分别为 21.2%、8% 和 0.9%；25～34 岁青年创业企业的这三个比例分别为 24.7%、3% 和 0.5%。

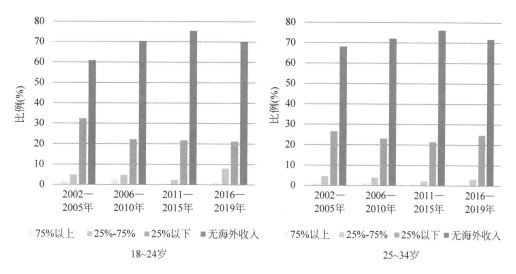

图 2-15　2002—2019 年不同时期我国青年创业企业来自海外客户的收入占年度销售收入的比例

2.4　青年对待创业的态度

2.4.1　个人认知

为了解人们对创业环境的个人认知能力,全球创业观察在调查中询问了关于机会识别、能力感知和恐惧失败三个方面的问题。

（1）机会识别：在未来六个月内,您所居住的地区是否将有很好的创业机会？

（2）创业能力：您是否具备创办一个新企业所需的知识、技能和经验？

（3）恐惧失败：对失败的恐惧是否会影响您尝试创办新的企业？

如图 2-16 所示,2002—2018 年不同时期我国青年感知创业机会的比例在上升,认为自己具备创业能力的比例在下降,恐惧失败的比例呈上升趋势。导致这一现象的原因可能是随着技术进步和社会发展,创业对创业者能力的要求在不断提高,越来越多的青年创业者开始更加理性地认识到自己的差距与不足,对创业持有更谨慎的态度；而随着社会总体财富的增加和就业机会的多元化,创业的机会成本也在不断上升,青年创业者对失败的恐惧也有所加剧。

2016—2018 年间,我国青年创业者在机会识别、创业能力和恐惧失败三个认知方面的比例分别为 49.2%、37.9% 和 38%。

全球创业观察研究在 2019 年的成人调查问卷中,对个人认知三个问题的选项进行了细化,在往年受访者只需给出是或否两个选择,而在 2019 年选项变为 5 个（包括非常同意、比较同意、既不同意也不反对、比较反对、非常反对）。

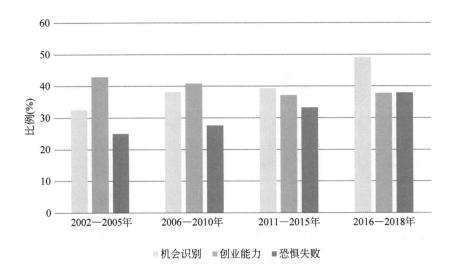

图 2-16 2002—2018 年不同时期我国青年对待创业活动的个人认知

根据图 2-17 显示,在机会识别 创业能力和恐惧失败三个方面,持比较同意观点的青年比例分别为 46.4%、40.4% 和 29.7%,持非常同意观点的青年比例分别为 12.9%、13.4% 和 10.1%,有 20% 左右的青年在上述个人认知的 3 个方面持中立态度。

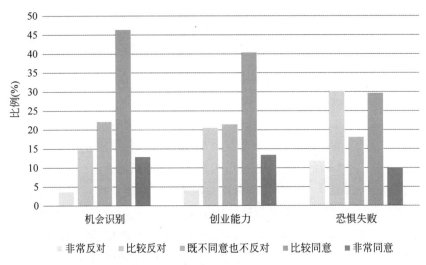

图 2-17 青年对待创业活动的个人认知(2019 年)

根据 2002—2018 年数据显示(图 2-18),我国青年对创业的机会识别和创业能力认知方面均高于非青年群体,青年对创业活动表现出明显的信心和乐观的态度,而非青年人群的创业活动则更为保守和谨慎。37.6% 的青年认为未来 6 个月内具有好的创业机会,而非青年这一比例为 30%;37.5% 的青年认为自己具备创业能力,非青年的比例为 33.4%;非青年对创业失败的恐惧略多(比例为 33.6%),而有 31% 的青年会因为恐惧失败而放弃创业。

另外,一个人的受教育程度也会影响他对创业环境的个人认知能力。如图 2-19 所示,大学及以上学历的青年在机会识别能力上优于低学历者,大学以上学历的青年对机会识别

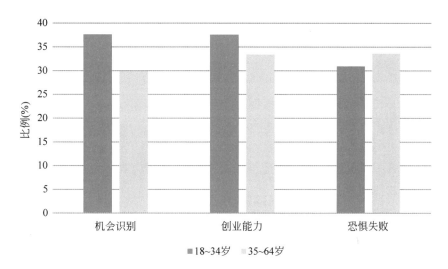

图 2-18 青年和非青年对创业活动的个人认知（2002—2018 年）

的比例为 40.4％,而高中及以下学历的青年的比例为 35.3％。不同学历的青年在创业能力和恐惧失败的认知方面表现近乎一样。37.6％的高中及以下学历青年认为自己具备创业能力,而大学及以上学历的青年这一比例为 37.4％;分别有 30.8％和 31％的大学及以上和高中及以下学历的青年会因为恐惧失败而放弃创业。

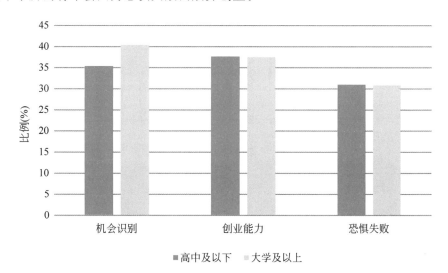

图 2-19 不同学历的青年对创业活动的个人认知（2002—2018 年）

从参与全球创业观察研究的 G20 经济体来看(图 2-20 和图 2-21),我国青年能够识别创业机会的比例为 37.6％,认为自身具备创业能力的比例为 37.5％,这两项个人认知水平在效率驱动国家中排名靠后,但是高于德国、英国、意大利、法国、韩国、日本这些创新驱动国家。

另外,我们也注意到,处于效率驱动阶段国家的青年对自身机会识别和创业能力的评价有的高于创新驱动国家。例如,沙特阿拉伯的青年能够识别创业机会的比例为 74.5％,而

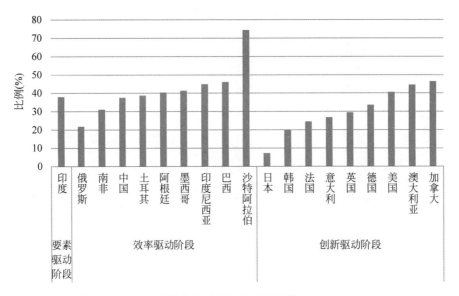

图 2-20　G20 经济体青年对创业机会的识别(2002—2018 年)

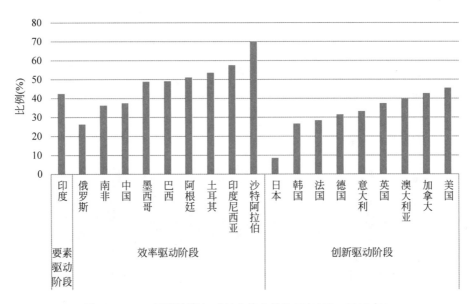

图 2-21　G20 经济体青年对创业能力的认知(2002—2018 年)

加拿大、澳大利亚和美国青年的这一比例分别为 46.4%、44.5% 和 40.6%；沙特阿拉伯的青年认为自己具备创业能力的比例高达 70.1%,而美国、加拿大和澳大利亚青年的这一比例分别为 45.6%、42.7% 和 39.8%。

2.4.2　社会认知

一个国家对于创业的社会价值观,必然会影响青年的创业活跃程度。在我国,社会对待创业的认可程度一直都较高。

全球创业观察研究从以下三方面来反映社会对待创业活动的态度。

（1）认为创业是一项理想的职业选择。

（2）认为创业成功的人会经常受到媒体关注。

（3）认为创业成功的人享有较高的社会地位。

如果把职业选择看作创业者的内生认知，那媒体关注和社会地位就是外生认知。

总的来说，据我们的调查数据，有 70% 左右的青年认为创业是一项理想的职业选择，创业成功的人会经常受到媒体关注，创业成功的人享有较高的社会地位（图 2-22）。2002—2018 年不同时期我国青年创业者的社会认知变化不大，平均有 69% 的青年受访者认为创业是一个好的职业选择，平均 78.5% 的青年受访者认为可以经常在媒体上看到创业成功的故事，平均 72.7% 的青年受访者认为创业成功的企业家享有较高的社会地位。

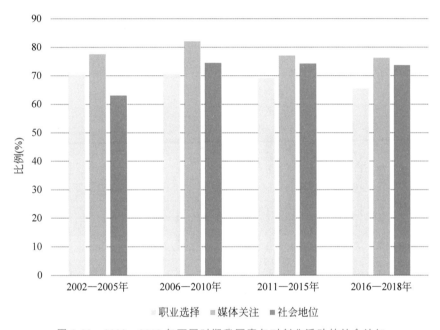

图 2-22　2002—2018 年不同时期我国青年对创业活动的社会认知

全球创业观察研究在 2019 年的成人调查问卷中，对社会认知三个问题的选项进行了细化，在往年受访者只需给出是或否两个选择，而在 2019 年选项变为 5 个（非常同意、比较同意、既不同意也不反对、比较反对、非常反对）。

根据图 2-23 显示，在职业选择、媒体关注和社会地位三个方面，持比较同意观点的青年比例分别为 43.1%、52.3% 和 45.6%，持非常同意观点的青年比例分别为 19.9%、30.5% 和 34.4%。有 10%～20% 之间的青年在上述社会认知的 3 个方面持中立态度。

从参与全球创业观察研究的 G20 经济体来看（图 2-24、图 2-25 和图 2-26），我国青年对创业的社会认知水平较高。

我国青年认为创业是理想的职业选择的比例为 69%，在 G20 经济体排名第三，高于意大利（63.3%）、加拿大（61.5%）、美国（58.7%）、法国（58.6%）和澳大利亚（57.8%）等创新驱动国家；我国青年认为媒体关注创业的比例为 78.5%，与印尼并列排名 G20 经济体第

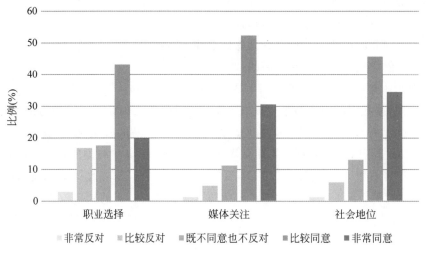

图 2-23　青年对待创业活动的社会认知（2019 年）

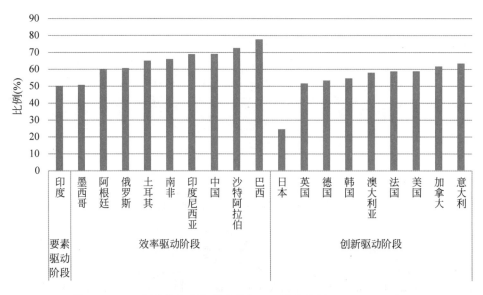

图 2-24　G20 经济体的青年社会认知——职业选择（2002—2018 年）

一，高于韩国（67.6%）、澳大利亚（67%）、加拿大（64%）和美国（62%）等创新驱动国家。此外可以看到，处于效率驱动阶段国家的青年这两项个人认知水平有的高于创新驱动国家。

在成功的创业者享有较高的社会地位方面，G20 经济体各成员国的青年持肯定意见的比例差别不大，基本上都在 60% 以上。我国青年的这一项比例为 72.7%，排在 G20 经济体第 5 名，效率驱动国家青年这一认知高于我国比例的有印度尼西亚（76.4%）、巴西（76.2%）和沙特阿拉伯（74.3%），而创新驱动国家只有德国（76.8%）高于我国这一比例。

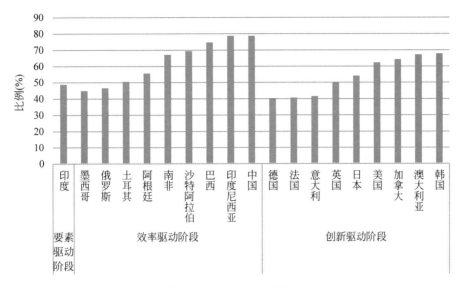

图 2-25　G20 经济体的青年社会认知——媒体关注（2002—2018 年）

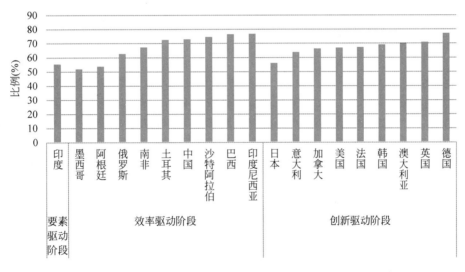

图 2-26　G20 经济体的青年社会认知——社会地位（2002—2018 年）

2.5　小　　结

　　我国 18～34 岁的青年是参与创业活动最为活跃的群体。本章通过我国青年创业者的特征和质量分析,有以下认识:第一,青年创业者的受教育程度在提升,创业动机以机会型为主;第二,青年创业者融资来源主要依靠个人及家庭成员,客户服务业是创业的主要领域;第三,青年创业企业的创新性和成长性均呈上升趋势,但国际化水平仍较低;第四,我国青年对创业的机会识别和创业能力均高于非青年群体,而且受教育程度越高则个人认知水平越高;第五,我国青年对创业的社会认知表现高于 G20 经济体平均水平。

第 3 章
女性创业

女性创业在推动经济增长、实现性别平等和包容性增长方面具有重要意义(李新春等，2017；Venkatesh et al.，2017)。全球创业观察研究一直将女性作为创业活动重要的参与群体进行追踪观察。本章将在全面展现我国女性创业活动的趋势和特征的基础上，进一步分析女性创业的影响力，探求促进我国女性创业活动的关键因素。

3.1　女性创业的活跃程度及趋势

3.1.1　我国女性创业的活跃程度及趋势

女性创业指数是指每 100 名 18～64 岁的成年女性中参与早期创业活动的人数。2002—2019 年，在全球创业观察中国研究的 52 151 个样本中，创业者 7 129 人，其中女性比例 45％，男性比例 55％。

2002—2005 年间我国女性创业指数为 9.6，男性创业指数为 15.5，女性与男性的创业活跃程度差距较大。2006—2015 年的 10 年间，我国女性创业指数平均值稳定在 14.3，表明我国每 100 位女性中有 14.3 人作为企业所有者或部分所有者参与创业活动。男性创业指数分别为 18.7 和 17.7，女性与男性的创业活跃程度差距在缩小。在 2016—2019 年间，我国女性创业活动指数下降到 8.4，同期男性创业指数下降到 10，女性创业指数与男性创业指数的比例为 0.84，可以看到女性创业活动与男性创业活动的差距是逐渐缩小的(图 3-1)。无论女性还是男性创业活动，总体趋势都是先增长后下降，这一趋势是我国创业活动由数量向质量转变的结果，在后面女性创业活动的特征中，我们将着重进行分析。

图 3-1　2002—2019 年不同时期我国女性和男性创业活动指数的变化及其比例

3.1.2　我国女性创业活动的国际比较

G20 经济体覆盖了全球主要的发达和发展中国家,2002—2019 年,全球创业观察研究中 G20 经济体的样本共 901 007 个,创业者 76 538 人,其中女性创业者占 41%,男性创业者占 59%。

从具体的 G20 经济体来看,2002—2019 年我国女性创业指数平均值为 12,在 G20 经济体中排名第三。女性创业指数与男性创业指数的比例为 0.78,在 G20 经济体中排名第四(图 3-2)。因此,无论从女性创业的活跃程度还是创业活动中女性的参与比例来看,我国的女性创业活动都是相对活跃的。

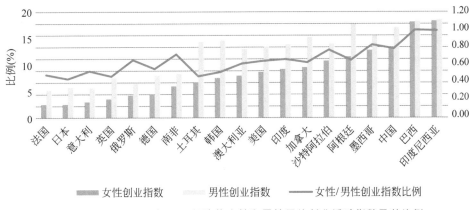

图 3-2　2002—2019 年 G20 经济体女性和男性平均创业活动指数及其比例

3.2　我国女性创业活动的结构特征

3.2.1　年龄

25~34 岁的青年是女性创业最活跃的人群,32.6% 的女性创业活动集中在该年龄段。其次为 35~44 岁的年龄群体,人数占女性创业活动的 30.3%。45~54 岁的中年和 18~24 岁的青年比例接近,分别占女性创业活动比例的 15.6% 和 15.1%。55~64 岁的老年创业者占女性创业活动比例较低,为 6.4%(图 3-3)。

按照国务院《中长期青年发展规划(2016—2025 年)》和国家统计局对青年的界定,分别将 14~35 岁和 15~34 岁的年龄群体划分为青年。因为本研究只关注成年人口,所以我们将 18~34 岁的人口划分为青年,35~64 岁的人口划分为非青年。从 2002—2019 年全球创业观察中国研究的数据来看,青年和非青年女性创业的比例分别为 47.7% 和 52.3%,差不多各占一半。在青年创业者中,18~24 岁群体约占青年女性创业者的 1/3。

3.2.2　受教育程度

创业者的受教育程度对创业者开展创业活动的意愿、能力、认知以及创业活动的质量和影响力都具有影响。全球创业观察研究也将创业者的受教育程度作为关键指标持续追踪。从 2002—2019 年我国女性创业者的平均受教育程度来看,初中及以下学历者占比最高,为 35.4%,高中学

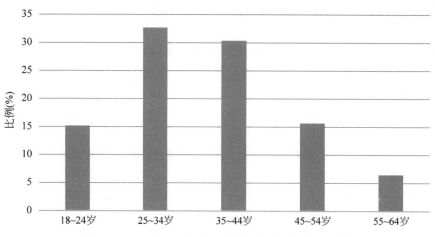

图 3-3 2002—2019 年我国女性创业活动的年龄分布

历者占比 32.2%,大学学历者占比 30.1%,研究生学历者占比 2.3%(图 3-4)。总体来看,我国女性创业活动中初中及以下学历者、高中学历者和受过高等教育者约各占 1/3。

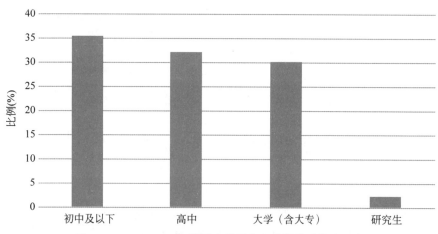

图 3-4 2002—2019 年我国女性创业者的平均受教育程度

从不同时期女性创业者的受教育程度来看,2002—2005 年间我国女性创业者中大学学历和研究生学历者的比重仅为 13.7%,64.8% 的女性创业者没有上过高中。而 2016—2019 年间我国女性创业者中受过高等教育的比例提升到 46.8%,没有上过高中的女性创业者比例下降到 21.9%(图 3-5)。总体来看,我国女性创业者的受教育程度是不断提高的。

虽然我国女性创业者的受教育程度在不断提高,但与 G20 发达经济体相比,受过高等教育的女性创业者比例仍有明显差距。从 2002—2019 年 G20 经济体女性创业活动的情况来看,我国女性创业者中拥有大学学历和研究生学历的比例分别为 30.1% 和 2.3%,与 G20 发达国家及俄罗斯等国差距明显(图 3-6)。在 2002—2019 年间,发达国家女性创业者中拥有大学学历的比例超过 50%,研究生学历的比例接近 20%,我国女性创业者的受教育程度相对较低。

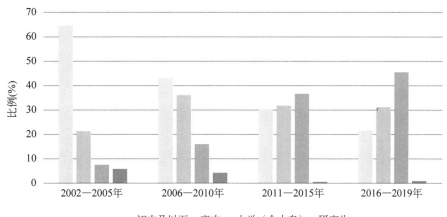

图 3-5 2002—2019 年不同时期我国女性创业者的受教育程度

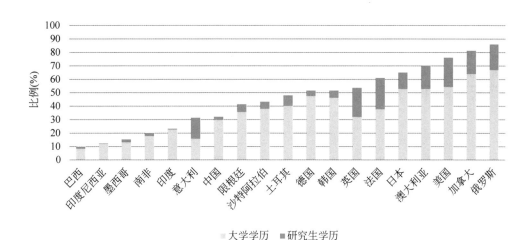

图 3-6 2002—2019 年 G20 经济体中受过高等教育的女性创业者比例

3.2.3 动机

全球创业观察研究将创业活动按动机分为生存型创业和机会型创业。前者是迫于生存压力不得不选择创业,后者是看到了比目前事业更好的机会而选择去创业。

从 2002—2018 年我国不同时期女性创业活动的动机来看,2002—2010 年间我国女性创业活动中生存型与机会型创业的比例接近,机会型创业者在两个时期的比例分别为51.2%和 51.9%,略高于生存型创业者的 48.8%和 48.1%。2010 年以后,女性创业活动中机会型创业的比例不断提高,2011—2015 年间占比达到 62%。2016—2018 年间机会型创业的比例进一步提高达到 68.3%(图 3-7)。由此可见,女性创业活动中迫于生存压力不得不创业的比例在降低,而发现商业机会而创业的比例在不断提高。

2019 年,全球创业观察研究将创业活动的动机问题进行了调整,不再以单纯的生存型和机会型来衡量创业活动,而将创业者的动机分为改变世界、创造财富、延续家庭传统和因

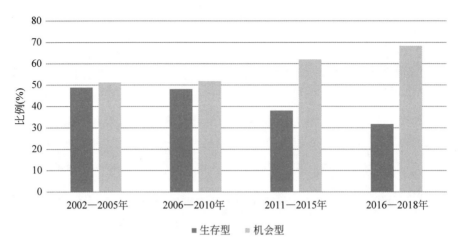

图 3-7 2002—2018 年不同时期我国女性创业活动的动机差异

缺乏工作机会而创业。

从 2019 年的调查结果来看(图 3-8),30.1%和 29.4%的女性认为其创业的动机是延续家庭传统和改变世界,是女性创业活动占比较高的动机,但两者的比例都低于男性。因缺乏工作机会而创业与之前的生存型创业是对应的,2019 年我国女性因此动机创业的比例为 22.1%,略高于男性。因创造财富而选择创业的女性比例较低,为 13.6%,这一比例与男性一致。

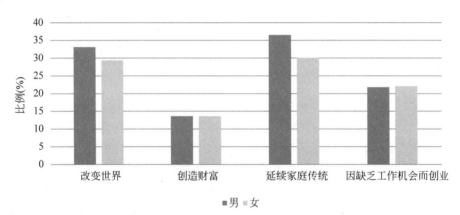

图 3-8 2019 年我国不同性别创业活动的动机差异

3.2.4 产业分布

全球创业观察研究将创业者参与的行业分为四类,包括采集提炼类、移动转移类、客户服务类和商业服务类。从 2002—2019 年我国女性创业活动的产业分布来看,平均 71.5% 的女性在客户服务业创业,其后依次为移动转移类行业、商业服务业和采集提炼类行业,占比依次为 17.7%、5.9%和 5%(图 3-9)。

与女性创业活动的产业分布相似,60.2%的男性在客户服务业创业,其后依次为移动转移类行业、商业服务业和采集提炼类行业,占比依次为 25.7%、9%和 5.2%。比较而言,男

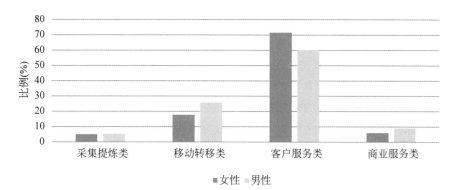

图 3-9 2002—2019 年我国不同性别创业活动的产业分布

性在客户服务业创业的比例低于女性,在制造业为主的移动转移类产业和商业服务业创业的比例高于女性。

从 2002—2019 年不同时期我国女性创业活动产业分布的变化趋势来看,商业服务业创业的比例在不断提高,2002—2005 年间女性商业服务业创业的平均比例为 4.4%,到 2016—2019 年间商业服务业创业的平均比例达到 7.7%。此外,女性在以农林牧渔业为主的采集提炼类行业创业比例不断下降,由 2002—2005 年间的 6.9% 下降到了 2016—2019 年间的 2.2%。移动转移类产业和客户服务业女性创业的比例较为稳定。(图 3-10)

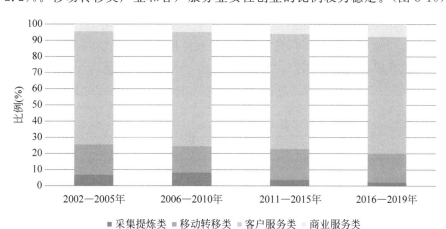

图 3-10 2002—2019 年不同时期我国女性创业活动产业分布的变化

从 2002—2019 年我国与 G7 集团女性创业活动的比较来看,我国女性在商业服务业创业的平均比例仅为 5.9%,而 G7 集团这一平均比例为 22.6%。此外,两者在移动转移类和采集提炼类行业创业的比例较为接近,我国分别为 17.7% 和 5%,G7 集团的平均比例分别为 15.3% 和 4.9%。我国女性在客户服务业创业的比例更高,为 71.4%,G7 集团为 57.2%。(图 3-11)总体来看,发达国家女性在商业服务业创业的比例更高,商业服务业创业的比例高于移动转移类行业。我国女性创业需要进一步向高附加值商业服务业转型升级。

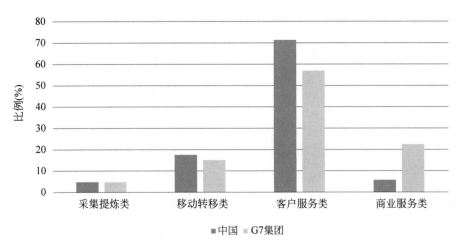

图 3-11 2002—2019 年我国女性创业活动产业分布

3.3 我国女性创业活动的质量特征

3.3.1 创新性

全球创业观察研究将提供的产品/服务对全部或部分顾客是新颖的,并且在市场上很少有或没有竞争对手的企业视为创新型企业。2002—2018 年,我国女性创业活动的创新能力是不断提升的。2002—2005 年间,只有 9.8%的女性创业是创新型创业,到 2016—2018 年间,这一比例上升到 27%(图 3-12)。

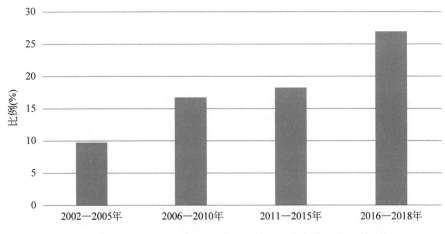

图 3-12 2002—2018 年不同时期我国女性创业中创新型创业的比例

2019 年全球创业观察将产品新颖性这一指标加以变化,对企业提供的产品或服务,不再是从客户的角度评价是否新颖和独特,而是企业自己评价是否在本地区范围、本国范围和全球范围内是新颖的。这里的本地区范围是指企业所在的地区,从地理范围上比国家小。

从 2019 年我国创业活动性别和产品/服务新颖性的联合分布来看,有两点发现:第一,女性创业的产品/服务新颖性主要是在本地区范围内的。认为自己的产品/服务在地区新颖的创业者比例为 6.6%,认为自己产品/服务在本国新颖的比例 1.4%,没有女性创业者认为自己的产品或服务在全球范围内是新颖的。第二,女性创业的产品/服务新颖性弱于男性。男性创业者认为自己的产品/服务在地区新颖、本国新颖和全球新颖的比例分别为 12.7%、2.3%和 2.3%,均高于女性(图 3-13)。

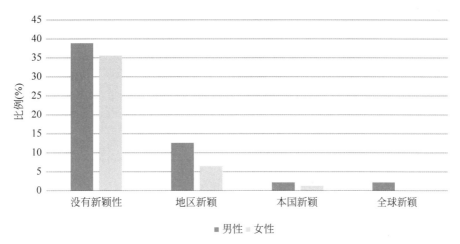

图 3-13　2019 年我国不同性别创业活动的产品新颖性比较

3.3.2　成长性

在全球创业观察研究中初创企业的成长性主要指企业人员规模的成长性,用企业雇用的人数来反映。2002—2019 年,平均 87.9%的女性创业者能够至少提供一个就业岗位,其中能够提供 1～5 个就业岗位的比例为 71.3%,6～19 个就业岗位的比例为 10.3%,20 个及以上就业岗位的比例为 6.3%。

从预期 5 年内能够提供就业岗位的数量情况来看,我国 92.4%的女性创业活动都预期能够提供至少一个就业岗位。女性创业者中能够预期提供 1～5 个就业岗位的比例为60.9%,6～19 个就业岗位的比例为 16.6%,20 个及以上就业岗位的比例为 14.9%。从就业预期的情况来看,大部分女性创业者都对企业的成长性持乐观态度,能够提供 20 个及以上就业岗位的高成长企业比例接近 15%。

从 2002—2019 年我国不同时期的女性创业活动来看,2002—2005 年间我国女性创业活动能够提供 6～19 个和 20 个及以上就业岗位的比例分别为 7.1%和 8.3%,到 2016—2019 年间,这一比例逐渐上升到 18.2%和 13.3%。2002—2005 年间不能提供就业岗位的女性创业比例为 21.9%,到 2016—2019 年间这一比例逐渐下降为 3.5%(图 3-14)。由此可见,我国女性创业带动就业的能力是不断提高的。

从女性创业企业预期 5 年内可提供就业岗位数量的情况来看,2002—2005 年间我国女性创业活动预期 5 年内能够提供 6～19 个和 20 个及以上就业岗位的比例分别为 12.8%和16.6%,到 2016—2019 年间,这一比例逐渐上升到 20.6%和 22.7%。2002—2005 年间预期 5 年内不能提供就业岗位的女性创业比例为 15%,到 2016—2019 年间这一比例逐渐下降为2.7%(图 3-15)。我国女性创业活动带动就业的预期也是不断上升的。

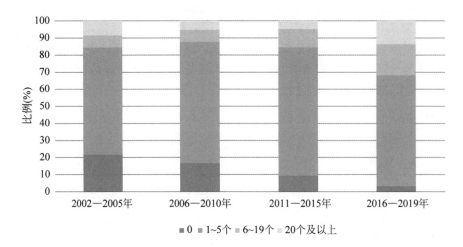

图 3-14　2002—2019 年我国女性创业活动当前能够提供就业岗位数量的差异

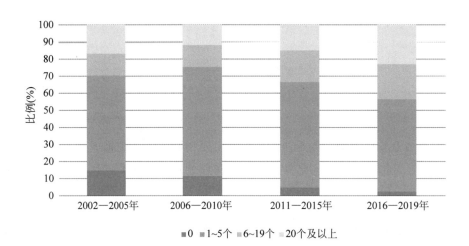

图 3-15　2002—2019 年我国女性创业活动预期 5 年内能够提供就业岗位数量的差异

3.3.3　国际化

全球创业观察研究使用海外客户销售收入占年度销售收入的比例衡量创业企业的国际化程度。从 2003—2018 年[①]不同时期我国女性创业活动的国际化水平来看，2002—2005 年间女性创业拥有海外客户销售收入的比例为 13％，到 2016—2018 年间，这一比例上升到 33.9％。2002—2005 年间，海外客户营收占比为 1％～25％、25～75％和 75％以上的女性创业活动比例分别为 8.8％、2.4％和 1.8％，到 2016—2018 年间分别上升到 26％、5.2％和 2.7％（图 3-16）。由此可见，我国女性创业的国际化水平是不断提高的。

从 2009—2018 年 10 年间我国与 G7 集团女性创业活动的国际化程度比较来看，我国女

①　选取 2003—2018 年数据分析的原因是有关国际创业的指标 2003 年才加入成人调查问卷，2019 年全球创业观察又对国际创业指标的量表进行了调整，与之前年份不具可比性。

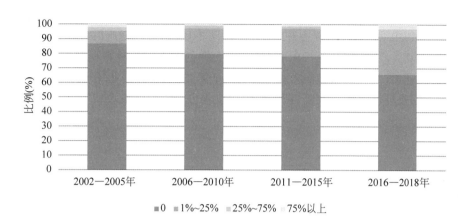

图 3-16　2003—2018 年我国女性创业活动国际导向的差异

性创业的国际化水平相对较低。我国女性创业海外营收占比在 25％～75％之间和 75％以上的比例分别为 2.2％和 1.1％,G7 集团的平均比例分别 10.4％和 5.1％,接近我国的 5 倍。我国 77.5％的女性创业没有海外客户营业收入,而 G7 集团这一比例为 42.9％(图 3-17)。总体来看,与发达国家相比,我国女性创业的国际化水平仍然较低。

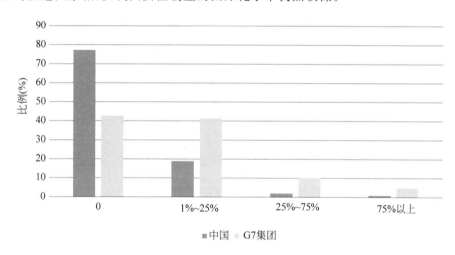

图 3-17　2009—2018 年我国与 G7 集团女性创业活动国际导向比较

3.4　女性对待创业活动的态度

3.4.1　个人感知

全球创业观察研究从个人对待创业活动的机会识别、能力感知和恐惧失败三方面来反映个人对待创业活动的认知和态度。机会识别是指受访者认为在他居住的地区未来 6 个月内会有好的创业机会的比例。能力感知是指受访者认为自己具有创业所需的知识、技能和经验的人的比例。恐惧失败是指对失败的恐惧会阻碍受访者创业活动的比例。

从 2002—2019 年全球创业观察中国研究的数据来看,我国女性识别创业机会的能力在增强。2002—2005年间,只有23.6％的女性认为她居住的地区未来6个月内具有创业机会。2016—2019年间,这一比例上升到42.9％(图3-18)。女性创业机会识别能力增强有两方面的原因:第一,从前文的分析中我们看到,女性创业者的受教育程度在提高,机会型动机的比例在上升,自身的素质和能力在不断提高;第二,从本书创业环境章节的分析中可以看到,我国的创业环境在不断改善,创业环境的改善也使得创业机会相对更多。

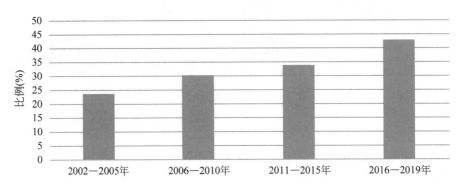

图 3-18　2002—2019 年我国女性创业机会识别比例的变化

在2002—2005年间,24.5％的女性认为自己具备创业所需的知识、技能和经验。到2006—2010年间,该比例上升到32.7％。在2011—2015年间和2016—2019年间,该比例分别为30.9％和30.2％(图3-19)。可以看到,在2002—2010年间,女性创业能力的自我认知提升较为明显。在2011—2019年间,该比例在30％左右波动。

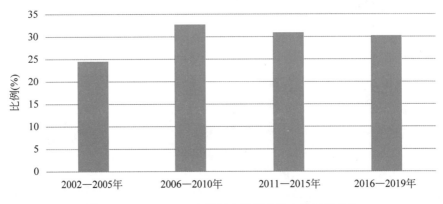

图 3-19　2002—2019 年我国女性创业能力认知的变化

一方面,女性创业者受教育水平提高和机会型创业动机比例上升等因素使得女性创业者的能力在不断增强。另一方面,由于该指标反映的是女性创业者的自我感知,随着技术的快速进步和社会的不断发展,创业所要求的能力也不断提高,越来越多的女性创业者认识到自己在某些方面的能力存在不足。因此,女性对自身创业能力的感知并不是持续上升的。

在2002—2005年间,仅18.1％的女性认为对失败的恐惧会阻碍自己创业,到2016—2019年间,该比例逐步上升到42.6％(图3-20)。由此可见,随着社会总体财富的增加和就业机会的多元化,女性创业的机会成本也在上升,女性恐惧失败的比例有所提高。

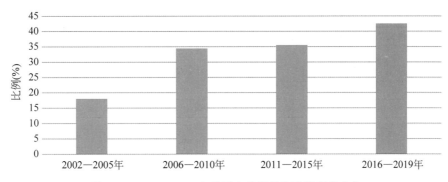

图 3-20　2002—2019 年我国女性恐惧失败情况的变化

从 2002—2019 年男性和女性对创业的个人感知平均水平来看,女性识别创业机会和认为自己具备创业能力的比例分别为 35.3％和 30.4％,而男性的比例分别为 39.1％和 40.4％,均高于女性。同时,女性因为恐惧失败而阻碍创业的比例为 36.1％,男性这一比例为 33.8％,低于女性(图 3-21)。综合来看,女性对创业机会和能力的感知弱于男性,并因恐惧失败而放弃创业的比例高于男性。

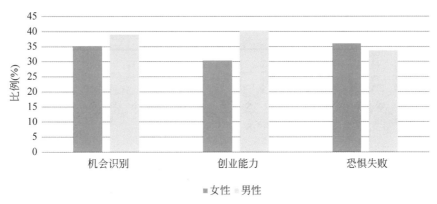

图 3-21　2002—2019 年我国女性与男性对创业活动的个人感知比较

为了判断不同性别对创业的个人感知程度是否具有显著性差异,我们分别对机会识别、创业能力和恐惧失败进行了独立样本 t 检验。结果如表 3-1 所示。从独立样本 t 检验的结果中可以看到,女性和男性对创业的个人感知具有显著差异。

表 3-1　不同性别对创业个人感知程度差异的显著性检验

机会识别	莱文方差等同性检验		平均值等同性 t 检验						
	F	显著性	t	自由度	Sig.(双尾)	平均值差值	标准误差差值	差值 95％置信区间	
								下限	上限
假定等方差	54.867	0.000	8.683	43 788	0.000	0.053	0.006	0.041	0.065
不假定等方差			8.682	43 755.975	0.000	0.053	0.006	0.041	0.065
创业能力	F	显著性	t	自由度	Sig.(双尾)	平均值差值	标准误差差值	差值 95％置信区间	
								下限	上限
假定等方差	693.168	0.000	19.294	45 630	0.000	0.101	0.005	0.091	0.111
不假定等方差			19.274	45 252.904	0.000	0.101	0.005	0.090	0.111

续表

恐惧失败	莱文方差等同性检验		平均值等同性 t 检验					差值95％置信区间	
	F	显著性	t	自由度	Sig.（双尾）	平均值差值	标准误差差值	下限	上限
假定等方差	105.621	0.000	−5.141	45 445	0.000	0.023	0.004	−0.032	−0.014
不假定等方差			−5.142	45 429.349	0.000	−0.023	0.004	−0.032	−0.014

从 2010—2019 年 10 年间 G20 经济体 514 704 个样本的数据来看，我国 31.1％的女性认为自己具备创业所需的能力和技能，这一比例在 G20 除欧盟外的 19 个经济体中排名第 14 位，处于较后的位置，领先国家的这一比例超过 50％（图 3-22）。此外，我国 37.4％的女性认为未来 6 个月具有较好创业机会，这一比例在 G20 除欧盟外的 19 个经济体中排名第 11 位，处于中间偏后的位置。最后，我国 38.7％的女性因为恐惧失败放弃创业，这一比例在 G20 除欧盟外的经济体中排名第 8 位，处于中间靠前位置。

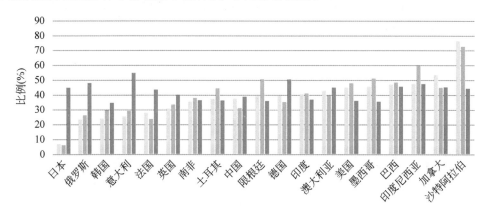

图 3-22　2010—2019 年 G20 经济体女性对创业活动的个人感知比较

总体来看，与 G20 经济体女性对创业个人感知的平均水平相比，我国女性对自身创业能力的认可程度相对较低，对创业机会的识别处于中间水平，因为恐惧失败而放弃创业的比例相对较低。

从 G20 经济体创业活动的总体情况来看，女性认为自己具备创业能力的比例更高、创业机会更多的经济体，其创业活跃程度也更高。女性因为恐惧失败而放弃创业比例越低的经济体，其创业活跃程度越高。针对这个结果，我们对 2010—2019 年 G20 经济体女性早期创业活跃程度（TEA）和创业个人感知之间的关系进行了相关性检验。结果发现，女性对创业能力、机会识别和恐惧失败三方面的个人感知都与 TEA 指数显著相关（表 3-2）。

表 3-2　2010—2019 年 G20 经济体女性早期创业活动指数与创业个人感知的相关性检验

早期创业活动指数（TEA）		早期创业活动指数	创业能力	机会识别	恐惧失败
早期创业活动指数（TEA）	皮尔逊相关系数	1	0.214**	0.111**	−0.046**
	显著性（双边）		0.000	0.000	0.000
	样本数	254 491	243 948	215 628	254 452

注：＊＊在 0.01 水平下相关性显著（双边）

　　具体来看,女性认为自己具备创业能力的比例与 TEA 指数相关系数最高,认为未来 6 个月内有好的创业机会的比例与 TEA 指数的相关性次之。恐惧失败是一个反向指标,代表女性因为恐惧失败而放弃创业的比例,因此该指标与 TEA 指数负相关。从相关系数来看,恐惧失败与 TEA 指数的相关性弱于创业能力和机会识别。

3.4.2　社会感知

　　全球创业观察研究从创业作为职业选择、创业者的社会地位和媒体对创业的报道三方面来反映社会对待创业活动的态度。创业作为职业选择是指受访者认为创业是一项理想的职业选择的比例。创业者的社会地位是指受访者认为成功创业者社会地位高并受尊重的比例。媒体对创业的报道是指受访者认为经常在媒体或网络上看到关于创业成功故事的报道的比例。基于全球创业观察历史数据的研究表明,对创业活动积极的社会态度将显著促进女性创业。积极的社会感知对女性创业的促进程度超过男性创业(Baugh net al.,2006)。

　　从 2003—2018 年[①]全球创业观察中国研究的数据来看,不同时期女性对创业活动的社会感知较为稳定,平均 68% 的女性认为创业是一项理想的职业选择,73% 的女性认为成功创业者的社会地位高并受尊重,75% 的女性认为经常在媒体或网络上看到关于创业成功故事的报道(图 3-23)。

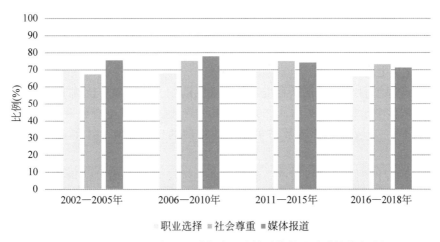

图 3-23　2003—2018 年不同时期我国女性对待创业活动的社会感知

　　从 2010—2018 年 G20 经济体的样本情况来看,69.1% 的我国女性认为创业是一个理想的职业选择,在 G20 除欧盟外的 19 个经济体中排名并列第五;76.3% 的我国女性认为成功创业者的社会地位高并受尊重,同样排名 G20 除欧盟外 19 个经济体的第五名;75% 的我国女性认为经常在媒体或网络上看到关于创业成功故事的报道,在 G20 除欧盟外的 19 个经济体中排名第三(图 3-24)。总体来看,三项指标反映了我国女性对待创业的态度在 G20 经济体中是较为积极的,创业文化是有利于创业活动的。

---

　　①　关于创业的社会感知问题于 2003 年加入成人人口调查,2019 年对问题量表进行了调整,故使用 2003—2018 年数据进行分析。

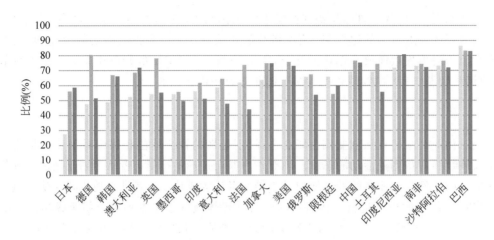

图 3-24　2010—2018 年 G20 经济体女性对创业社会感知的比较

3.5　小　　结

本章对我国女性创业的活跃程度、发展趋势和结构特征进行了分析,主要有以下几点结论。

第一,2002—2019 年我国约 45％的创业活动是由女性开展的,并且女性创业与男性的差距在缩小。2002—2005 年期间,我国女性创业活动平均指数为男性的 62％,2016—2019 年期间这一比例上升到 84％。

第二,无论从女性创业的活跃程度还是创业活动中女性的参与比例来看,我国的女性创业在 G20 经济体中是较为活跃的。2002—2019 年我国女性创业指数平均值为 12,在 G20 经济体中排名第三;女性创业指数与男性创业指数的比例为 0.78,在 G20 经济体中排名第四。

第三,我国女性创业者中受过高等教育者的比例仅为 1/3,而发达国家的女性创业者中拥有大学学历的比例超过 50％,研究生学历的比例接近 20％,我国女性创业者与发达国家受教育程度尚有明显差距。

第四,我国七成女性在客户服务业创业,在商业服务业创业的比例较低,仅为 5.9％,而 G7 集团这一比例平均为 22.6％。从创业活动的产业分布来看,我国女性创业还需要进一步向高附加值商业服务业转型升级。

第五,我国女性创业的创新能力、成长性和国际化水平都在不断提高,但是产品或服务在全国和全球范围内具有新颖性的比例仍然较低,分别为 1.4％和 0,海外客户营业收入占比超过 25％的强国际导向企业占比仍然较少,比例不足 2.2％。

第六,从女性和男性对创业活动的个人感知来看,我国女性对创业机会和能力的感知弱于男性且更加恐惧失败,并且这些感知因素与创业活跃程度显著相关。从创业活动的社会感知来看,我国女性对待创业的态度在 G20 经济体中较为积极,约七成女性认为创业是好的职业选择并享有较好的社会地位。

参 考 文 献

［1］ 李新春,叶文平,朱沆. 社会资本与女性创业：基于 GEM 数据的跨国（地区）比较研究[J]管理科学学报,2017,20(8):112-126.

［2］ VENKATESH V,SHAW J D,SYKES A,etc. Networks,technology and entrepreneurship：A field quasi-experiment among women in rural India ［J］. Academy of Management Journal,2017,60（5）：1709-1740.

［3］ BAUGHN C C,CHUA B L,NEUPERT K E. The normative context for women's participation in entrepreneurship：a multicountry study ［J］. Entrepreneurship Theory & Practice,2006,30（5）：687-708.

第 4 章
老年创业

人口老龄化是中国的重要国情之一。2020 年第七次全国人口普查结果表明,中国老年人口规模庞大,60 岁及以上人口约有 2.6 亿;老龄化进程明显加快,2010 年至 2020 年间,全国 60 岁及以上人口比重上升了 5.44 个百分点,与上个 10 年相比,上升幅度提高了 2.51 个百分点[①]。人口老龄化也是一个国际现象。在很多已进入老龄社会的发达国家中,老年创业者日益增多,老年创业正成为一个引人注目的创业现象,并在改变这些国家的创业形态,同时对国民经济与社会发展产生影响。中国老年创业究竟有什么特征?这是本章关注的焦点。总体而言,老年创业涵盖创业、建业和退出三个不同阶段。本章重点关注的是中国老年创业活动的第一个阶段,即早期创业活动阶段。主要通过分析 2011—2018 年全球创业观察中国成人调查的数据[②],我们试图回答五个方面的问题,以此揭示中国老年创业的基本特征及决定因素。第一,中国老年创业的活跃程度如何?有什么变化趋势?第二,中国老年创业的质量如何?第三,与中青年创业相比,老年创业的活跃程度和质量如何?第四,与全球相比,中国老年创业的活跃程度和质量又有什么特征?第五,影响老年创业的主要因素是什么?近年来,尽管全球老年创业研究日趋活跃,但是对老年创业者的年龄界定,是按照自然年龄、退休年龄还是其他标准划分,目前学术界还没有统一口径,例如 Curran 和 Blackburn (2001)把区分老年创业者的年龄定在 50 岁,而 Zhang (2008)则采用 62 岁为界。本章依据全球创业观察中国成人调查问卷年龄分组设计,以 55 岁为界,把 55 岁及以上年龄的创业者视为老年创业者,18～55 岁的创业者则为中青年创业者。

4.1 中国老年创业概貌

4.1.1 中国老年创业者个人特征

分析 2011—2018 年全球创业观察中国成人调查的数据,中国老年创业者具有以下四个特征。

1. 创业者的平均年龄 59 岁,中位年龄 57 岁

老年创业者大多是刚刚退休或即将退休的"心态年轻"的老年人。其中,55 至 59 岁的创业者占 63.9%,60 至 69 岁的创业者占 34.8%,70 岁以上的创业者只占 1.3%,创业者中

---

① 见 2021 年 5 月 12 日新华网文章:新华全媒＋|如何应对加速的老龄化? http://www.xinhuanet.com/2021-05/12/c_1127438449.htm

② 全球创业观察中国成人调查始于 2002 年,本章数据源于其中有关老年创业者的子样本。由于老年创业者的年样本规模小,年度数据并不总能满足深入分析老年创业,需要对多年数据进行汇总。本章分析中国老年创业,主要依据 2011—2018 年的汇总数据,并在可能的情况下,采用其他年份的数据。

最高年龄是 76 岁(图 4-1)。

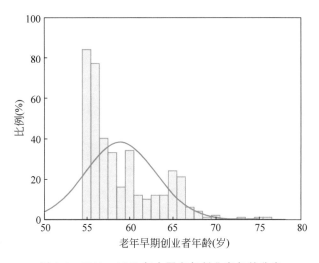

图 4-1　2011—2018 年中国老年创业者年龄分布

2. 创业者以男性居多

在每 10 个老年创业者中,男性占 6 位,这一比例略高于中青年创业者。在中青年创业者中,女性的比例接近一半。

3. 创业者的受教育程度以初、高中为主

受过初中教育的创业者占 32%,高中教育(含中专/中技)占 32%,大专教育占 12.4%,而受过本科及以上教育的只占 6.5%(图 4-2)。

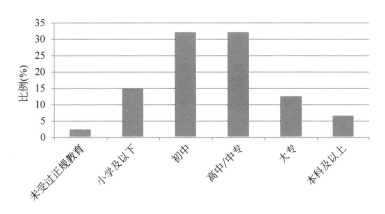

图 4-2　2011—2018 年中国老年创业者受教育程度构成

4. 创业者大多具有较好的经济条件,平均家庭收入在 6.1 万至 8 万之间

老年创业者来自中等收入家庭(年平均收入 4.1 万至 15 万元)的占到 47.1%,来自高收入家庭(年平均收入超过 15 万元)的占 20.3%,来自低收入家庭(年平均收入不超过 4 万

元)的占 32.6%(图 4-3)。

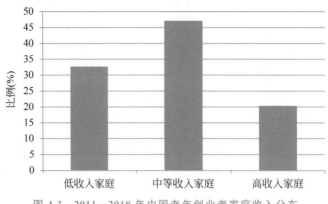

图 4-3　2011—2018 年中国老年创业者家庭收入分布

4.1.2　中国老年创业活跃程度及变化趋势

根据全球创业观察中国成人调查数据分析中国老年创业,然后与国内中青年创业相比,接着与全球老年创业对比,由此总结出中国老年创业率及变化趋势的 6 个特征。

1. 中国每年每一百个老年人中约有 6 人从事早期创业活动

2002 至 2019 年间①,中国在 55 岁及以上的老年人口群体中,平均每年每 100 人中约有 6 人从事早期创业活动,而同期全国每 100 名中青年中,约有 15 人从事早期创业活动,中国老年创业活动指数平均不足中青年创业活动指数的一半。这从侧面说明,中青年是中国早期创业活动的主体。这种现象与全球创业研究的基本结论一致。例如 Lévesque 和 Minniti (2006)在时间配置理论的基础上,建立了年龄与创业动力模型,模型显示:个人创业动力存在年龄门槛,过了这个门槛,创业动力递减,原因在于创业者年龄越大,可以获得预期创业收益的年限越短,导致年龄的机会成本升高,加大创业风险 — 收益的不对称性。Parker (2009)、Boente 等(2009)和 Kautonen 等(2015)的实证研究也确认,创业者年龄和创业活跃程度之间存在一种两头低、中间高的倒"U"型关系,创业高峰年龄在 35 至 44 岁。不过,尽管中国老年创业率低于中青年创业率,但是因为我国人口基数大,老年创业者的实际数量仍然十分可观。老年创业是中国大众创业中一个规模庞大、不容忽视的创业者群体。

2. 中国老年创业主要是机会型创业,但生存型创业的比例高于中青年创业者

在 2002 至 2007 年间,中国的创业活动完成从生存型创业为主向机会型创业为主的创业转型(高建等,2008)。这种新型创业形态也体现在老年早期创业活动中。如图 4-4 所示,在 2012 至 2018 年间,超过一半的老年创业活动属于机会型创业,从趋势上看,机会型创业具有明显的上升态势。但是,和中青年创业者相比,老年创业活动中生存型创业的比例偏高。平均而言,每 5 个创业者中,就有 2 人是因为生存需要而创业。相比之下,每 3 个中青年创业者

---

① 剔除了 2011 年数据异常的这个年份。2011 年,全国老年早期创业活动指数是 18.3,比相邻年度 2010 年(5.1)和 2012 年(6.1)高出约 3 倍。

中,只有 1 人是因为生存需要而创业的。中国老年创业的这种现象值得关注,因为和机会型创业相比,生存型创业无论在创业质量、新创企业生存率,还是经济社会影响等方面都较弱。

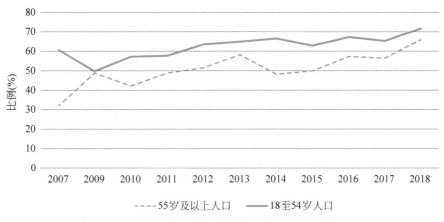

图 4-4　中国老年与中青年早期机会型创业活动指数对比

3. 中国老年创业重心存在由农村转向城市的趋势

根据已有的调查数据,如图 4-5 所示,2013 年以前,城市老年创业者占城乡创业者的比重波动较大。但是,2013 年以后城市老年创业者比重稳定上升,并在 2016 年和 2017 年,城市老年创业者比重连续两年超过农村老年创业者比重,这种现象和老年早期创业活动在 2015 年完成创业转型相吻合。城乡二元结构是中国经济的主要特征之一,和农村相比,城市的创业条件好,创业机会多,中国老年创业重心由农村转向城市是大势所趋。另外,根据高建等的研究,城市创业者多属于机会型创业,以 2007 年为例,城市机会型创业者比例比农村创业者高 17 个百分点。显然,在中国老年创业中,机会型创业比重上升以及创业重心由农村转向城市,两者相辅相成,互为因果。

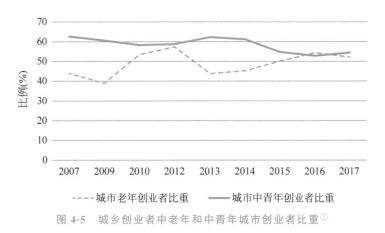

图 4-5　城乡创业者中老年和中青年城市创业者比重①

---

① 因受样本量的影响,城乡创业者比重的年度构成波动较大。为了消除这种影响,本图采用两年平均数反映变动趋势。

4．中国老年创业主要集中在客户服务业

如图 4-6 所示,2011 年至 2018 年间,在老年早期创业活动中,客户服务业占 68.7%,移动转移类行业占 18.1%,商业服务业占 7.5%,采集提炼类行业占 5.7%。老年创业的这种行业构成和中青年创业行业构成十分相似。客户服务业包括零售业,住宿和餐饮业,政府、卫生、教育和社会服务业以及个人消费服务业等,市场容量大,进入门槛相对较低,为老年创业提供了很多机遇。与此同时,客户服务业市场竞争激烈,对老年人成功创业也是一种挑战。

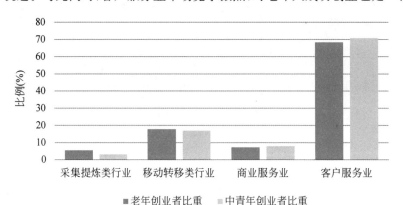

图 4-6　2011—2018 年老年和中青年城市创业的行业分布

5．2/3 的老年创业者依靠家庭成员获得创业资金

如图 4-7 所示,2011 年至 2018 年间,老年创业者除了自有资金以外,外来资金根据其重要性分类,主要来自四个渠道,即家庭成员(67.6%)、银行及金融机构(20%)、亲友(17.1%)和创业投资(14.3%)。与中青年创业相比,老年创业资金来源构成具有明显异同。相同的是,家庭成员都是创业资金的主要来源,这一比重在中青年创业者中占到 69%。不同的是,在中青年创业者中,银行及金融机构(34.9%)、亲友(35.3%)和同事(25.3%)的重要性更高。独立样本 t 检验结果显示,老年和中青年创业资金来源在以上三方面的差异具有显著性。

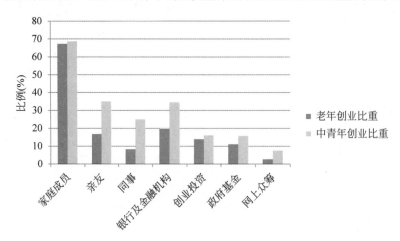

图 4-7　2011—2018 年老年和中青年创业资金来源的重要性比较

6. 中国老年早期创业活动指数存在下降趋势

如图 4-8 所示,在 2002 至 2019 年间,中国老年早期创业活动指数存在下降趋势。2002年,老年早期创业活动指数是 6.4%,2009 年达到 9.2% 的高峰,此后出现下降趋势,到 2019年,这一指数下降为 2.8%。这种现象与中青年创业早期创业活动指数的下降趋势类似。在 2012 年至 2018 年间,在创业动机类型中,老年机会型创业比例由 2012 年的 51.6% 上升到 2018 年的 66%,生存型创业比例则由 2012 年的 45.2% 下降到 2018 年的 28.3%。由此可以推断,中国老年早期创业活动指数下降的原因,主要是由于生存型创业人数减少导致的。另一方面,自 2015 年以来,国家大力提倡大众创业,在这样的背景下,中国老年早期创业活动指数持续下降的现象说明,为了促进更多的老年机会型创业,创业政策的重点需要放在帮助老年创业者提高发现和利用创业机会的能力。

图 4-8 2002—2019 年中国老年与中青年早期创业活动指数对比

4.1.3 中国老年创业的国际比较

中国老年创业率接近全球平均水平,但早期机会型创业活动指数低于全球平均水平。从全球的视角分析中国老年创业状况,如图 4-9 所示,在 2012 至 2017 年间,中国老年早期创业活动的平均指数是 5.5%,而全球老年早期创业活动平均指数是 5.9%,两者相差不大。但是,同一时期,中国老年早期机会型创业活动平均指数是 53.7%,而全球老年早期机会型创业活动平均指数是 66.3%。

进一步分析与机会型创业相关的创业素养的三个方面发现,如图 4-10 所示,在中国老年早期创业者中,有 77% 的人表示在认识的人中有在过去 2 年内创办了自己的企业的创业者(创业网络),53% 的人表示未来 6 个月内其所居住的地区具有创业的好机会(机会识别),64% 的人表示自己具有创业所需的知识、技能和经验(创业能力),而全球老年创业者的相应比例分别是 57%、60% 和 84%。可以看出,除了第一个方面,中国老年早期创业者在另外两个方面都低于全球平均水平。为了判断中国老年早期创业者在以上三方面和全球老年早期创业者相比,是否具有显著性差异,我们分别对这三个方面进行独立样本 t 检验。结果显

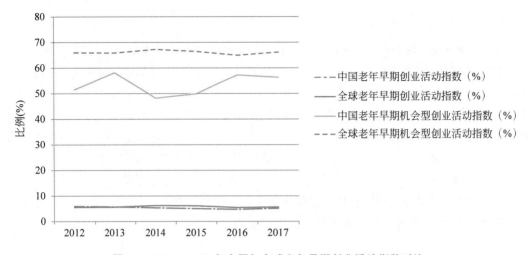

图 4-9　2012—2017 年中国与全球老年早期创业活动指数对比

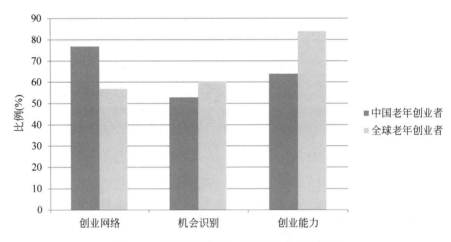

图 4-10　中国与全球老年创业者创业素养对比

示,中国老年早期创业者与全球老年早期创业者相比,上述三个方面在 5% 至 10% 的置信水平上都具有显著差异。由此可以推断,中国老年早期机会型创业活动平均指数低于全球老年早期机会型创业活动平均指数,首先是因为中国老年创业者相对缺乏创业所需的知识、技能和经验,其次是因为对创业机会的识别能力相对较弱。

4.2　中国老年创业质量

4.2.1　中国老年创业质量的基本特征

分析老年创业不仅要关注早期创业活动指数,即创业率及由此产生的新创企业数量,而且要考察老年创业质量。为了了解中国老年创业质量,本章依据全球创业观察成人调查数据,并参照现有研究的做法,采用六个方面的指标分析创业质量,包括:①高就业岗位创造率,这是指新创企业中预期 5 年内可提供 19 个以上就业岗位的企业的比重;②产品新颖性,这是指新创企业认为他们所提供的产品或服务对全部或部分用户来说是新颖的;③工艺新颖性,这是指产品或服务开发中所使用的技术是新颖的;④市场竞争性,这是指新创企业所提供的产品或服务在市场上没有竞争对手或只面临有限的竞争;⑤企业国际导向,这是指新创企业至少 25％的营业收入来自海外市场;⑥创业失败率,这是指因连续亏损或资金链问题而关停新创企业的创业者占全部创业者的比重。老年和中青年创业在以上 6 个创业质量指标的平均值对比结果如图 4-11 所示。为了判断老年和中青年创业在创业质量指标的平均值差异是否具有显著性,我们分别对各个创业质量指标进行独立样本 t 检验,结果如表 4-1 所示。

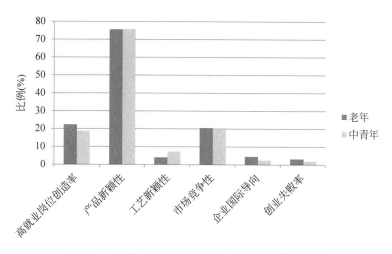

图 4-11　2011—2018 年老年和中青年创业质量对比

1. 老年新创企业注重产品创新,在产品新颖性方面与中青年新创企业不相上下

2011 至 2018 年,全国平均约有 75.7％的老年早期创业者表示他们所提供的产品或服务对全部或部分用户来说是新颖的,而中青年早期创业者的相应比例是 75.9％。独立样本 t 检验结果显示,老年和中青年早期创业者在产品新颖性方面不具有显著差异,说明老年创业者和中青年创业者一样,都比较注重产品创新。

2. 老年新创企业的市场竞争性不低于中青年新创企业

2011 至 2018 年,全国平均约有 20.6％的老年早期创业者表示其新创企业所提供的产品或服务在市场上没有竞争对手或只面临有限的竞争,相比之下,中青年早期创业者的相应比例是 19.7％。独立样本 t 检验结果显示,老年和中青年早期创业者在市场竞争性方面不具有显著差异,说明老年新创企业和中青年新创企业具有类似的市场竞争力。

3. 老年新创企业的高就业岗位创造率高于中青年新创企业

在 2011 至 2018 年间,全国平均约有 22.4％的老年早期创业者表示预期 5 年内可提供 19 个以上就业岗位,相比之下,中青年早期创业者的比例是 18.9％。从独立样本 t 检验的

表4-1 老年与中青年早期创业活动质量独立样本 t 检验结果

变量	年龄	平均值	标准误差	莱文方差等同性检验		平均值等同性 t 检验						
				F	显著性	t	自由度	Sig.（双尾）	平均值差值	标准误差差值	差的 F 下限	差的 F 上限
高就业岗位创造率	老年	0.223 8	0.417 79	5.412	0.020	1.220	2 644	0.223	0.034 56	0.028 33	−0.020 98	0.090 11
	中青年	0.189 2	0.391 78	不假定等方差		1.156	241.769	0.249	0.034 56	0.029 90	−0.024 34	0.093 47
产品新颖性	老年	0.757 1	0.429 83	0.008	0.929	−0.045	2 643	0.964	−0.001 38	0.030 80	−0.061 77	0.059 01
	中青年	0.758 5	0.428 07	不假定等方差		−0.045	246.128	0.964	−0.001 38	0.030 90	−0.062 25	0.059 49
工艺新颖性	老年	0.040 7	0.197 88	25.929	0.000	−2.461	4 082	0.014	−0.033 52	0.013 62	−0.060 23	−0.006 82
	中青年	0.074 2	0.262 19	不假定等方差		−3.083	550.213	0.002	−0.033 52	0.010 87	−0.054 88	−0.012 16
市场竞争性	老年	0.206 1	0.405 02	0.774	0.379	0.445	4 082	0.656	0.009 41	0.021 13	−0.032 02	0.050 84
	中青年	0.196 7	0.397 55	不假定等方差		0.439	476.019	0.661	0.009 41	0.021 45	−0.032 74	0.051 57
企业国际导向	老年	0.045 8	0.209 32	19.230	0.000	2.225	4 082	0.026	0.019 52	0.008 77	0.002 32	0.036 72
	中青年	0.026 3	0.159 99	不假定等方差		1.794	442.101	0.074	0.019 52	0.010 88	−0.001 87	0.040 91
创业失败率	老年	0.033 1	0.179 07	7.699	0.006	1.399	4 082	0.162	0.011 13	0.007 96	−0.004 47	0.026 73
	中青年	0.021 9	0.146 52	不假定等方差		1.191	449.640	0.234	0.011 13	0.009 35	−0.007 24	0.029 51

资料来源：数据处理所得。

结果中可以看到,老年和中青年早期创业者在预期 5 年内可提供 19 个以上就业岗位方面不具有显著差异。这说明虽然老年新创企业预计具有更高的高就业岗位创造率,但这不是判断老年与中青年新创企业质量差异的因素。

4. 老年新创企业的工艺新颖性明显低于中青年新创企业

2011 至 2018 年,全国平均约有 4.1% 的老年早期创业者认为其新创企业在产品或服务开发中所使用的技术是新颖的,而中青年早期创业者的相应比例是 7.4%。独立样本 t 检验结果显示,老年和中青年早期创业者在工艺新颖性方面在 5% 置信水平具有显著差异。这说明老年新创企业虽然注重产品创新,但是对工艺创新有所忽略,从而工艺创新是老年创业质量的一个薄弱环节。

5. 老年新创企业的国际导向高于中青年新创企业

2011 至 2018 年,全国平均约有 4.6% 的老年早期创业者表示其新创企业至少 25% 的营业收入来自海外市场,相比之下,中青年早期创业者的相应比例是 2.6%。独立样本 t 检验结果同样显示,老年和中青年早期创业者在企业国际导向方面在 1% 置信水平具有显著差异。

6. 老年创业失败率略高于中青年新创企业

在 2011 至 2018 年间,全国老年创业失败率平均约为 3.3%,而中青年早期创业失败率是 2.2%。从独立样本 t 检验的结果中可以看到,老年和中青年早期创业失败率不具有显著差异。尽管如此,这一结果仍表明,老年新创企业失败率有可能是影响中国老年创业质量的一个潜在问题。

4.2.2 中国老年创业质量的国际比较

为了在全球范围内更好地了解中国老年创业质量,我们采用 2011 至 2018 年全球创业观察成人调查数据进行对比分析。如图 4-12 所示,在此期间,全球老年新创企业的高就业岗位创造率的比例是 4%,产品新颖性比例为 48%,工艺新颖性的比例是 31%,中国老年新创企业的相应比例分别是 10%、71%、38%。对比表明,中国老年新创企业在创造就业岗位、产品创新、工艺创新等方面优于全球老年新创企业平均水平。

如图 4-12 显示,在 2011—2018 年期间,全球老年新创企业市场竞争性的比例为 48%,企业国际导向的比例为 10%,创业失败率是 3%,中国老年新创企业的相应比例分别是 41%、5%、6%。由此显示中国老年新创企业在市场竞争性、企业国际导向方面低于全球老年新创企业平均水平,创业失败率却高于全球老年新创企业平均水平。独立样本 t 检验结果显示,中国老年新创企业在创造就业岗位、产品创新、创业失败率及企业国际导向等四个方面,和全球老年新创企业平均水平的差异在 1% 至 10% 置信水平上显著,从而确认对中国老年创业质量国际对比的基本观察。

但是由此也产生两个问题,为何中国老年新创企业产品创新和工艺创新方面优于国际同类企业,但市场竞争性却不如国际同类企业呢?为何中国老年创业失败率高于国际同类企业呢?为了解开这个谜团,我们进一步对比分析中外老年新创企业的突破性产品创新、突

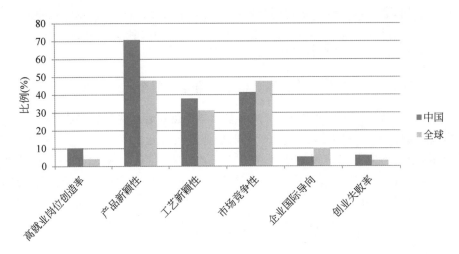

图 4-12　2011—2018 年中国与全球老年创业质量对比

破性工艺创新和市场竞争创新。

突破性产品创新是指新创企业的所有用户都认为其所提供的产品或服务是新颖的。突破性工艺创新是指新创企业开发新产品或服务所采用的技术或工艺问世时间不足一年。市场竞争创新是指新创企业所提供的产品或服务是首次投放市场、在市场上没有竞争对手。如图 4-13 所示,在 2011—2018 年间,中国老年新创企业突破性产品创新的平均值是 18.1%,略低于全球老年新创企业 22.1% 的平均水平;突破性工艺创新的平均值是 11.2%,略低于全球老年新创企业 12.5% 的平均水平;市场竞争创新的平均值是 7.8%,低于全球老年新创企业 11.1% 的平均水平。

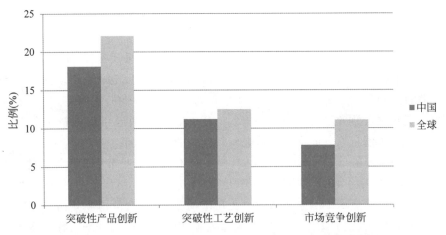

图 4-13　2011—2018 年中国与全球老年新创企业创新程度对比

由此可以进一步得出三点结论:第一,虽然中国老年新创企业在产品创新和工艺创新方面总体上占优,但是优势主要集中在一般程度的产品创新和工艺创新,即只有部分用户认为其开发的产品或服务是新颖的,同时新创企业开发新产品或服务所采用的技术或工艺问世时间在 1～5 年之间。第二,中国老年新创企业市场竞争性弱于国际同类企业的原因,主要是在市场竞争创新方面不如国际同类企业,即老年新创企业所提供的产品或服务并非都是首次投放市场、在市场上没有竞争对手。第三,中国老年新创企业市场竞争性不如国际同类企业,还进一步体现为企业以国内市场为目标,国际导向性弱。以上因素综合起来,或许可以说明为什么中国老年创业失败率高于全球老年新创企业失败率平均水平。

4.3 影响老年创业的主要因素

4.3.1 影响老年创业因素的模型说明

为了了解究竟是什么原因促使老年人进行创业,本章从人口与经济变量、创业动机、创业素养及创业文化认知等四个方面,建立模型分析影响中国老年创业的主要因素。根据全球创业观察中国成人调查,模型的被解释变量是"目前,您(自己或与他人一起)是否正在尝试创办自己的企业/生意?"解释变量包括四类:①个人特征因素:性别、教育程度、家庭收入;②创业动机因素:机会型创业还是生存型创业;③创业素养因素:创业网络、机会识别、创业能力、冒险精神;④创业文化认知因素:创业职业选择、创业者社会地位、创业社会媒体报道、创业难易度。有关解释变量说明如表 4-2 所示。

表 4-2 影响老年创业因素的解释变量说明

模 型 变 量	变 量 定 义
个人特征因素	
性别	男=1,女=0
教育程度	虚拟变量,以高中学历(含中专/中技)为参照,无学历=1,其他=0;初中以下=1,其他=0;大专学历=1,其他=0;本科及以上学历=1,其他=0
家庭收入	虚拟变量,以低家庭收入(即家庭年总收入在 4 万元以下)为参照,中等家庭收入(即家庭年总收入在 4.1 至 15 万元)=1,其他=0;高家庭收入(即家庭年总收入在 15 万元以上)=1,其他=0
创业动机因素	
创业动机	机会型创业=1,生存型创业=0
创业素养因素	
创业网络	认识的人中有在过去 2 年内创业的=1,其他=0
机会识别	认为未来 6 个月所在地区有创业好机会=1,其他=0
创业能力	自信具有创业所需的知识、技能和经验的=1,其他=0
冒险精神	对失败的恐惧不会影响尝试创业的=1,其他=0
创业文化认知因素	
创业职业选择	认同创业是一项理想的职业选择的=1,其他=0
创业者社会地位	认同成功的创业者享有较高的社会地位和声望的=1,其他=0
创业社会媒体报道	认同在媒体或互联网上可以经常看到成功创业故事的=1,其他=0
创业难易度	认同创业是容易的=1,其他=0

由于被解释变量——从事早期创业活动为二元离散变量,因而采用二值 Logistic 回归模型进行分析。为了判断模型是否存在多重共线性的影响,我们首先进行方差扩大因子(VIF)分析,一般认为 VIF 大于 10 时(严格是 5),代表模型存在严重的共线性问题。根据VIF 分析,因为所有 VIF 都小于 5,由此可以认为模型不存在多重共线性的影响。其次将解

释变量中所有的影响因素引入回归模型 1,进行回归分析。模型系数的 Omnibus 检验显示,卡方 331.534,显著性 $p < 0.001$,表明模型总体有意义。进一步分析模型质性评价拟合优度效果,Hosmer-Lemeshow 拟合优度检验卡方值 4.523 统计不显著(Sig. $=0.807$),说明模型拟合优度效果很好。表 4-3 分别给出了各个影响因素的回归系数(β)、标准误差、沃尔德(Wald)、显著性以及幂指(Exp(β))。其中,显著性表示不同变量沃尔德检验的显著性水平;幂指(Exp(β))表示解释变量对从事早期创业活动比率的边际影响。同时,为了更好地了解影响中国老年创业因素的特征,本章利用同样的模型,对比分析了影响中国中青年创业的主要因素,回归分析结果见模型 2。

表 4-3　Logistic 回归分析结果:因变量＝是(初次创业者)

		模　型　1			模　型　2		
		系数(β)(标准误差)	沃尔德(Wald)	幂指(Exp(β))	系数(β)(标准误差)	沃尔德(Wald)	幂指(Exp(β))
人口与经济变量							
性别		0.032 (0.170)	0.034	1.032	0.106 (0.073)	2.144	1.112
教育程度	高中						
	无学历	−0.660 (0.553)	1.426	0.517	−0.058 (0.475)	0.015	0.944
	初中以下	−0.235 (0.193)	1.485	0.790	0.047 (0.094)	0.253	1.048
	大专	−0.183 (0.282)	0.421	0.833	−0.053 (0.096)	0.306	0.948
	本科及以上	0.114 (0.367)	0.096	1.121	−0.417*** (0.120)	12.064	0.659
家庭收入	低收入家庭						
	中等收入家庭	−0.525* (0.274)	3.664	0.591	−0.564*** (0.124)	20.649	0.569
	高收入家庭	−0.074 (0.186)	0.158	0.929	−0.054 (0.080)	0.448	0.948
动机变量							
机会动机		2.294*** (0.271)	71.564	9.919	2.702*** (0.117)	532.384	14.909
个体属性变量							
认识其他创业者		0.989*** (0.203)	23.630	2.688	0.927*** (0.090)	105.793	2.526
机会识别		0.323* (0.188)	2.937	1.381	0.364*** (0.078)	22.101	1.440
自信有创业技能		1.187*** (0.186)	40.767	3.277	0.958*** (0.077)	155.246	2.607
害怕失败		0.011 (0.170)	0.004	1.011	−0.297*** (0.076)	15.306	0.743

续表

	模　型　1			模　型　2		
	系数(β) （标准误差）	沃尔德 （Wald）	幂指 （Exp(β)）	系数(β) （标准误差）	沃尔德 （Wald）	幂指 （Exp(β)）
创业文化认知变量						
创业是很好 职业选择	0.353* (0.205)	2.953	1.423	0.165** (0.084)	36.881	1.180
创业者社会 地位高	−0.518*** (0.189)	7.472	0.596	−0.051 (0.091)	0.305	0.951
公共媒体关 注创业者	0.078 (0.203)	0.149	1.082	0.180* (0.098)	3.413	1.198
容易创业	0.237 (0.190)	1.544	1.267	−0.060 (0.092)	0.428	0.942
模型评价						
截距	−3.955*** (0.309)	164.217	0.019	−3.382*** (0.146)	535.368	0.034
观测值	3 480			9 017		
−2 Log likelihood	1 142.849			5 361.970		
Chi-square	331.534***			1 673.455***		
df	16			16		
Cox and *Snell* R^2	0.091			0.169		
Nagelkerke R^2	0.263			0.313		
总　正　确 率（%）	94.7			89.3		

置信水平：*** 1%；** 5%；* 10%

资料来源：数据处理所得。

4.3.2　影响老年创业的主要因素

通过分析显著性检验的影响因素的结果，我们可以对影响中国老年创业因素得出以下五点结论。

1. 创业动机是影响老年人创业的决定性因素

分析显示，对于那些表示创业是为了利用已发现的创业机会的人来说，以追求创业机会为动机每变化一个单位，老年创业者进行创业的比率要比生存型创业者提高近 10 倍。这一现象与中青年人创业者相似。

2. 创业素养是影响老年人创业的重要因素

分析显示，以认识的人中有在过去 2 年内创业表示的创业网络每改善一个单位，老年人进行创业的比率就翻了 2.7 倍;以未来 6 个月所在地区有创业好机会表示的机会识别能力每改善一个单位,老年人进行创业的比率就翻了 1.4 倍;以自信具有创业所需的知识、技能和经验表示的创业能力每改善一个单位,老年人进行创业的比率就翻了 3.2 倍。就以上创业素养三方面相比而言,创业能力对老年人创业与否影响最大。这一现象与中青年人创业者类同。

3. 虽然老年创业者大多来自经济条件好的家庭,但是家庭收入提高与创业与否成反比

分析显示,和来自低收入家庭的老年人相比,家庭收入每增加 1 万元,来自中等收入家庭的老年人进行创业的比率就下降 56%。结合以上对中国老年创业者个人特征的分析,可以看出经济条件好可能是老年创业的必要条件,但不是决定老年创业与否的充分条件。这或许是因为对于中等收入家庭的老年人,当他们过上了较为舒适的生活后,收入提高增加了他们对生活方式选择的空间,同时创业风险也提高了创业的机会成本,因而他们进行创业的动力反而降低。这一现象在来自中等收入家庭的中青年人中也同样存在。

4. 创业文化认知对老年创业的影响存在差异

一方面,以认同创业是一项理想的职业选择表示的创业文化每改善一个单位,老年人进行创业的比率就翻了 1.4 倍。另一方面,以认同成功的创业者享有较高的社会地位和声望的创业文化每改善一个单位,老年人进行创业的比率反而降低了 60%。这一现象与中青年人创业略有异同。相同的是,以认同创业是一项理想的职业选择表示的创业文化同样具有正面影响,这种创业文化每改善一个单位,中青年人进行创业的比率就翻了 1.2 倍。不同的是,以认同成功的创业者享有较高的社会地位和声望的创业文化对中青年人创业没有显著影响。但是,以认同在媒体或互联网上可以经常看到成功创业故事表示的创业文化每改善一个单位,中青年人进行创业的比率也翻了 1.2 倍。由于不同侧面创业文化认知对老年创业的影响此消彼长,我们可以说,就总体而言,创业文化认知的差异对老年创业与否影响不大。这或许表明,老年人见多识广,对外部创业环境的千变万化熟视无睹,因而是否决定创业,更主要的还是取决于是否看到创业机会以及自己是否具备创业能力。

5. 教育程度对老年人创业没有显著影响

分析显示,以高中学历为对比对象,低学历的老年人选择创业的概率小于有高中学历的老年人,其倍数为 0.517 至 0.790,具有本科及以上学历的老年人选择创业的概率大于有高中学历的老年人,其倍数为 1.121,但两者都不显著。这一点与中青年创业有所不同。就中青年而言,与具有高中学历(含中专/中技)的相比,具有本科及以上学历的中青年进行创业的比率下降 65.9%。这是因为高学历提供了更多的职业选择机会,故而选择创业的概率会下降。

4.4 小　　结

本章分析了老年早期创业活动的基本特征、变化趋势以及影响老年创业的因素,由此可以得出几点结论。第一,老年创业人数多,创业者的主体是心态年轻、经济条件较好、乐于追求创业机会、处于退休年龄前后的老年人,这是中国大众创业中一支不可忽视的队伍。第

二,2015 年,中国的老年早期创业活动在完成了从生存型创业为主向机会型创业为主的转型后,出现创业活跃程度下降的趋势,说明创业政策需要调整,重点帮助老年创业者提高发现和利用创业机会的能力,以促进老年机会型创业。第三,与中青年新创企业相比,老年创业质量至少在注重产品创新、培育市场竞争力和创造就业社会效益等方面难分上下,但在工艺创新和创业失败方面也相对脆弱。因此,针对老年创业的扶持政策应注重提升老年创业质量。第四,影响老年创业的主要是内在因素,即个人创业动机和创业素养,这和老年创业转型后的创业形态相吻合,也应成为促进老年创业政策的重要内容。

参 考 文 献

[1] SINGER S,AMORÓS E, MOSKA D. Global entrepreneurship monitor—2014 Global Report. Resource from http://gemconsortium. org/docs/download/3616.

[2] SAPPLETON N,LOUREN F. Entrepreneurship,self-employment and retirement. Springer,2015.

[3] CURRAN J,BLACKBURN R A. Older people and the enterprise society: age and self-employment propensities[J]. Work Employment & Society,2015,15(4): 889-902.

[4] ZHANG T. Elderly entrepreneurship in an aging US economy: it's never too late[J]. World Scientific Books,2008.

[5] LEVESQUE M,MINNITI M. The effect of aging on entrepreneurial behavior[J]. Journal of Business Venturing,2006,21(2): 177-194.

[6] PAKER S C. The Economics of Entrepreneurship[M]. Cambridge University Press,2009.

[7] BOENTE W,FALCK O,HEBLICH S. The impact of regional age structureon entrepreneurship[J]. Economic Geography,2009,85(3): 269-287.

[8] KAUTONEN T,HATAK I,KIBLER E,etc. Emergence of entrepreneurial behaviour: the role of age-based self-image[J]. Journal of Economic Psychology,2015,50: 41-51.

[9][10] 高建,程源,李习保等. 全球创业观察中国报告(2007):创业转型与就业效应[M]. 北京:清华大学出版社,2008.

第 5 章

社会创业

人们对"社会创业"（social entrepreneurship）一词有着不同的解释。即使在同一国家或地区中，社会创业也表现出多种形式。例如，将慈善事业与商业模式相结合的组织，以及将非营利目标与基于市场相结合的组织（Alter，2007）。这种表现形式的变化导致学术界缺乏对社会创业有具体和普遍接受的定义（Brock，2008；Short et al.，2010）。

基于已有的认识（Short et al.，2010；Zahra et al.，2009），全球创业观察将社会创业定义为从事具有社会目标的创业活动的个人或组织。在 2015 年全球创业观察—社会创业专题报告中，社会创业被定义为具有特定社会、环境或社区目标的任何类型的活动、组织或倡议，涉及为社会弱势群体提供服务或培训、旨在减少污染或食物浪费的活动、组织自助团体进行社区行动等。

这与 Mair 和 Marti（2006）的观点很类似："认为社会创业是通过以新的方式组合资源来创造价值的过程。这些资源组合主要是为了探索和利用机会，通过刺激社会变革或满足社会需求来创造社会价值。社会创业过程包括提供服务和产品。"

全球创业观察迄今为止分别在 2009 年和 2015 年做过两次有关社会创业活动（SEA）的专题调查。本章主要以这两个年份中国调查数据为基础，首先明确社会创业活动的广义衡量标准；然后从社会价值和市场化两方面对社会创业活动划定范围，得出社会创业活动的狭义衡量标准；最后对我国社会创业活动的总体情况，以及质量和特征展开分析。

5.1 广义的社会创业活动

5.1.1 总体情况

全球创业观察对社会创业者的广义衡量标准是目前单独或与他人一起尝试开始或正在运营具有社会、环境或社区目标的任何形式活动的个人。从 2015 年全球创业观察我国 18～64 岁成人调查的 3365 个样本的情况来看，我国广义的社会创业者有 225 个，占成年人口比例的 6.7%，高于同一时期参与全球创业观察社会创业活动专题调查的全球 58 个经济体的这一比例平均值（5.7%）。

根据图 5-1 显示，在 2015 年参与调查的 58 个经济体中社会创业活动最为活跃的国家是塞内加尔，占其国家成年人口比例为 18.1%；卢森堡、秘鲁和以色列以超过 12% 的比例紧跟其后；我国社会创业的比例为 6.7%，与瑞典、瑞士和印度基本持平。

在发达国家里，澳大利亚和美国的比例比较接近，超过 10% 的成年人口从事社会创业；意大利和英国社会创业的比例分别是 5.5% 和 5.4%，处于中等水平；德国和韩国社会创业的比例相对较低，分别为 2.2% 和 1.5%。

我们将同时参加 2009 年和 2015 年这两年社会创业专题调查的全球 33 个经济体数据

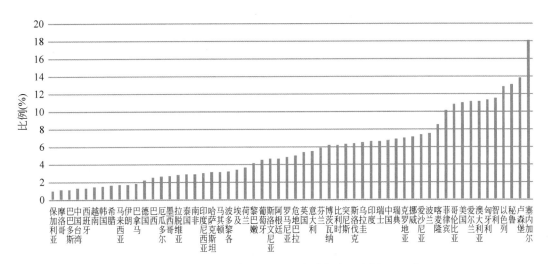

图 5-1 全球社会创业者占 18～64 岁成年人口比例（2015 年）

作比较（图 5-2），可以发现几乎半数的经济体在 2015 年的社会创业活动比例都是 2009 年的两倍以上，其中增长率最高的是危地马拉、马来西亚和巴西。

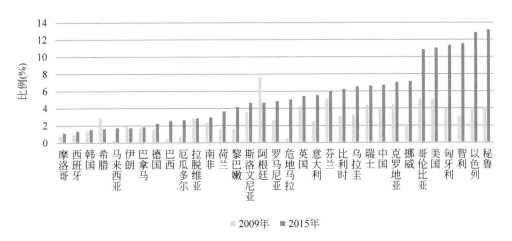

图 5-2 全球社会创业者占 18～64 岁成年人口比例（2009 年和 2015 年）

美国的社会创业者占成年人口比例从 2009 年的 5％上升到 2015 年的 11％，英国的这一比例从 4.2％上升到 5.4％。而我国 2009 年社会创业者占成年人口比例为 4％，2015 年为 6.7％，增长率介于美国和英国之间。

5.1.2 启动阶段和运营阶段

社会创业活动可以分为两个阶段，启动阶段是指社会创业者单独或与他人一起尝试开始社会创业活动，并且在过去的 12 个月内已经有实际行动；而运营阶段是指社会企业目前已经实际运营。

我国处于启动阶段的社会创业活动比例为 5.7％（图 5-3），高于全球平均水平（3.2％）；但是运营阶段的社会创业活动比例（2.6％）低于全球平均水平（3.7％）。这说明我国能够真正落地并投入运营的社会创业活动还比较少,更多还只是停留在想法和各种尝试,很难转化成可操作的社会创业活动。

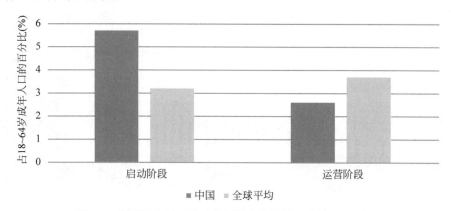

图 5-3　我国社会创业活动的不同阶段及国际比较(2015 年)

社会创业活动形成社会企业。就我国情况而言,近年来,不少地方重视对社会企业的引导和孵化,积极培育社会企业。无论从社会企业的数量增长,还是发挥的作用看,都表现出发展态势。但是,社会企业发展仍面临社会认知度低、缺乏政策规范、缺乏市场竞争力的问题。因此,全球创业观察中国研究的数据所显示的社会创业活动转化率低的问题与实际调研情况是一致的。

将 2015 年参与全球创业观察社会创业活动专题调查的全球 58 个经济体划分为 7 个地区(图 5-4),可以发现澳大利亚和美国这一区域无论是启动阶段还是运营阶段,社会创业活动都更为活跃,比例分别为 5.1％和 8.6％。运营阶段的社会创业活动比例比较高的地区是西欧(4.3％),启动阶段的社会创业活动比例比较高的地区是拉丁美洲和加勒比地区(3.7％)。

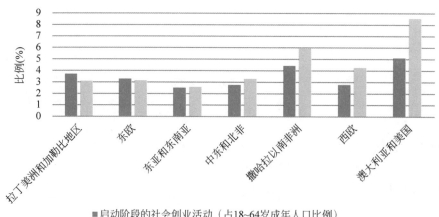

图 5-4　全球各地区不同阶段的社会创业活动(2015 年)

Stephan 等(2014)在《制度与社会创业》一文中认为制度是影响社会创业精神的重要因素。制度不仅包括正式的政府政策和措施,也包括非正式认知(比如后物质主义价值观)、非正式规范(社会文化、社会资本)。正式制度与非正式制度相互作用和相互影响。

　　我国政府大力扶持创新创业,大众创业活跃度较高。我们建议对社会创业不仅要给以激励政策和加大金融支持,还要重视宣传和教育以改变人们的价值观念,提高社会创业者地位,让社会创业从规模和质量上都能够上一个新的台阶。

5.2　狭义的社会创业活动

　　企业作为社会的组织,既具有经济属性,又具有社会属性。企业的经济属性决定着企业运营需要创造财务收益,为企业的利益相关者谋取经济利益;企业的社会属性要求企业应当承担社会责任,需要重视其对社会及环境的影响。实现财务目标与社会责任的统一是当今企业面临的重要问题。

　　全球创业观察将具有社会目标的创业活动定义为广义的社会创业活动,2009 年有关社会创业的专题调查也是针对广义范畴。后来一些学术界人士以及机构对社会创业问题做了更为深入细致的研究。Felipe Santos (2012)提出社会创业者应该始终以价值创造为导向,把为社会创造价值作为长期和主要的目标,不过在短期的某些情况下选择价值捕获(商业价值)也是合理的;欧盟委员会和经济合作与发展组织都认为社会企业家应该在很大程度上参与市场,而不应该脱离市场。

　　基于这些观点,全球创业观察在 2015 年进一步将社会创业活动的定义范畴缩小,在专题调查问卷中分别设计了两个关于社会价值和市场化的问题来具体度量狭义的社会创业活动。如果受访者同时满足“以社会价值为主导”和“市场化程度较高”这两个条件,则认为该受访者所从事的社会创业活动属于狭义范畴的社会创业。

5.2.1　社会价值

　　问卷问题为“对我的组织而言,为社会和环境创造价值比为公司创造财务价值更重要”,对这个问题给出 5 个选项(1＝非常不同意,2＝有点不同意,3＝既不同意也不反对,4＝有点同意,5＝非常同意)。如果受调查者选择 4 或 5 则认为是以社会价值(social value)而不是商业价值(commercial value)为主导,或者也可以说是以价值创造(value creation)而不是价值获取(value capture)为目标。

　　全球有 48 个经济体参与此项问题调查,划分为 6 个地区(图 5-5)。我国以创造社会价值为主导的社会创业活动占成年人口比例的 3.4%,有 43.6%的社会创业活动是以创造社会价值为主导。

　　澳大利亚和美国这一区域以创造社会价值为主导的社会创业活动较为活跃,占成年人口比例平均为 8.7%;其次是拉丁美洲和加勒比地区以及西欧,平均比例分别为 4.7%和4.3%;东亚和东南亚地区的社会创业活动以创造社会价值为主导的平均比例偏低(2.5%)。

5.2.2　市场化

　　问卷问题为“我的组织在市场上已经能够提供产品和服务”,同样也给出了 5 个选项(1＝非常不同意,2＝有点不同意,3＝既不同意也不反对,4＝有点同意,5＝非常同意)。如果受调查者选择 4 或 5 则认为有较高的市场参与度。

　　全球有 31 个经济体参与此项问题调查,划分为 6 个地区(图 5-6)。我国有较高的市场参与度的社会创业活动占成年人口比例为 4.9%,有 45.8%的社会创业活动市场参与度较高。

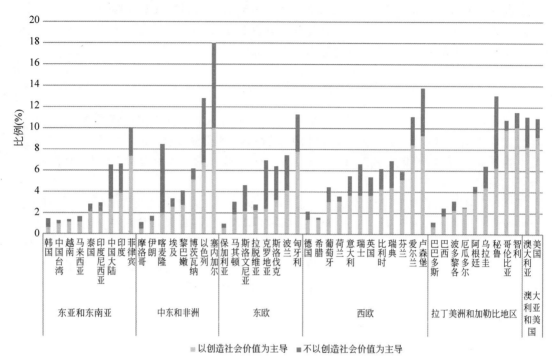

图 5-5 以创造社会价值为主导的社会创业活动占成年人口比例（2015 年）

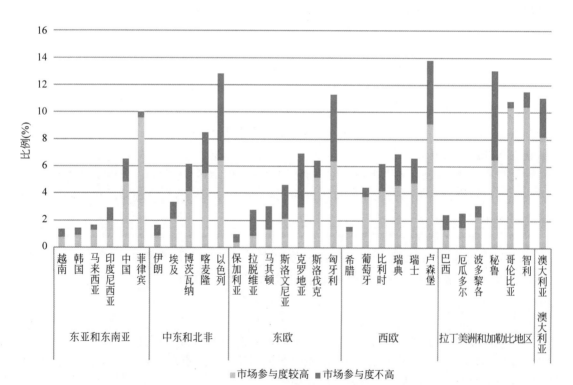

图 5-6 市场参与度较高的社会创业活动占成年人口比例（2015 年）

从各地区平均值来看,澳大利亚市场参与度较高的社会创业活动更为活跃,占成年人口比例平均为 8.2%;其次是拉丁美洲和加勒比地区以及西欧,比例分别为 5.4% 和 4.6%;东亚和东南亚地区市场参与度较高的社会创业活动的比例偏低(3.3%)。

5.2.3　狭义社会创业

社会创业活动在引入狭义定义范畴之后,几乎所有接受调查的全球 31 个经济体的社会创业者占成年人口的比例都下降了一半以上。

从 2015 年全球创业观察我国 18～64 岁成人调查的 3365 个样本的情况来看,我国狭义的社会创业者有 64 个,占成年人口比例为 1.9%,我国的社会创业活动中只有 28.4% 可以认为是狭义的社会创业活动。

根据图 5-7 显示,有 2/3 的国家的狭义社会创业者占成年人口比例不足 2%,即每 100 个成年人口中有不超过 2 个狭义社会创业者。其中,狭义社会创业活动最为活跃的国家是澳大利亚和卢森堡,占成年人口比例为 4.6%;中国以 1.9% 的比例处于中等偏上水平。

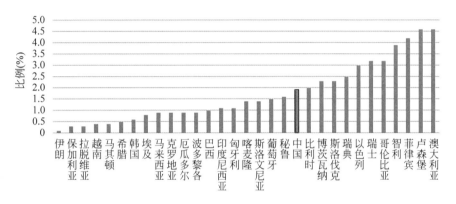

图 5-7　狭义的社会创业者占成年人口比例(2015 年)

需要说明的是,由于一些社会创业水平较高的发达国家(比如美国和西欧部分国家)没有参与有关社会创业活动狭义范畴的问卷调查,故此部分内容缺乏广泛的代表性。

5.3　社会创业活动的质量

全球创业观察研究一直很重视创业活动的质量,对于社会创业也是同样。区别于我们通常可见的创业形式,社会创业有其独特性。下面我们就从创新性、利润再投入的程度、关注社会影响的程度以及成长性四个方面来比较狭义的社会创业活动和非狭义的社会创业活动之间的质量差异。

5.3.1　创新性

全球创业观察研究为了评判社会创业活动是否具有创新性,在成人调查问卷－社会创业活动专题里设置了以下两个问题,并给出了 5 个选项(1＝非常不同意,2＝有点不同意,3＝既不同意也不反对,4＝有点同意,5＝非常同意)。

- 我的组织能够提供市场上新的产品或服务。

· 我的组织能够提供一种生产产品或服务的新方法。

如果受调查者对这两个问题当中的任何一个作出积极回答(即非常同意或有点同意),则认为此人所参与的社会创业活动具有创新性。

根据图 5-8 显示,我国狭义的社会创业活动更具有创新性,有 84.4% 的狭义社会企业能够提供新产品/服务或者能够提供一种新方式来生产产品/服务,而仅有 42.9% 的非狭义社会企业具有创新性。

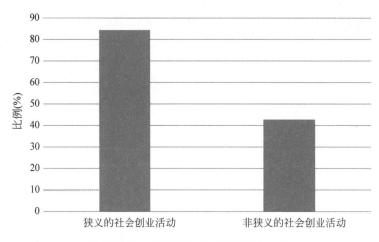

图 5-8　社会创业活动的创新性(2015 年)

社会企业是推动社会创新的重要力量,近年来在解决弱势群体就业、弥补政府福利空白、缓解社会矛盾、推动可持续发展等方面取得了很好的效果。以创造社会价值为主导的狭义社会企业必须能够敏锐地察觉到未被满足的社会需求,用创新思维最大限度地整合各种人力资源、物力资源和社会资源,寻找实现社会价值目标的实践方案。另外,狭义社会企业用商业手段组织经营,与商业企业同在市场上竞争,其提供的产品或服务必须具有更高的创新性,才能盈利以持续实现其社会目标。

5.3.2　利润再投入的程度

关于社会企业应该在多大程度上将利润再投入,诺贝尔奖获得者尤努斯(2006,2007)认为不应该向企业所有者或投资者支付股息和红利,应该将所有利润再投入以实现社会价值这一目标。他认为企业可以分为两种,一种是单纯以利润最大化为目标的企业,而另一种是以公益事业为目标的企业,后者他称之为社会企业(social business)。社会企业的特点是投资者可以收回投资但不可能像一般投资公司一样获得利润分红,因为所有的利润只会用于拓展事业,提高产品和服务质量。尤努斯的这一理念被许多商学院采用(Kickul et al.,2013;YY Foundation,2014)。

全球创业观察将这一观点设置成了问卷问题"我的组织所获得的利润被再投入以服务于社会或环境目标",如果受调查者作出积极回答(即非常同意或有点同意),则认为该社会企业的利润再投入的程度高。

图 5-9 显示,我国狭义的社会企业将利润再投入的程度更高,有 79.7% 的狭义社会企业

将利润再投入,而非狭义社会企业的这一比例仅有 37.9%。这是因为狭义社会企业的首要任务是创造社会价值,而不是为了获取商业价值,因而狭义社会企业能够将获得的利润再投入企业运营,以服务于社会或环境目标。

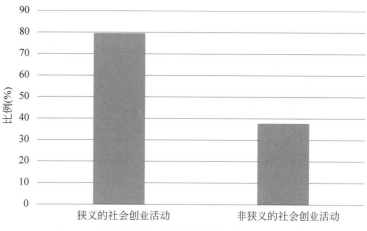

图 5-9　社会创业活动利润再投入的程度(2015 年)

5.3.3　关注社会影响的程度

社会创业者在企业运营过程中需要经常去衡量和评估其社会影响,以免与其创立初期所设定的社会和环境目标相背离。全球创业观察设置了问卷问题"我的组织在衡量或评价其社会或环境影响方面投入了大量精力",如果受调查者作出积极回答(即非常同意或有点同意),则认为其关注社会影响的程度高。

图 5-10 显示,有 82.8% 的狭义社会企业关注其社会影响,远远超过非狭义社会企业37.3% 的比例。这主要是因为对于狭义社会企业来说,创造社会价值是其主要目标,需要投入大量精力来衡量或评价社会或环境影响。

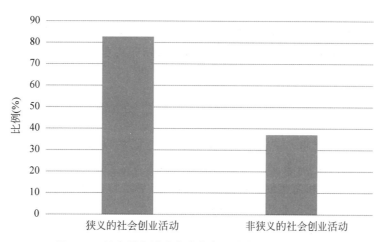

图 5-10　社会创业活动关注社会影响的程度(2015 年)

5.3.4 成长性

为了评估一家社会企业的当前规模和预期规模,全球创业观察研究询问了以下两个问题。

- 包括所有者在内,目前有多少人在为这项活动、组织或倡议工作?请包括所有分包商、兼职员工和志愿者。
- 未来5年有多少人为这项活动、组织或倡议工作?包括现在的员工。

从图 5-11 可以发现,我国狭义社会企业的成长性更好,有 20.3% 的企业目前雇佣超过5 个员工,有 23.4% 的企业在未来 5 年将雇佣超过 5 个员工,而非狭义社会企业的这两个比例分别为 10.6% 和 11.2%。

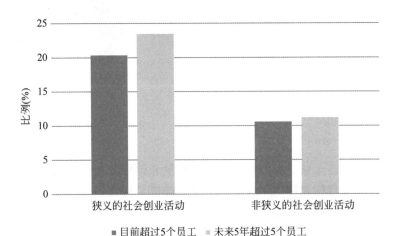

图 5-11   社会创业活动的目前和未来成长性(2015 年)

狭义社会企业以创造社会价值为主导的经营理念,从长远看有助于企业与利益相关者(股东、债权人、供应商、员工、消费者、政府、社区等)形成良性互动,为企业成长创造良好的内部环境和外部环境;同时有利于企业得到社会公众及政府的认可,提高产品或服务的市场需求,帮助企业争取到更多的政策扶持和融资渠道,获得更大的生存和发展空间,保持持续的成长能力。

5.4　社会创业活动的特征

全球创业观察研究将那些不具备社会创业特征的其他创业形式,称为商业创业(Commercial Entrepreneurship)。下面我们首先从性别、年龄、受教育程度、收入水平四个方面来比较社会创业者和商业创业者的人口特征,然后从行业分布和资金来源两个方面来比较社会创业活动和商业创业活动之间的差异。

1.性别差距小

根据图 5-12 显示,我国无论商业创业还是社会创业,男性都占据多数。商业创业活动中,男性占比 53.3%,女性占比 46.7%;而社会创业活动中的性别差距要略小于商业创业活动,男女占比分别为 52.2% 和 47.8%。

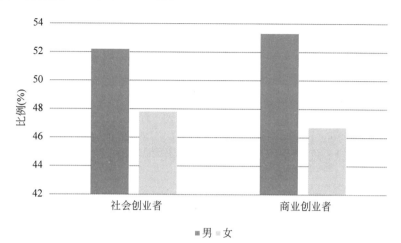

图 5-12 社会创业者和商业创业者的性别特征(2009,2015)

从我国社会创业者的性别特征和受教育水平来看(图 5-13),随着受教育程度的升高,性别差距会增加,大学及以上的男性社会创业者占比为 54.1%,女性占比 45.9%。

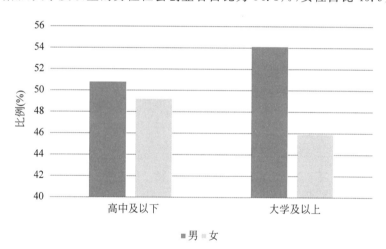

图 5-13 社会创业者的性别和受教育程度(2009,2015)

从全球视角来看女性参与社会创业活动的程度(图 5-14),全球 58 个经济体的差别并不大,女性社会创业者占全部社会创业者的比例基本上都在 50%,也就是说男女几乎平等地参加社会创业,区别于商业创业活动较大的性别差距。这一点与 Bosma 等(2013)人的发现基本一致,在公共部门工作的员工也只有很小的性别差距,女性由于自身的特点倾向于更社会性质的工作环境,或者是受雇在公共部门工作,或者是自己成为一名社会企业家。

甚至在一些国家或地区女性社会创业者的比例明显高于男性,如东南亚的菲律宾(61.5%)、拉丁美洲和加勒比地区的乌拉圭(55.4%)。而一些发达国家的女性社会创业者占比并没有突出表现,如美国(50.2%)、英国(51.7%)、德国(49.6%)、澳大利亚(49.3%)。

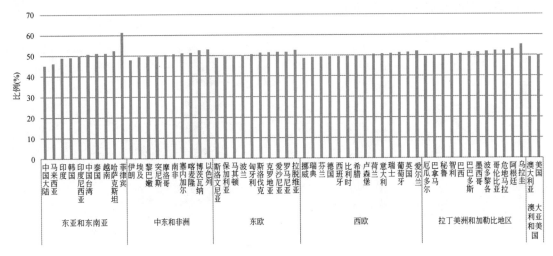

图 5-14 女性在社会创业者中的占比（2015 年）

2. 青年人更热衷于社会创业

从图 5-15 可以很明显地看出,25～34 岁的青年是我国社会创业活动最为活跃的群体,占比 29.2%,高于商业创业活动在该年龄段的比例(25.3%)。这说明社会创业精神通常与天生理想主义的年轻变革者有关,青年群体对社会创业更感兴趣,而且愿意通过从事社会创业活动来对社会或环境做出积极的改变。有同样表现的还有 18～24 岁的青年人群,社会创业的比例(16.5%)也要高于商业创业(12.4%)。

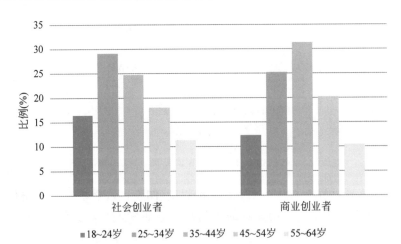

图 5-15 社会创业者和商业创业者的年龄分布(2009,2015)

从中年群体来看,35～44 岁的中年人群,占社会创业活动的 24.8%;而该年龄段的群体却是我国商业创业的主力,占商业创业活动的 31.4%。45～54 岁的中年人群,社会创业的比例(18.1%)也要低于商业创业(20.3%)。

而我国 55～64 岁的老年群体似乎也更愿意从事以社会、环境或社区为目标,体现社会价值的社会创业活动,其比例为 11.4%,略高于该年龄段从事商业活动的比例(10.5%)。

3. 受教育程度更高

根据图 5-16 显示,社会创业者的受教育程度更高,大学及以上占比为 46.4%;而从事商业创业活动则更多的是高中及以下的创业者,受过高等教育的商业创业者比例仅为 24.4%。

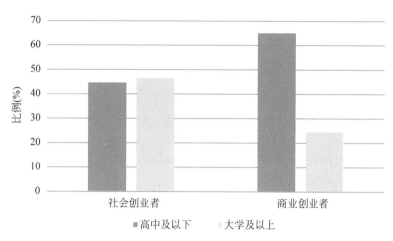

图 5-16　社会创业者和商业创业者的受教育程度(2009,2015)

4. 以高收入人群为主

根据图 5-17 显示,无论是社会创业还是商业创业,差不多一半的创业者都是高收入人群,这也许是因为创业活动的资金来源之一是个人资金,所以创业者的收入水平在一定程度上决定了其参与创业活动的意愿和行动。其中,从事社会创业的高收入者占比为 53.8%,高于从事商业创业的高收入者(46.4%)。

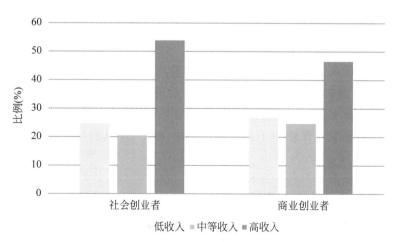

图 5-17　社会创业者和商业创业者的收入水平(2009,2015)

在我国从事社会创业的群体中,中等收入者占比 20.4%,少于低收入者(24.6%)。

5. 主要分布在零售、住宿和餐饮业

根据图 5-18 显示,零售、住宿和餐饮业是我国创业活动更密集的行业,有将近一半(48.4%)的社会创业活动和六成(60.3%)的商业创业活动都集中在该行业。而且社会创业的比例要比商业创业低大约 10%,这也许是因为该行业更为关注创造商业价值,而无法以追求社会价值为主要目标。其次是政府、医疗、教育和社会服务领域,社会创业的比例(14.5%)要高于商业创业的比例(11.1%),这主要是因为该领域更符合社会创业的目标。

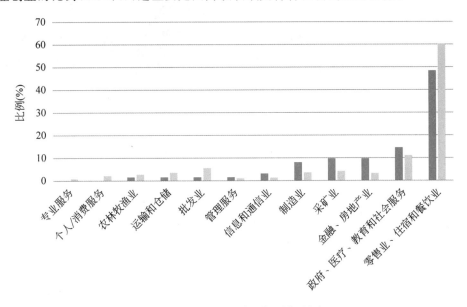

■社会创业活动 ■商业创业活动

图 5-18 社会创业活动和商业创业活动的行业分布(2015 年)

6. 融资来源有差异

相比于商业创业活动,社会创业的资金来源更为多元和均衡(图 5-19)。调查问卷所列的 8 种融资渠道中,比例在 10% 以上的有 6 种。这 6 种来源从银行、政府到创业投资,从个人、家庭到同事,都是社会创业的资金支持者。社会创业的资金来源中,没有特别突出的来源。

就主要融资来源看,商业创业活动与社会创业活动的差异十分明显。我国 42.8% 的商业创业活动主要依靠个人资金,排在融资来源的第 1 位。而社会创业融资的第 1 位来源是银行或其他金融机构,占比为 19.6%。在社会创业里,个人出资排在第 6 位,来源占比为 12%。社会创业资金的第 2 来源是家庭,比例为 17.8%。通过政府计划、捐赠和拨款获得资金的社会企业占比为 15.6%,而仅有 4.8% 的商业企业能够获得政府资助。

从数据统计还可以看到,网上众筹既是社会创业也是商业创业融资来源最少的提供方。一种可能是网上众筹并不适合早期的创业活动,另外一种可能是网上众筹不是众筹的可行模式。无论是哪种情况,这个分析结果都表明,在没有找到创新的有效解决办法前,开展网上众筹服务于早期的社会创业或者商业创业是不合适的选择。

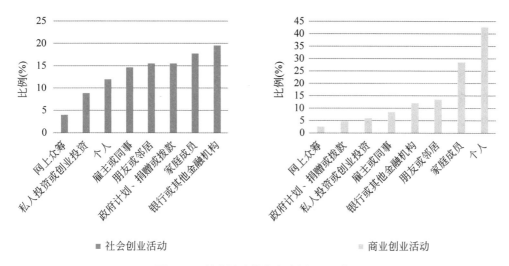

图 5-19　创业活动的资金来源（2015 年）

7. 社会创业的感知水平有待提高

人们对社会创业越来越感兴趣，政府和组织也在鼓励和宣传社会创业精神。为了解人们对社会创业的可见性，全球创业观察从 2015 年开始在成人调查问卷中设置了问题"我经常会看到旨在解决社会问题的企业"。

从图 5-20 可以看出我国对社会创业的感知能力在 2015—2018 年①变化不大，基本上是在 40％上下浮动，即有四成左右的人群能够感知到社会创业。

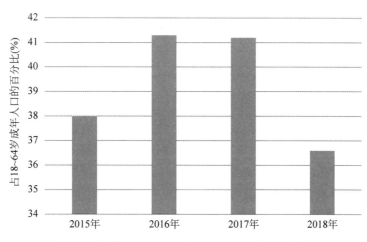

图 5-20　我国对社会创业的感知（2015—2018 年）

---

①　在 2015—2018 年调查问卷中有关社会创业感知的问题受访者只被给出是或否两个选择；而 2019 年调查问卷进一步细化了受访者的选项，包括非常同意、比较同意、既不同意也不反对、比较反对、非常反对。这就在一定程度上导致 2019 年数据与往年相比波动很大，因此这里将 2019 年数据剔除。

具体来说,在2015年我国18～64岁成年人口中对社会创业活动的可见性持肯定态度的比例为38%,略高于同一时期参与全球创业观察社会创业活动专题调查的全球47个经济体①的平均值32.9%;而2016年和2017年这一比例提高至41%左右;2018年社会创业的感知比例下降到36.6%。

根据图5-21显示,在一些经济体中,对社会创业的感知水平与社会创业活跃程度是相匹配的,比如菲律宾的广义和狭义的社会创业活跃程度排名都很靠前(分别为第11和第3),其社会创业的感知水平排名第4;而保加利亚的社会创业活跃程度和社会创业的感知水平都排名后面;中国的这两项表现是一致的,都处于中等偏上水平。

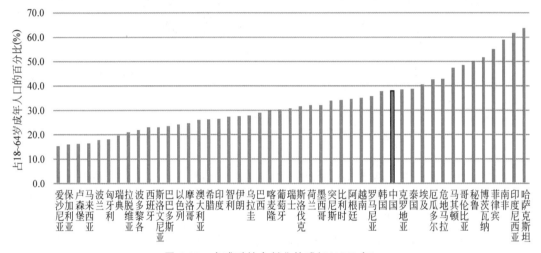

图5-21　全球对社会创业的感知(2015年)

但是也可以发现一些感知水平低但是活跃程度高的国家,比如卢森堡,其广义和狭义的社会创业活跃程度都排名第2,但是社会创业的感知水平却排在倒数第3;还有澳大利亚的情况也比较类似。

5.5　小　　结

本章研究了我国社会创业活动的总体情况、质量和特征,有以下认识:第一,我国社会创业活动高于同一时期全球平均水平;第二,我国狭义的社会创业活动更具创新性,利润再投入的程度更高;第三,狭义社会企业更为关注社会影响,成长性更好;第四,社会创业活动的性别差距小于商业创业活动,青年人群更热衷于社会创业;社会创业者的受教育程度更高,并且以高收入人群为主;社会创业活动主要集中在零售、住宿和餐饮业;,社会创业的资金来源相比商业创业活动更为多元和均衡;第五,我国对社会创业的感知水平有待提高。

参 考 文 献

[1]　ALTER K. A Social enterprise typology[Z]. Virtue Ventures LLC,2007.

[2]　BROCK D D. Social entrepreneurship Teaching Resources Handbook[M]. Byrum School of

① 2015年全球创业观察调查问卷里有关社会创业的感知的问题为可选项,全球有47个经济体参与。

Business，Wingate University，2009：47-52.

[3] SHORT J C，MOSS T W，LUMPKIN G T. Research in social entrepreneurship：past contributions and future opportunities[J]. Strategic Entrepreneurship Journal,2009，3(2)：161-194.

[4] ZAHRA S A,GEDAJLOVIC E,NEUBAUM D O,et al. A typology of social entrepreneurs：motives，search processes and ethical challenges[J]. Journal of Business Venturing,2009,24(5)：519-532.

[5] MAIR J,MARTI I. Social entrepreneurship research：a source of explanation,prediction,and delight [J]. Journal of World Business,2006，41(1)：36-44.

[6] STEPHAN U，UHLANER L M，STRIDE C. Institutions and social entrepreneurship：the role of institutional voids，institutional support，and institutional configurations[J]. Journal of International Business Studies，2014，46(3)：308-331.

[7] YUNUS M. Creating a world without poverty：social business and the future of capitalism[M]. Public Affairs，New York，2007.

[8] KICKUL J，TERJESEN S，JUSTO R. Social Entrepreneurship：Introduction[J]. Small Business Economics，2013，40(3)：687-691.

[9] YY Foundation. Social business academia report[C]. Wiesbaden，Germany，2014.

[10] BOSMA N S，WENNEKERS S，GUERRERO M，et al. GEM 2011 special report on entrepreneurial employee activity.

第6章

服务业创业

近年来,我国服务业快速发展,已成为国民经济第一大产业。2013年我国服务业占GDP比重达到46.1%,首次超过制造业,2020年服务业占GDP比重上升到54.5%。我国经济已完成由工业主导向服务业主导的转变,经济结构发生了深刻的变化(宁吉喆,2016)。

从全球创业观察中国研究的数据来看,服务业是中国创业活动产生最密集的行业。本章将从我国创业活动行业分布的总体情况和变化趋势入手,重点对服务业创业的构成和发展趋势、不同类型服务业的特征和质量及我国服务业创业活动产业分布的国际比较等方面进行分析。

6.1 全球创业观察研究的行业分类及服务业构成

全球创业观察研究对创业者创办企业的行业进行了统计,包括以下十种类型:农林牧渔业,采矿业和建筑业,制造业,运输和仓储业,零售业、住宿和餐饮业,批发业,政府、卫生、教育和社会服务业,金融业和房地产业,商业服务业,个人消费服务业。2010年后全球创业观察研究又将商业服务业更加细化为信息和通信产业、专业服务业和管理服务业三类。

在本书的其他章节中,创业的行业分析使用了全球创业观察研究的分类方法,将上述10个(2010年后为12个)行业分为四类,即采集提炼类行业、移动转移类行业、客户服务业和商业服务业。其中,采集提炼类行业包括农林牧渔业和采矿业;移动转移类行业包括建筑业、制造业、运输和仓储业以及批发业;客户服务业包括零售业、住宿和餐饮业,政府、卫生、教育和社会服务业以及个人消费服务业;商业服务业包括金融业和房地产业以及其他商业服务业。

为了便于理解我国服务业的创业活动,我们将全球创业观察研究的行业分类转换为我国三次产业的划分(图6-1),并在本章中使用图6-1中右下角图框中的分类分析我国服务业的创业活动。

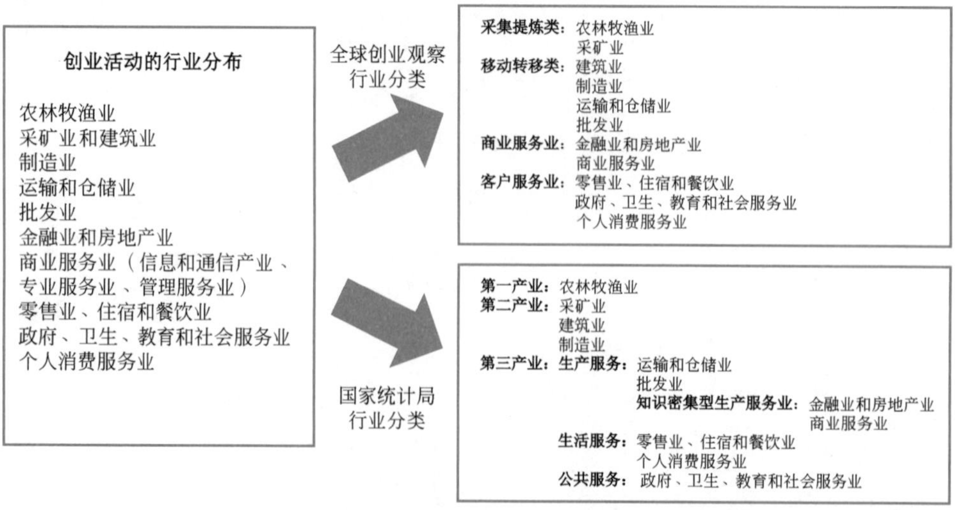

图 6-1　全球创业观察行业分类与国家统计局行业分类对比

6.2 我国服务业创业的构成和发展趋势

6.2.1 行业分布

1. 我国半数以上创业活动在零售业、住宿和餐饮业

2002—2019 年,全球创业观察中国研究的成人创业调查样本总量为 52 151 个,其中创业者 6 913 人。从创业者的行业分布来看,53.5％的创业者在零售业、住宿和餐饮业创业,比例最高。其他行业按比例从高到低依次为批发业(10.8％),政府、卫生、教育和社会服务业(8.7％),制造业(6.3％),农林牧渔业(5％),商业服务业(5％),运输和仓储业(3.9％),采矿业和建筑业(2.8％),金融业和房地产业(2.5％),个人消费服务业(1.5％)(见图 6-2)。

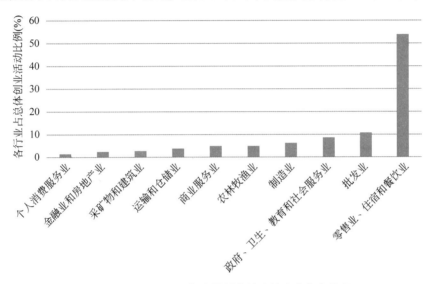

图 6-2 2002—2019 年我国创业活动的产业分布情况

2. 超过 80％的创业活动集中在服务业

2002 年我国创业活动 5.1％分布在第一产业,12.9％分布在第二产业,82％分布在第三产业即服务业。2019 年,第一产业创业活动比例下降到 2.5％,第二产业创业活动比例下降为 6％,第三产业创业活动比例上升至 91.5％(图 6-3)。由此可见,过去的近 20 年间中国创业活动的产业结构中,服务业的创业活动数量是最多的,而且,第一产业和第二产业的创业比例在下降,第三产业的创业比例在上升。

6.2.2 构成和趋势

1. 在全球创业观察的行业分类中,我国服务业创业主要在客户服务业

从 2002 年—2019 年数据的平均值来看,按全球创业观察研究的行业分类方式,我国 89.5％的服务业创业属于客户服务业,10.5％的服务业创业为商务服务业。其中,零售、住宿和餐饮业的占比达到服务业的 75.1％,是服务业的主要组成部分。政府、卫生、教育和社

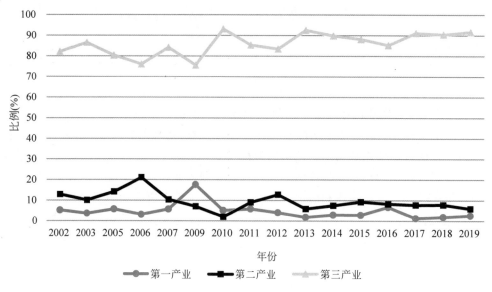

图 6-3　2002—2019 年我国创业活动的三次产业分布变化

会服务占比 12.2％,个人消费服务占比 2.2％,合计为 14.4％,构成了客户服务业的其他组成部分。商业服务业创业活动中,信息和通信、专业服务及管理服务的商业服务业创业占服务业创业活动的比重为 7％,金融和房地产业为 3.5％(图 6-4)。总体来看,我国服务业创业活动中,客户服务业为主要创业活动领域,商业服务业创业活动的比重为 10.5％,占比较低。

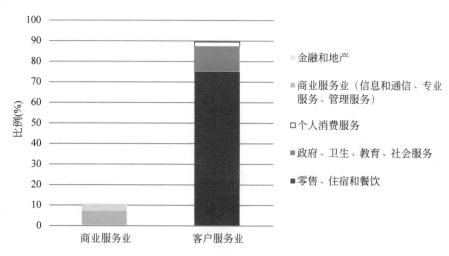

图 6-4　2002—2019 年全球创业观察划分下我国服务业创业的构成及比例变化

2. 在国家统计局的行业分类中,我国的服务业创业活动主要发生在生活服务业,
   生产服务业和公共服务业次之

近年来,国家加快发展生活服务业和生产服务业,促进消费结构和产业结构的转型升

级。生活服务业和生产服务业最大的差别在于,前者是满足居民最终消费需求,后者是为生产活动提供支持。生活服务业领域宽、范围广,涉及人民群众生活的方方面面,与经济社会发展密切相关。而生产服务业专业性更强,与创新活动联系更紧密,是引领产业向高端价值链提升的重要经济部门。公共服务业是生产服务业和生活服务业以外,由政府、社会组织和企业开展的提供包括教育、卫生、公共管理和社会保障等服务的行业,对改善人民生活品质、促进社会平衡发展具有重要作用。

2002 年,我国创业活动中生活服务业的比例为 53.2%,生产服务业的比例为 25.4%,公共服务业创业的比例为 3.5%。2019 年,生活服务业和生产服务业的创业活动比例均有所下降,分别下降至 52.8% 和 17.7%(图 6-5)。公共服务业创业的比例有所上升,2019 年该比例上升到 21.1%。

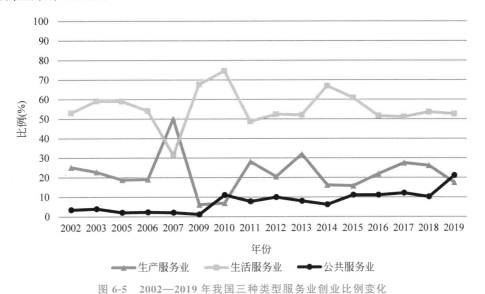

图 6-5　2002—2019 年我国三种类型服务业创业比例变化

随着经济社会的发展,公共服务领域出现更多的创业机会。公共服务领域的创业活动既能创造经济价值,也能解决社会问题。在图 6-6 中,我们能够看到,公共服务业的政府、卫生、教育、社会服务领域创业活动的平均占比由 2002—2010 年的 3.8% 上升到 2011—2019 年的 10.8%,增长了 2.8 倍。

3. 我国知识密集型生产服务业创业比例有所提高

金融业和房地产业以及包括信息和通信产业、专业服务业和管理服务业的商业服务业是知识密集型生产服务业。知识密集型生产服务业的特征是依赖专业知识为其他组织发展提供高智力、高附加值的专业服务(魏江和鲍登,2004)。知识密集型生产服务业的创业活动不但可以给自身创造经济和社会价值,还对区域和产业的创新发展具有重要贡献(刘帮成和刘学方,2009)。

2002 年至 2019 年,虽然我国生产服务业创业活动的比例有所下降,但知识密集型生产服务业创业的比例有所上升,从 2002 年的 7.1% 上升到 2019 年的 10.6%。比 2002 年提高了 50%(图 6-7)。知识密集型生产服务业比例的提高说明我国服务业创业活动的质量有提高,服务业创业活动的产业结构趋于合理。

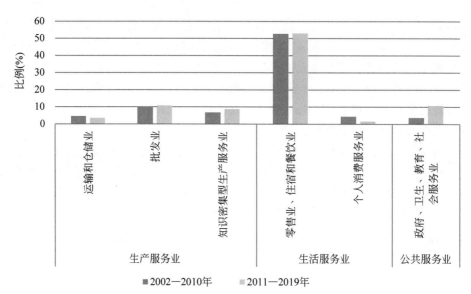

图 6-6　2002—2010 年和 2011—2019 年我国服务业不同行业的平均比例

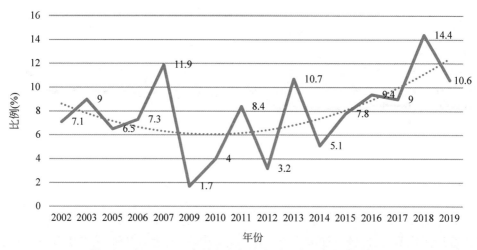

图 6-7　2002—2019 年我国知识密集型生产服务业创业比例

为了减少数据波动的影响,我们将 2002—2019 年的数据分为 2002—2010 年和 2011—2019 年两个时间段来反映两个 10 年间服务业创业具体行业比例的变化。图 6-6 显示,生产服务业中的知识密集型生产服务业增长最为显著,平均占比从 2002—2010 年的 6.8% 增长到 2011—2019 年的 8.7%。

6.3　不同类型服务业的创业

生产服务业、生活服务业及公共服务业的创业活动比例不同,创业者特征和创业质量也存在差异。本节将从性别、受教育程度、收入水平、创业动机、创新能力、就业效应、成长性和国际化水平等方面分析三类服务业创业活动的差异。在分析生产服务业时,我们还将重点对知识密集型生产服务业的创业活动进行分析。

6.3.1　生产服务业创业的男性比例高

从 2003 至 2018 年[①]全球创业观察中国研究的数据来看,生活服务业和公共服务业创业者中男女比例较为接近。生活服务业创业者中男性比例为 49.7%,女性比例为 50.3%;公共服务业创业者中男性比例为 51.5%,女性比例为 48.5%。

生产服务业创业者中男性的比例达到 63.6%,高于女性的 36.4%。在生产服务业中,知识密集型生产服务业创业的男性特征更为明显,男性比例为 65.5%,高于女性的 34.5%(图 6-8)。

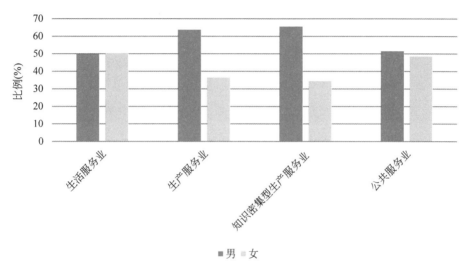

图 6-8　不同类型服务业创业者性别差异(2003—2018 年)

6.3.2　知识密集型生产服务业创业者受教育程度更高

在 2003—2018 年间,生活服务业创业者中,高中及以下学历者比例为 68.5%,大学(含大专)文化程度比例为 28.7%,研究生学历比例 2.8%。在同一个时期,生产服务业创业者中,高中及以下学历创业者比例为 59.6%,本科和研究生学历创业者比例分别为 33.7% 和 6.6%,均高于生活服务业的创业者。知识密集型生产服务业创业活动中的创业者受教育程度更高,大学和研究生学历者比例分别为 47.4% 和 11.4%。在公共服务业创业者中,高中及以下学历创业者比例为 54.9%,大学和研究生学历创业者比例分别为 41% 和 4.1%,创业者的受教育程度与生产服务业的总体水平相近,低于知识密集型生产服务业(图 6-9)。

进一步分析服务业各行业创业者的受教育程度发现,运输和仓储业创业者受教育水平最低,78.9% 的运输和仓储业创业者为高中及以下学历。在服务业创业者中,本科及研究生学历的创业者比例从高到低依次为商业服务业(60.4%),金融业和房地产业(55.8%),政府、卫生、教育和社会服务业(45.1%),批发业(35.1%),个人消费服务业(33.9%),零售业、

---

①　未选取 2002 和 2019 年数据,因为 2002 年国际化水平问题尚未加入问卷,2019 年创业动机、创新、国际化等问题的问卷和量表发生了较大变化,与其他年份不具可比性。

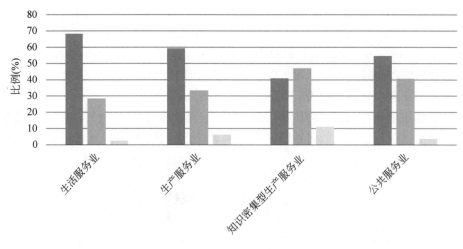

图 6-9　不同类型服务业创业者受教育程度比较（2003—2018 年）

住宿和餐饮业（31.4％）及运输和仓储业（21.1％）（图 6-10）。商业服务业以及金融业和房地产业创业者中接受过高等教育的比例是所有服务业行业中最高的,体现了知识密集型行业的特征。

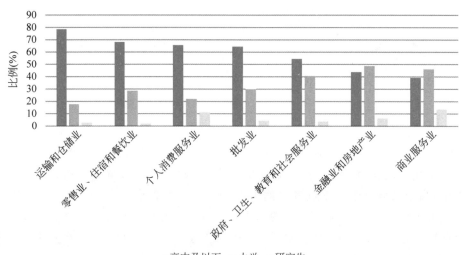

图 6-10　服务业各行业创业者受教育程度比较（2003—2018 年）

6.3.3　知识密集型生产服务业创业者中高收入人群的比例更高

从 2003—2018 年三种类型服务业创业者的收入水平来看,公共服务业创业者中高收入人群的比例达到 52.1％,高于生产服务业高收入人群的比例 51.7％和生活服务业高收入人群的比例 51.3％。相应的,公共服务业创业者中低收入人群的比例为 17.9％,低于生产服务业创业者的 21.6％以及生活服务业创业者的 21.2％。总体来看,公共服务业创业者的收入水平在三类服务业创业者中最高。但是,知识密集型生产服务业创业者收入水平更高,其高收入创业者比例达到 62.1%,而低收入人群占比仅为 17.1%(图 6-11)。

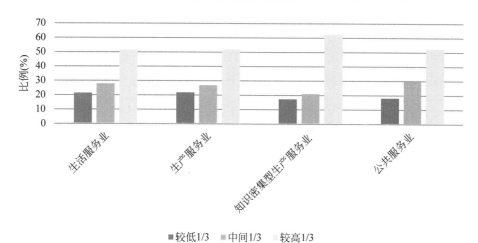

图 6-11　不同类型服务业创业者收入水平比较(2003—2018 年)

6.3.4　知识密集型生产服务业的机会型创业比例高

与生存型创业者相比,机会型创业者是通过发现或创造新的市场机会,从而开发和利用商业机会的人群。机会型创业活动的质量更高,往往对经济社会的推动力更大。2003 年至 2018 年间,知识密集型生产服务业创业者的机会型创业特征明显,比例达到 70.2%,高于生产服务业和公共服务业创业者中机会型创业的比例 63% 和 65.3%,也高于生活服务业创业者中机会型创业活动的 58.8%(图 6-12)。

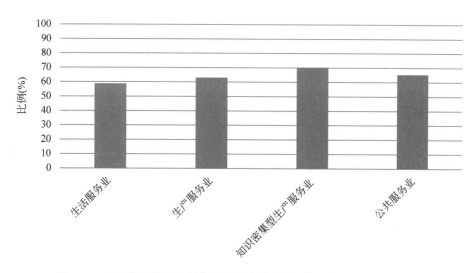

图 6-12　不同类型服务业创业者机会型创业动机的比例(2003—2018 年)

6.3.5　公共服务业和知识密集型生产服务业创业的创新能力更能强

知识密集型生产服务业创业者中认为自己的产品或服务是新颖的比例为 75.3%,高于公共服务业的 72.4％和生活服务业的 62.1％。此外,公共服务业创业者中认为自己的产品或服务只有很少或没有竞争对手的比例为 31.9％,高于知识密集型生产服务业的 27.9％和生活服务业创业的 26.9％。

全球创业观察研究将同时满足上述两个条件的创业活动定义为创新指数,公共服务业和知识密集型生产服务业创业的创新指数均为 23.3％,高于生活服务业创业的 18.9％和生产服务业创业的 18.2％(图 6-13)。总体来看,公共服务业和知识密集型生产服务业创业的创新能力相对更强,生活服务业创业的创新能力相对较弱。

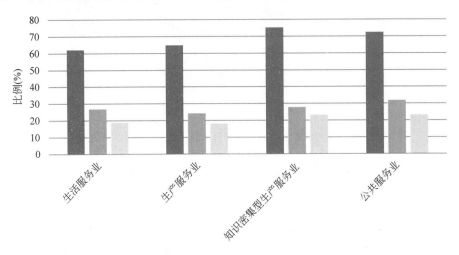

■新产品 ■新市场 创新指数

图 6-13 不同类型服务业创业的创新性比较(2003—2018 年)

从市场竞争情况来看(图 6-14),商业服务业及政府、卫生、教育和社会服务业面临的竞争较小,31.2％和 31.9％的上述两行业创业者认为只有较少或没有其他公司开展同样的业务。运输和仓储业面临的市场竞争激烈,82.8％的该行业创业者认为业内有很多公司可以向其潜在客户提供同样的产品或服务。

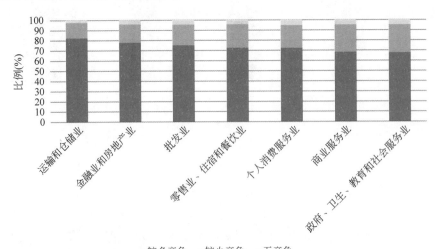

■较多竞争 ■较少竞争 无竞争

图 6-14 服务业各行业创业所面临的市场竞争情况(2003—2018 年)

从产品新颖性的角度来看(图 6-15),政府、卫生、教育和社会服务业,金融业和房地产业以及商业服务业创业者能够提供新产品的比例更高,分别为 72.4%、74.1% 和 75.9%。运输和仓储业创业者能够提供新颖和独特产品的比例低,为 52.7%。

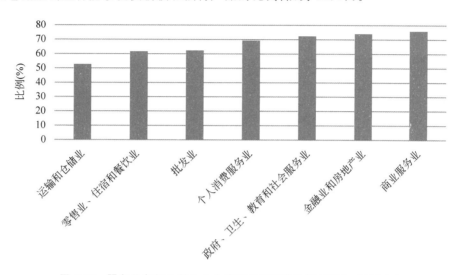

图 6-15　服务业各行业创业企业的产品新颖性比例(2003—2018 年)

综合产品和市场两方面的情况来看(图 6-16),商业服务业创业活动中的创新能力最强为 25.4%。其他细分的服务业行业领域的创新指数得分从高到低依次为政府、卫生、教育和社会服务业(23.3%),个人消费服务业(21.7%),金融业和房地产业(19.3%),零售业、住宿和餐饮业(18.8%)及批发业(16.8%)。运输和仓储业的创新能力是服务业创业中最弱的,创新指数得分为 12.5%。

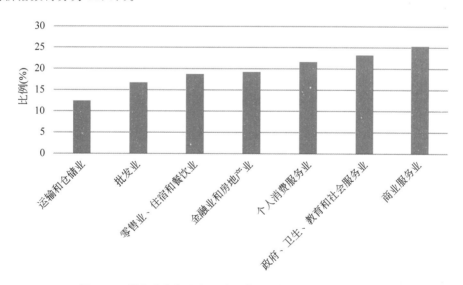

图 6-16　服务业各行业创业企业的创新指数(2003—2018 年)

6.3.6　生产服务业和公共服务业创业的就业效应和成长性优于生活服务业

从 2003—2018 年全球创业观察中国研究的数据来看,自我雇佣型的生活服务业创业者、生产服务业创业者和公共服务业创业者比例分别为 10.5%、8.8%和 8.5%,较为接近。但生产服务业和公共服务业的创业活动当前能够提供 6~19 个就业岗位和 20 个及以上就业岗位的更高一些。生产服务业的创业活动当前能够提供 6~19 个就业岗位和 20 个及以上就业岗位分别比例分别为 15.9%和 11.1%;公共服务业的创业活动当前能够提供 6~19个就业岗位和 20 个及以上就业岗位比例分别为 18.7%和 9.5%,均高于生活服务业的创业活动能够提供 6~19 个就业岗位和 20 个及以上就业岗位的比例 10.4%和 6.3%。

从创业者 5 年内预期可提供就业岗位的情况来看,生活服务业创业企业 5 年内预期可提供 1~5 个、6~19 个、20 个及以上就业岗位的比例分别为 59.7%、17.4%和 16.3%,而生产服务业创业企业和公共服务业创业企业的比例分别为 47.6%、20.2%和 27%及 47.1%、22.1%和 24.7%(图 6-17)。综合来看,生产服务业和公共服务业创业企业无论当前的就业效应还是在人员规模上的成长性都更强。

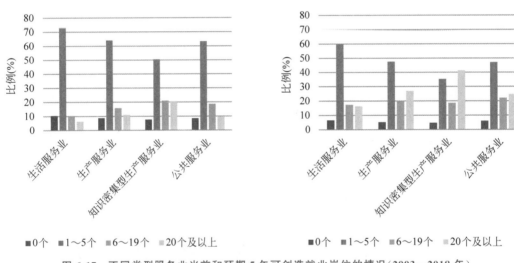

■0个 ■1~5个 ■6~19个 ■20个及以上　　　　■0个 ■1~5个 ■6~19个 ■20个及以上

图 6-17　不同类型服务业当前和预期 5 年可创造就业岗位的情况(2003—2018 年)

知识密集型生产服务业的创业带动就业效应和成长性更为突出。当前可提供 1~5 个、6~19 个、20 个及以上就业岗位的比例分别为 50.6%、21.1%和 20.7%。5 年内预期可提供 1~5 个、6~19 个、20 个及以上就业岗位的比例分别为 35.3%、18.6%和 41.4%。由此可见,与劳动密集型服务业相比,知识密集型生产服务业创业不但具有更强的创新能力,其创业带动就业效应也更加显著。

进一步分行业来看(图 6-18),服务业创业活动中,创业活动当前可以提供 6 个及以上就业岗位的比例从高到低依次是:金融业和房地产业(42%),商业服务业(41.7%),政府、卫生、教育和社会服务(28.2%),个人消费服务业(26.7%),批发业(22.2%),运输和仓储业(16.9%)以及零售业、住宿和餐饮业(16.2%)。

从就业预期来看,未来 5 年内可提供 6 个及以上就业岗位比例最低的行业为运输和仓储业(32.1%),其他行业由高到低依次为商业服务业(61.3%),金融业和房地产业

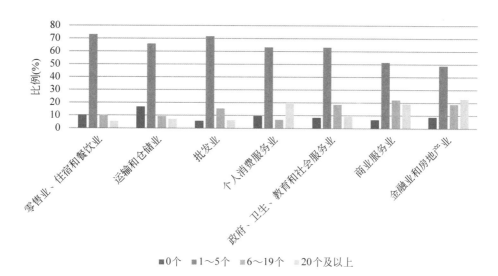

图 6-18 服务业各行业当前可创造就业岗位数量的情况(2003—2018 年)

(57.7%),政府、卫生、教育和社会服务业(46.8%),个人消费服务业(46.7%),批发业(44.4%)以及零售业、住宿和餐饮业(33%)(图 6-19)。

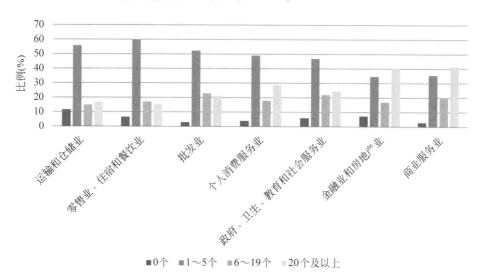

图 6-19 服务业各行业预期 5 年内可创造就业岗位数量的情况(2003—2018 年)

不同行业当前和预期 5 年内可提供 6 个及以上就业岗位比例的排名基本相同,差异在于运输和仓储业较零售业、住宿和餐饮业的就业预期较高,商业服务业较金融业和房地产业的就业预期更高。综合来看,商业服务业与金融业和房地产业当前和预期 5 年内可提供就业岗位的数量多。

6.3.7 生产服务业创业的国际导向强于生活服务业和公共服务业

76.9%的生活服务业创业企业只针对国内市场,没有海外客户,海外客户比例超过

25％的创业企业比例为 3.3％。公共服务业创业的国际导向与之相似,73.3％的创业企业没有海外客户,海外客户比例超过 25％的创业企业比例为 1.9％。生产服务业创业企业的国际导向略强,没有海外客户企业的比例为 72.3％,海外客户比例超过 25％的创业企业比例为 5.3％。知识密集型生产服务业的国际导向明显,拥有海外客户的创业企业比例为40.2％,海外客户比例超过 25％的创业企业比例为 7.9％(图 6-20)。

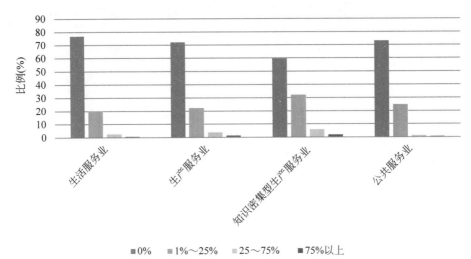

图 6-20 不同类型服务业创业企业海外客户比例比较(2003—2018 年)

分行业来看,政府、卫生、教育和社会服务业创业企业中海外客户比例超过 25％的比例最低,为 1.9％,其他行业创业企业海外客户比例超过 25％的比例由高到低依次为商业服务业(8.2％),金融业和房地产业(7.3％),运输和仓储业(4.6％),个人消费服务业(3.8％),批发业(3.7％)以及零售业、住宿和餐饮业(3.2％)(图 6-21)。商业服务业以及金融业和房地产业创业的国际导向更强。

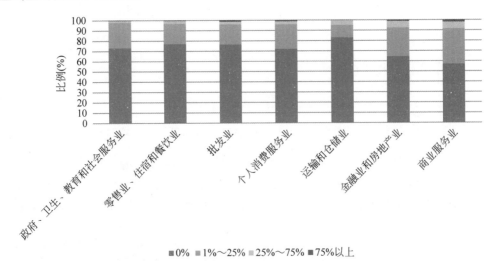

图 6-21 服务业各行业创业企业的国际导向比较(2003—2018 年)

6.4 服务业创业活动产业分布的国际比较

为了反映世界主要经济体创业活动的产业分布,本章选取了 2015 年至 2019 年 G20 经济体创业活动产业分布数据的平均值对这一问题展开分析。G20 经济体除欧盟外,19 个国家五年的成年人口调查样本共 263613 个,其中创业者 27462 个。

6.4.1 在 G20 经济体中我国生产服务业和公共服务业创业比例处于中后位置

从 2015—2019 年 G20 经济体创业活动的产业分布看,我国创业活动中第一产业和第二产业的比例分别为 2.9% 和 8%,该比例在 G20 经济体中是较低的;包括采矿业、建筑业和制造业的第二产业创业比例为 8%,在 G20 经济体中只有日本低于中国,为 7.4%。

我国生活服务业创业活动占总体创业活动的 54.5%,在 G20 经济体中相对较高;该比例高于中国的经济体由高到低是印度尼西亚、墨西哥、沙特阿拉伯和印度等发展中国家。我国生产服务业创业比例为 21.9%,而发达国家这一比例大多超过 30%,部分国家超过40%,我国与这些国家具有明显差距。我国公共服务业创业比例为 12.7%,该比例在 G20经济体中也是相对较低的,仅高于韩国、土耳其、墨西哥和印度尼西亚,大多数发达国家的公共服务业创业比例相对更高(图 6-22)。

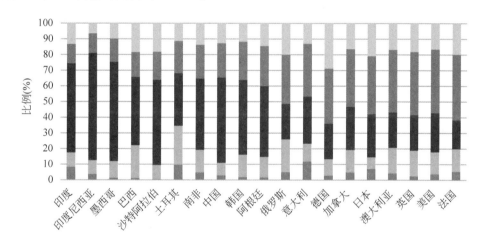

图 6-22 G20 经济体早期创业活动的产业结构(2015—2019 年)

总体来看,G20 经济体中发达国家与发展中国家在第一产业和第二产业创业的比例接近,差异体现在服务业上。发达国家在生产服务业创业的比例为 36.7%,显著高于发展中国家的 19.5%。发展中国家的创业活动集中在生活服务业,在该领域创业的比例达到48.8%,发达国家仅为 27.1%。发达国家公共服务业创业的比例为 18%,略高于发展中国家的 13.8%(图 6-23)。

6.4.2 我国知识密集型生产服务业创业比例与 G20 发达国家差距明显

知识密集型生产服务业是生产服务业的主要组成部分,从 2015—2019 年 G20 经济体

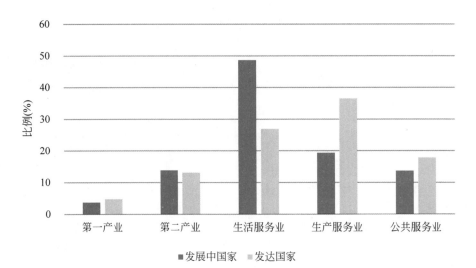

图 6-23　G20 经济体中发达国家与发展中国家创业产业分布的比较（2015—2019 年）

创业活动的产业分布来看，我国创业活动发生在包括金融业和房地产业、信息和通信产业、专业服务业及管理服务业的知识密集型生产服务业的比例为 10％，领先的发达国家这一比例接近 30％（图 6-24）。

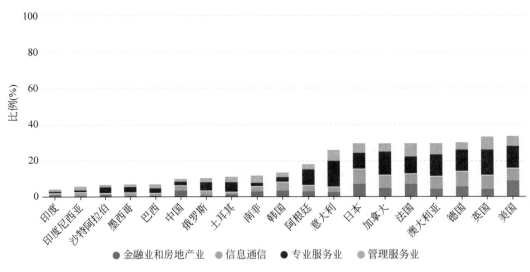

图 6-24　G20 经济体知识密集型生产服务业创业比例及构成（2015—2019 年）

6.4.3　美国和 G7 集团知识密集型生产服务业创业比例更高

美国是世界主要经济体中知识密集型生产服务业创业活动比例最高的国家，因此我们比较了中国、美国和 G7 集团创业活动的具体行业。

我国创业者在零售、住宿和餐饮业创业的比例为 52.8％，占比超过 50％。之后依次为政府、卫生、教育和社会服务业，比例为 12.7％和批发业 8.9％。这三个领域组成了创业活动的主要部分,占比约为 75%。我国在知识密集型生产服务业所包括的金融业和房地产业、信息通信产业、专业服务业和管理服务业的创业比例分别为 3.7%、2.4%、2.2% 和 1.7%,比重较低(图 6-25)。

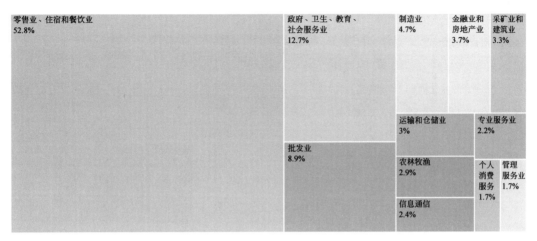

图 6-25　我国创业活动的产业分布情况(2015—2019 年)

美国服务业创业活动的行业分布相对均衡。零售业、住宿和餐饮业以及政府、卫生、教育和社会服务业是创业活动中的活跃行业,但占与中国相比较低,分别为 20.2% 和 16.6%。美国的批发业创业比例较低,占比为 3.2%,在所有行业类别中是最低的,这一点与我国的情况存在较大差异。

美国在专业服务业、金融业和房地产业、信息通信产业以及管理服务业等知识密集型生产服务业创业的比例分别为 12.1%、9%、6.7% 和 5.4%,明显高于我国。此外,美国在制造业、采矿业和建筑业、个人消费服务业、运输和仓储以及农林牧渔业创业的比例分别为 7.5%、6.6%、4.7%、4.2% 和 3.8%(图 6-26),同样高于中国在这些行业的创业活动比例。

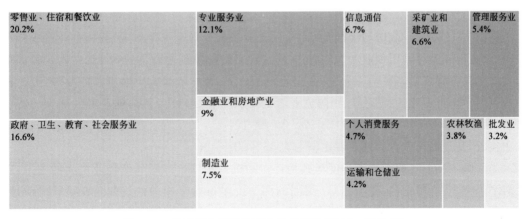

图 6-26　美国创业活动的产业分布情况(2015—2019 年)

G7 经济体创业活动的产业分布介于中美之间,与美国更为接近。零售业、住宿和餐饮业以及政府、卫生、教育和社会服务业创业的比例分别为 20.6% 和 19.1%,两者之和的占比高于美国但低于中国。G7 经济体在专业服务业、信息通信产业、金融业和房地产业以及管理服务业等知识密集型生产服务业创业的比例分别为 11.9%、6.4%、5.9% 和 5.6%,四者之和为 29.8%。美国这一比例更高,为 33.2%,中国这一比例较低,为 10%(图 6-27)。

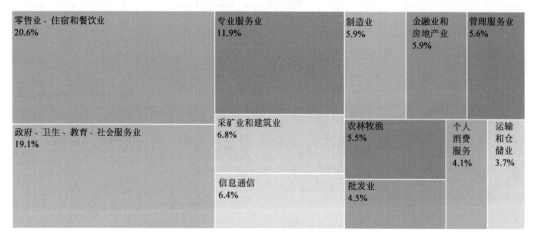

图 6-27　G7 集团创业活动的产业分布情况(2015—2019 年)

《2018/2019 全球创业观察全球报告》显示,低收入经济体到高收入经济体,最明显的一个变化是批发零售业的创业活动减少,知识密集型生产服务业的创业活动增多。在所有低收入经济体中,50% 以上的创业者从事批发或零售业,但在 31 个高收入经济体中只有 4 个经济体处于这一水平(Bosma and Kelley,2019)。

6.4.4　受教育程度是造成我国创业活动产业分布与发达国家差异的原因之一

创业活动的产业分布受经济发展水平、产业结构、营商环境和政策环境等多方面影响。知识密集型生产服务业的创业活动不仅受到上述因素的影响,同时也与创业者人力资本相关。

从 2015—2019 年我国与美国及 G7 集团创业者的受教育水平来看,我国创业者中初中及以下、高中和本科学历创业者大约各占 1/3,研究生学历创业者占比为 1% 左右。美国创业者的受教育程度以本科学历为主,占比为 56% 左右,高中和研究生学历者各占约 20%,初中及以下学历者占比约 4%。与我国创业者的受教育程度相比,美国创业者的高学历特征显著,大学及以上学历者占比超过 75%。G7 集团创业者的受教育程度位于中美之间,与美国更接近,受过高等教育的创业者比例约为 56%(图 6-28)。

为了确定创业者的受教育程度与其是否在知识密集型生产服务业创业之间的关系,我们对 2015—2019 年中国、美国和 G7 集团的两个变量进行了相关性检测。在检验之前,我们将创业活动的产业分布重新编码为新的二值变量,将其划分为知识密集型生产服务业和其他行业。从相关性检验的结果来看,无论是中国、美国还是 G7 集团,创业者的受教育程度都与其是否在知识密集型生产服务业创业显著相关(表 6-1)。

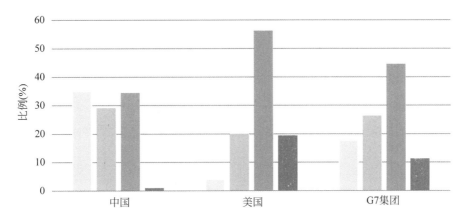

图 6-28　2015—2019 年中、美、G7 集团创业者受教育程度比较

表 6-1　2015—2019 年中、美、G7 创业者受教育程度与是否在商业服务业创业的相关性检验

| | | 中　　国 | | 美　　国 | | G7 集团 | |
		受教育程度	商业服务业	受教育程度	商业服务业	受教育程度	商业服务业
受教育程度	皮尔逊相关系数	1	0.076**	1	0.076**	1	0.109**
	显著性(双边)		0.001		0.002		0.000
	样本数	19 166	1 830	13 872	1 594	111 698	7 434
商业服务业	皮尔逊相关系数	0.076**	1	0.076**	1	0.109**	1
	显著性(双边)	0.001		0.002		0.000	
	样本数	1 830	1 850	1 594	1 605	7 434	7 547

注：** 在 0.01 水平下相关性显著(双边)。

6.5　小　　结

服务业是我国创业活动发生的主要行业。分析我国服务业创业活动,有以下主要认识:

第一,2002—2019 年,我国超过 80% 的创业活动集中在服务业,并且服务业占创业活动的比例呈上升趋势。在服务业中,生活服务业创业活动的比例最高,占比约 64%,生产服务业创业活动的比例次之,占比约 26%,公共服务业创业活动的比例最低,占比约 10%。

第二,在我国服务业创业中,生产服务业和公共服务业的创业质量优于生活服务业。在生产服务业中,知识密集型生产服务业的创业质量更高。在结构特征方面,知识密集型生产服务业创业者的受教育程度更高、机会型动机的比例更多;在质量特征方面,知识密集型生产服务业创业的创新能力、国际化水平及其创业带动就业效应更好。

第三,我国与发达国家创业活动的服务产业分布有明显差异。一是发达国家创业活动的产业分布比较均衡,我国超过 50% 的创业活动集中在零售、住宿和餐饮业;二是发达国家的知识密集型生产服务业创业活动比例高,平均水平约为 30%,我国该类型创业比例为 10% 左右。

参 考 文 献

［1］ 宁吉喆.如何看待我国服务业快速发展［J］.中国经贸导刊,2016,(21)：38-40.

［2］ 魏江,鲍登.知识密集型服务业与创新［M］.北京：科学出版社,2004.

［3］ 刘帮成,刘学方.关于知识密集型服务业的研究述评［J］.科技管理研究,2009,29(09)：1-3＋7.

［4］ BOSMA N. KELLY D. Global Entrepreneurship Monitor 2018/2019 Global Report［EB/OL］.［2019-06-12］https：//www. gemconsortium. org/file/open? fileId＝50213.

第 3 篇

质 量 结 构

第 7 章
创新型创业

没有创新的创业是没有生命力的。彼得·德鲁克(Peter F. Drucker)指出,创新是创业者创造财富的方法,创新性的强弱决定了创业活动的质量。创业中的创新是创业活动质量的第一个特征。关注创业活动,就需要考察和评价创业中的创新要素,关注其构成、变化和成效等。在 2002—2019 年的全球创业观察中国研究中,创业中的创新表现在创业活动中新产品的情况、新市场的情况以及由新产品和新市场构成的创新表现。本章把有创新的创业活动称为创新型创业活动,简称创新型创业。

7.1　新产品/新服务

如果创业企业提供的产品/服务被全部或某些顾客认为是新颖的,那么可以认为该企业的产品/服务具有创新性。这里的新颖性并不是由第三方设定的标准或者有具体刻画指标去核定的,而是由创业者自身进行判断。这样的判断虽然没有绝对的客观性,但却是基于客观事实的评判,是对市场信息作出的客观反映。当我们关心创业人群中,有多少创业者认为其创业活动中提供的产品/服务对全部或者某些顾客是新颖的比例时,我们看到了创业中新产品的普遍程度,即创新型创业活动的普遍程度。

7.1.1　2002—2018 年①我国创业企业的产品/服务创新性呈上升趋势

2002 年具有产品/服务新颖性的创业企业比例为 29.3%,而这一比例到 2018 年上升到了 82.5%(图 7-1)。从 2006 年以后有超过一半的创业企业提供的产品/服务被顾客认为是新颖的。数据表明,我国创业活动中的新产品普遍程度在不断提高,从我们刚开始开展这项研究时不到 1/3 的比例,到 2018 年调查数据显示超过 80%,这是一个显著的变化。

这样的变化表明,我国的创业活动中对新产品的重视程度得到了普遍提高。提供新产品是超过 80% 的创业者的普遍行为。这样的变化还表明,我国创业活动的质量在过去的这些年也在逐步提升。

7.1.2　机会型创业者的新产品开发能力更强

全球创业观察按照创业者从事创业活动的动机,将创业活动分为机会型创业和生存型创业两种类型。2002—2018 年机会型的初创企业提供创新产品/服务的比例每年都高于生存型的初创企业,比如 2018 年产品/服务具有新颖性的机会型创业企业比例为 85.7%,而生存型创业企业的这一比例为 75.3%(图 7-2)。相比生存型创业者,机会型创业者能够更

---

① 2019 年全球创业观察问卷对产品新颖性问题进行了调整,与之前年份不具可比性,后文单独分析。

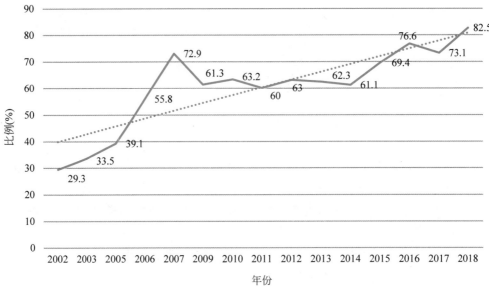

图 7-1　提供的产品/服务对全部或某些顾客是新颖的创业企业比例（2002—2018 年）

加敏锐察觉并利用商业机会，通过提供新颖的或独特的产品/服务，在商业活动中更有竞争力。

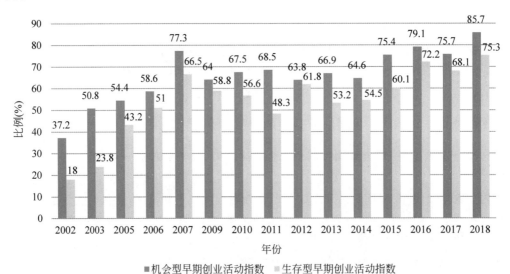

图 7-2　机会型创业企业与生存型创业企业产品/服务新颖性比较（2002—2018 年）

7.1.3　我国基于原始创新的创业活动比例较低

为了更好地刻画产品/服务的新颖性，从 2019 年开始全球创业观察将产品新颖性的问题细分为在区域范围内新颖、本国范围内新颖和全球范围内新颖。从调查结果来看，2019年有 19.2% 的创业企业提供的产品/服务被顾客认为在区域范围内具有新颖性，4.0% 和 2.2% 的创业企业提供的产品/服务在本国范围及全球范围内具有创新性（图 7-3）。可以看到，在界定了新产品/服务的地域比较范围之后，我国创业者认为其新产品/服务有新颖性的比例下降了。

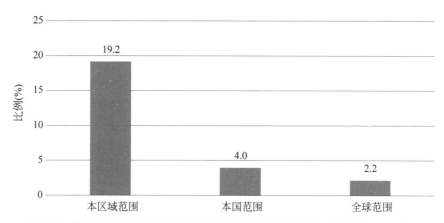

图 7-3　提供的产品/服务对全部或某些顾客是新颖的创业企业比例（2019 年）

从 2019 年世界主要经济体创业活动的产品新颖性的情况来看，我国成年人口中能够提供在本国范围和全球范围新颖的产品/服务的创业者比例分别为 0.3％和 0.1％，这一比例在世界主要经济体中是较低的（图 7-4）。发达国家能够提供在本国范围，尤其是全球范围具有新颖性产品/服务的比例更高。

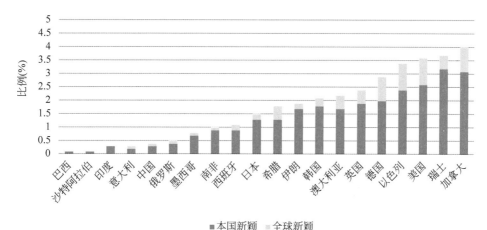

图 7-4　世界主要经济体能够提供新产品/新服务的创业者占成年人口的比例（2019 年）

《2018/2019 全球创业观察全球报告》指出创新驱动经济体与效率驱动经济体和要素驱动经济体相比，其创新活动更可能是新技术的发明，而非已有技术的转移，因为其市场成熟度更高（Bosma and Kelley，2019）。因此，我们可以看到创新驱动经济体的创业者认为自身产品在本国和全球范围内是新颖的比例更高，而要素驱动和效率驱动经济体创业者的该比例较低。

从 2019 年我国创业者对产品新颖性判断的变化可以看出，大部分创业者不认为其产品/服务在全国乃至全球是新颖的。因此我们推断，与全球创业观察全球报告的发现一致，认为自身产品/服务是新颖的创业活动中，我国创业者多是已有技术的转移，基于原始创新的创业活动较少。

7.2 新 市 场

创业活动中的创新还表现在创业者开发新市场,为新的市场提供产品/服务。大家知道,开发新产品和开拓新市场都存在较大风险,而且比较而言,开拓新市场面临的风险更大。因此,开拓新市场是比提供新颖的产品/服务更难的创业活动。

对比图 7-1 和图 7-5 可以看出,能提供新颖的产品/服务的创业活动比例明显高于在新市场创业活动的比例。以 2018 年的调查数据统计为例,前者在 80% 以上,后者为 37%。考虑到调查数据由于样本变化存在的波动性,能提供新产品/服务的创业活动与能开拓新市场的创业活动普及程度为 7∶3,即有 30% 的创业活动具有开拓新市场的创新,有 70% 的创业活动具有提供新产品/服务的创新。因此开拓新市场的创业更为不易。需要注意的是,这两者并非合起来等于 1 的关系,而是难度关系。两个问题是单独设计的,不存在二选一的情况。

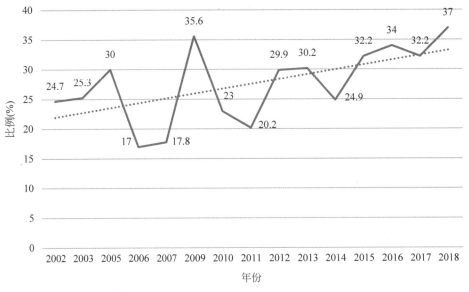

图 7-5 提供的产品/服务没有或有较少竞争对手的创业企业比例(**2002—2018 年**)

7.3 创 新 指 数

如果一个企业提供的产品/服务对全部或部分顾客是新颖的,并且在市场上很少有或没有竞争对手,那么可以认为该企业具有创新能力。

2002—2018 年我国创业企业的创新指数呈上升趋势。2002 年同时满足两个条件的企业比例仅为 10%,而 2018 年这一比例上升到 33.6%(图 7-6)。

创新指数与《蓝海战略》一书中提出的"蓝海"概念具有相似的内涵。"红海市场"竞争者密集,战略雷同,利润率低;而"蓝海市场"是通过重建市场边界,关注产业全景,超越现有需求,能够带来高效价值增长的企业战略。(Kim and Mauborgne,2005)这种战略的核心就是创新指数所衡量的开发新产品以及定义和组合新市场,为客户提供差异化的产品和新角度的服务,实现低成本和高收益的商业模式(许婷等,2007)。

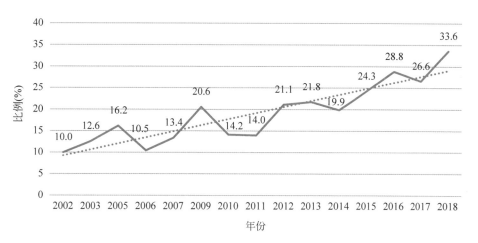

图 7-6　2002—2018 年我国初创企业创新指数得分

7.4　不同时期创新型创业者的特征

7.4.1　创新型创业者以男性为主,女性的比例逐渐提高

创新型创业者中,男性比例高于女性。2005 年,68% 的创新型创业者为男性;到 2018 年女性的比例逐步上升,男性的比例为 55.5%,有所下降(图 7-7)。此外,与全部创业者的样本相比,创新型创业者中的男性占比均高于同期全部创业者中男性的占比。

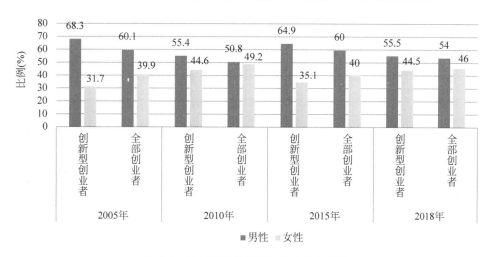

图 7-7　不同时期创新型创业的性别差异

7.4.2　创新型创业者以青年为主

创新型创业者中,25～34 岁的青年创新型创业活动最为活跃,35～44 岁次之。2010 年(含)之前的创新型创业者中 25～34 岁的青年比例很高(接近 40%),而 2010 年之后这两个年龄段分布逐渐均衡(图 7-8)。18～24 岁的创业者和超过 45 岁的创业者中的创新型创业

活动要显著低一些。

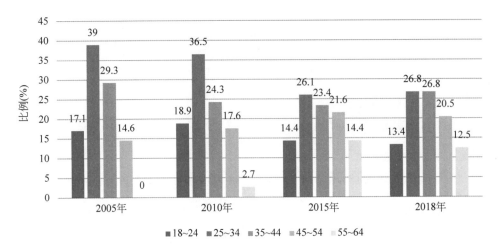

图 7-8　不同时期创新型创业者年龄分布

7.4.3　创新型创业者中受过高等教育的群体比重不断上升

从不同时期创新型创业者的受教育程度来看,受过高等教育的群体比例不断提高,2005年受过高等教育的创业者比例为 31.7%,2018 年上升到 57.6%(图 7-9)。从前文的分析来看,我国缺少基于原始创新的创业活动,而原始创新离不开高学历群体的参与。

图 7-9　不同时期创新型创业者的受教育程度分布

7.4.4　创新型创业者在商业服务业创业的比例更高并呈上升趋势

从我国创新型创业活动的产业构成来看,客户服务业创业的比例最高,超过 60%。第一产业的比例不断降低,从 2005 年 10.8% 下降到 2018 年的 2.6%;而商业服务业的比例不断提升,从 2005 年的 5.4% 上升到 2018 年的 17.5%(图 7-10)。

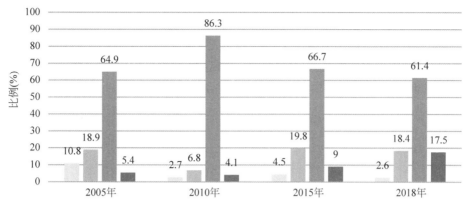

图 7-10 不同时期创新型创业活动的产业分布

虽然客户服务业是创新型创业最为集中的产业,但与创业活动的总体样本相比,不同时期的创新型创业客户服务业占比都低于创业者总体样本(图 7-11)。创新型创业者在第一产业(农林牧渔)、第二产业(制造业和建筑业)以及商业服务业(信息通信、金融地产和专业服务)的创业比例更高。从产业特征来看,客户服务业的技术门槛相对较低,而上述几类产业的创业更需要技术和创新驱动,这也反映出高质量的创业活动更需要创新。从全球创业观察全球数据的分析来看,创新与创业的融合决定了创业活动的产业分布,发达经济体在二者的融合上表现更好,创新驱动的商业服务业创业比例更高(Kotler et al.,2009)。

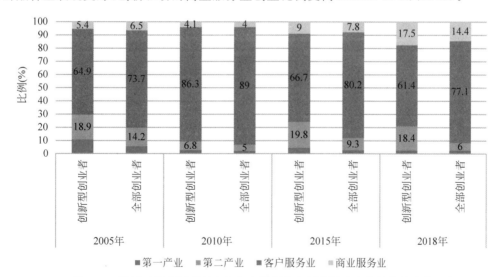

图 7-11 不同时期创新型创业者与全部创业者创业活动产业分布的比较

7.5 创新型创业的社会网络

过去 20 年我国约 80% 创新型创业者拥有创业网络,这一比例显著高于普通创业者。创业者拥有与其他创业者的联系对其开展创新型创业具有显著的正向影响。

创业者所嵌入的社会网络对其发现机会具有重要影响,创业者的人力资本越多,越容易发现创业机会(Arenius and Clercq,2005)。而且创业者的社会网络也是其获得外部知识的重要渠道,通过外部获取的有价值的知识使得其更可能发现具有创新性的创业机会(Ramos et al.,2010)。创业者社会网络规模越大和多样化程度越高,其在网络中的中心度越高,创业企业的创新指标表现越好(Klyver and Hindle,2007;Shan et al.,1994;石韵珞和程源,2019)。更强的社会网络能够帮助企业降低搜寻信息等交易成本,从而提高采用新技术的机会(郝晨等,2022)。

全球创业观察中国研究中包含了对创业者社会网络的问题,询问了受访者是否认识在过去2年中创业的创业者。从2002年至2018年的调查数据来看(有效样本共41 275个),所有创业者中有54.6%的人与其他创业者之间存在社会网络,而创新型创业者中这一比例为79.1%(图7-12)。由此可见,约80%创新型创业者拥有创业网络,这一比例明显高于普通创业者。

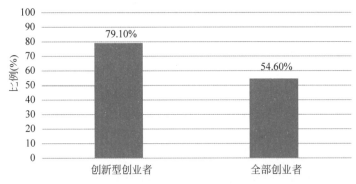

图 7-12　创新型创业者与全部创业者社会网络的差异(2002—2018 年)

社会网络对创新型创业非常重要。为了确定创业者的创新能力与创业网络两者之间的关系,我们进行了相关性检测,结果证明两者之间存在显著的正相关关系(表7-1)。因此,我国过去近20年的实证研究证明,社会网络是创业中创新的重要影响因素,创业者拥有与其他创业者的联系有助于开展创新型创业。

表 7-1　创新指数与创业者社会网络的相关性检验

		创 新 指 数	创 业 网 络
创新指数	皮尔逊相关系数	1	0.313[**]
	显著性(双边)		0.000
	样本数	9 842	9 765
创业网络	皮尔逊相关系数	0.313[**]	1
	显著性(双边)	0.000	
	样本数	9 765	41 275

注:**在0.01水平下相关性显著(双边)。

7.6　创新型创业的国际化

创新与国际化是体现创业活动质量的两个重要方面。没有创新的创业很难走向国际市场,同时,国际化也有利于企业创新。因为企业进入国际市场有助于企业获取异质资源和新

知识,包括难以模仿的隐性知识,从而对创新绩效产生积极影响(吴航和陈劲,2022;
Carpenter et al.,2003)。

7.6.1　创新型创业者的国际化导向更强

从全球创业观察中国研究的数据看,2003 年至 2018 年间,在 46 256 个有效成人创业调
查样本中,创业者有 6 572 人,其中 28.6% 的创新型创业者拥有来自海外客户的营业收入,
这一比例高于非创新型创业者的 22.5%。此外,国际化程度较高的创新型创业比例相对非
创新型创业的比例也更高,创新型创业海外客户收入占比在 25%～75% 和超过 75% 的比例
为 4.8% 和 1.8%,高于非创新型创业的 2.5% 和 0.8%(图 7-13)。

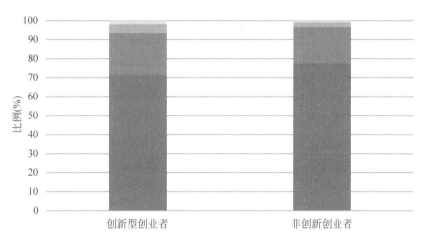

■没有海外客户　■海外营收比例1%~25%　■海外营收比例25%~75%　■海外营收比例>75%

图 7-13　创新型创业者与非创新型创业者国际化程度的差异(2003—2018 年)

为了判别不同创新能力企业的国际化程度是否具有显著性差异,我们对两者进行了独立
样本 t 检验。结果显示,创新型企业与非创新型企业的国际化程度具有显著性差异(表 7-2)。
造成这种差异的可能原因包括两个方面:第一,创新型企业有更强的意愿通过进入国际市
场学习外部的先进知识,通过连接—利用—学习(LLL)等机制提升自己的创新能力(吴航和
陈劲,2014);第二,基于动态能力理论,创新型企业适应外部环境,整合资源的能力更强,因
此创新型创业更容易进入国际市场(李新春和肖宵,2017)。

表 7-2　创业者创新指数与国际化程度的独立样本 t 检验

	莱文方差等同性检验		平均值等同性 t 检验						
	F	显著	t	自由度	Sig.(双尾)	平均值差值	标准误差差值	差值 95% 置信区	
								下限	上限
假定等方差	103.694	0.000	−5.768	6 152	0.000	−0.105	0.018	−0.141	−0.069
不假定等方差			−5.093	1 606.477	0.000	−0.105	0.021	−0.145	−0.064 6

7.6.2　创新能力与国际化程度显著正相关

在 7.6.1 分析中我们看到创新型创业更具国际导向,我们进一步对上述样本中创业者

的创新能力和国际化程度进行了相关性分析,结果显示两者存在正相关关系(表 7-3)。虽然两者的相关系数较小,但仍然在 0.01 的水平下显著,在一定程度上说明创新型企业的国际化程度更高,国际化程度高的企业创新能力也更强。

表 7-3　创业者创新指数与国际化程度的相关性检验

		创 新 指 数	国际化程度
创新指数	皮尔逊相关系数	1	0.073**
	显著性(双边)		0.000
	样本数	9 937	6 154
国际化程度	皮尔逊相关系数	0.073**	1
	显著性(双边)	0.000	
	样本数	6 154	6 154

注:** 在 0.01 水平下相关性显著(双边)。

7.6.3　我国创新型创业的国际化程度在提高

从不同时期创新型创业活动的国际化程度来看,我国创新型创业的国际化程度在提高。2005 年海外营收占比在 25%~75% 和 75% 以上的创新型企业比例分别为 5% 和 0%,2018 年这两个比例分别为 10.7% 和 6.3%,国际化程度较高的创新型企业比重也在不断提升。此外,2005 年 87.5% 的创新型创业没有海外客户,2018 年这一比例降到 54.5%(图 7-14)。

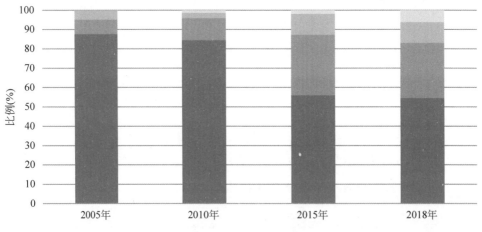

图 7-14　不同时期创新型创业的国际化程度差异

7.6.4　创新型国际创业者的群体特征

由于创新与国际化是高质量创业的两大特征,因此分析这类创业者的群体特征对识别和推动高质量创业具有重要意义。

1. 具有国际导向的创新型创业者中受过高等教育的群体比例更高

从 2003—2018 年的数据来看,在创新型创业者中,具有国际导向的创业者接受过高等教育的比例为 54.6%,不具有国际导向的创业者仅为 32.2%。从高学历(研究生学历)创业的情况来看,具有国际导向的创业者拥有研究生学历的比例为 7.7%,强国际导向(海外客户营收占比超过 25%)创业者拥有研究生学历的比例为 15.4%,均显著高于没有国际导向创新型创业者的比例(2.7%)(图 7-15)。从不同国际导向创新型创业者的受教育程度可以看出,具有国际导向,特别是强国际导向创新型创业者的受教育程度更高。

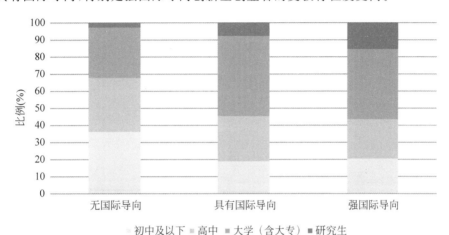

图 7-15　不同国际导向创新型创业的受教育程度差异(2003—2018 年)

2. 更多的创新型、国际化创业动机为机会型

从不同国际化程度创新型创业的动机来看,具有国际导向的创业者因为发现创业机会并实施创业的比例更高。强国际导向、具有国际导向和没有国际导向的创新型创业,其机会型创业的比例分别为 73.8%、71.7% 和 63.1%,机会型创业的比例随着国际化程度的降低而降低(图 7-16)。

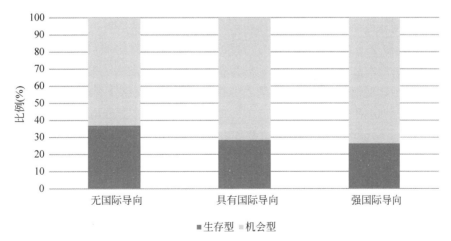

图 7-16　不同国际导向创新型创业的动机差异

3. 具有国际导向的创新型创业在商业服务业和制造业创业的比例更高

从创业活动的产业分布来看,具有国际导向的创新型创业在高附加值的商业服务业创业的比例为13.6%,强国际导向的创新型创业在该产业创业的比例为21.1%,显著高于没有国际导向创新型创业的6.6%。在以制造业为主的移动转移类产业中,具有国际导向的创新型创业在该产业创业的比例为24.6%,强国际导向为30.3%,高于没有国际导向创新型创业的20.4%。(图7-17)总体来看,国际化程度越高的创新型创业在商业服务业和制造业行业创业的比例相对更高,不具国际导向的创新型创业在客户服务业和以农林牧渔及采矿业为主的采集提炼类行业创业的比例相对更高。

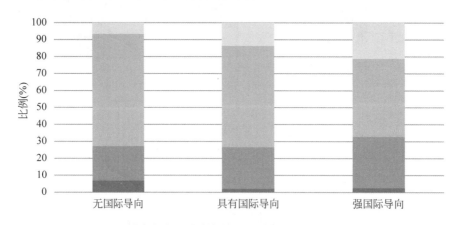

图 7-17   不同国际导向创新型创业行业分布的差异

7.7 小   结

本章分析了我国创业活动中的创新情况,主要有以下几点结论。

第一,我国创新型创业活动是不断增加的。2002年我国创新型创业的比例仅为10%,2018年这一比例上升到33.6%。

第二,我国创新型创业活动中的原始创新相对不足。原因是我国成年人口中创业并认为自身的产品或服务在本国范围内和全球范围内是新颖的比例较低,分别为0.3%和0.1%。排名靠前的发达国家这两项指标的比例在2%和1%左右。

第三,我国创新型创业活动发展呈现三个特征。一创新型创业者的性别差异在缩小,男女之间的差异从2005年的7∶3变为2018年的5.5∶4.5;二受过高等教育的创业者的比例在提高,2005年受过高等教育的创新型创业者比例为31.7%,2018年这一比例上升到57.6%;三创新型创业的产业结构在优化,2005年创新型创业者在商业服务业创业的比例仅为5.4%,2018年这一比例上升到17.5%。

第四,创业者的社会网络对创业中的创新至关重要。过去20年我国约80%的创新型创业者拥有创业网络,这一比例显著高于普通创业者的54.6%。创业者拥有与其他创业者的联系有助于开展创新型创业。

第五,具有国际导向的创新型创业者受教育程度更高、机会型动机更强、进入行业的门槛更高。推动高质量的创业活动,应重视不同阶段的创业教育与培训,激励更多高层次、高质量的人才创业,从而提高创业活动的创新能力和国际化水平。

参 考 文 献

[1] 德鲁克.创新与创业精神[M]. 张炜,译. 上海:上海人民出版社,2002.

[2] BOSMA N,KELLEY D. Global Entrepreneurship Monitor 2018/2019 Global Report[EB/OL]. [2019-06-15]https://www.gemconsortium.org/file/open? fileId=50213.

[3] 金,莫博涅. 蓝海战略[M].吉宓,译. 北京:商务印书馆,2005.

[4] 许婷,陈礼标,程书萍.蓝海战略的价值创新内涵及案例分析[J].科学学与科学技术管理,2007,(7):54-58.

[5] KOTLER P,KELLER KL,LU T. Marketing Management in China[M]. Singapore:Pearson Prentice Hall,2009.

[6] ARENIUS P,CLERCQ D D. A network-based approach on opportunity recognition[J]. Small Business Economics,2005,24(2):249-265.

[7] RAMOS R,MEDINA A,LOREWLO J,etc. What you know or who you know? The role of intellectual and social capital in opportunity recognition[J]. International Small Business Journal,2010,28(1):1-17.

[8] KLYVER K,HINDLE K. The role of social networks at different stages of business formation[J]. Small Enterprise Research,2007,15(1):22-38.

[9] SHAN W,WALKER G,KOGUT B. Interfirm cooperation and startup innovation in the biotechnology industry[J]. Strategic Management Journal,1994,15(5):387-394.

[10] 石韵珞,程源.创业者制度认知对新技术采用的影响及政府关系的调节作用:基于全球创业观察的实证研究[J].技术经济,2019,38(5):87-94.

[11] 郝晨,张卫国,李梦雅.风险投资、国际化战略与企业创新绩效:基于中国创业板上市公司的研究[J].科研管理,2022,43(4):185-191.

[12] 吴航,陈劲.国际化程度如何影响创新绩效:调节的中介模型[J/OL].科学学研究,1-13[2022-06-19].https://doi.org/10.16192/j.cnki.1003-2053.20220524.003.

[13] CARPENTER M A,POLLOCK T G,LEARY M M. Testing a model of reasoned risk-taking:governance,the experience of principals and agents,and global strategy in high-technology IPO firms[J].Strategic Management Journal,2003,24(9):803-820.

[14] 吴航,陈劲.新兴经济国家企业国际化模式影响创新绩效机制:动态能力理论视角[J].科学学研究,2014,32(8):1262-1270.

[15] 李新春,肖宵.制度逃离还是创新驱动?:制度约束与民营企业的对外直接投资[J].管理世界,2017,(10):99-112.

第8章
高成长创业

全球创业观察研究将高成长创业活动划分为两类情况,其中一类是高预期型创业活动,针对早期创业企业(包括初生和新企业),其有望在未来5年内拥有超过20个雇员,演变成高成长型创业活动;另一类是高成长型创业活动,针对已有企业(即创办时间超过42个月的企业),其现有雇员人数超过20人。

全球创业观察研究定义了如下四个指标:

- 高预期型创业活动普遍率:成人(18~64岁)中参与高预期型创业活动的比例;
- 高成长型创业活动普遍率:成人(18~64岁)中参与高成长型创业活动的比例;
- 高预期型创业活动相对普遍率:早期创业企业中高预期型企业的比例;
- 高成长型创业活动相对普遍率:已有企业中高成长型企业的比例。

本章将从高预期型和高成长型两种类型的创业活动来分析我国高成长创业活动的结构、特征和质量。

8.1　高预期型和高成长型创业活动

如图 8-1 和图 8-2 所示,我国在不同时期的高预期型普遍率和高成长型普遍率变化不大,成人参与高成长创业活动的比例分别保持在 3% 和 1% 上下。2002—2005 年间是我国高预期型创业活动最活跃的时期,占早期创业企业的 30.9%;而 2016—2019 年间我国的高成长型创业最为活跃,占已有企业的 19.5%。

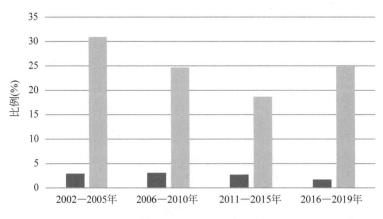

图 8-1　2002—2019 年不同时期我国高预期型创业活动普遍率和相对普遍率

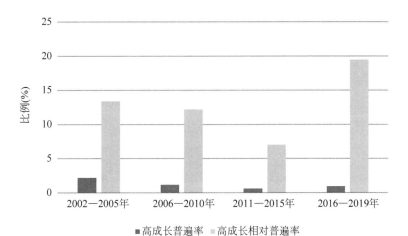

图 8-2　2002—2019 年不同时期我国高成长型创业活动普遍率和相对普遍率

全球创业观察研究对于高成长创业活动区分了低收入国家、中等收入国家和高收入国家三组,我们通过图 8-3 和图 8-4 来比较按收入水平分组的 G20 经济体高成长创业活动情况。

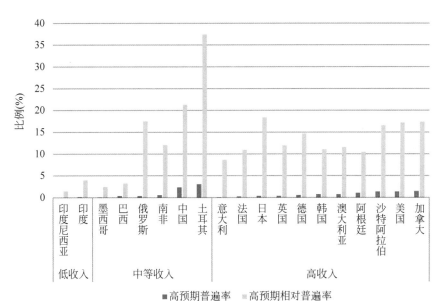

图 8-3　G20 经济体高预期型创业活动普遍率和相对普遍率(2002—2019 年)

我国高预期型创业活动的普遍率为 2.5%,排名 G20 经济体第二名,仅次于土耳其(3.2%)。我国高成长型创业活动的普遍率为 0.9%,排名中低收入经济体第二,仅次于土耳其(1.1%);与高收入经济体相比,我国高成长型创业活动普遍率与加拿大持平,比德国(1%)略低。

另外,从相对普遍率来看,我国是 G20 经济体中高预期型创业活动较为活跃的国家,相对普遍率为 21.4%,仅次于 G20 经济体排名第一的土耳其(37.5%);我国高成长型创业活动的相对普遍率为 10.1%,在中低收入经济体中低于土耳其(12.8%)和俄罗斯(11.8%),

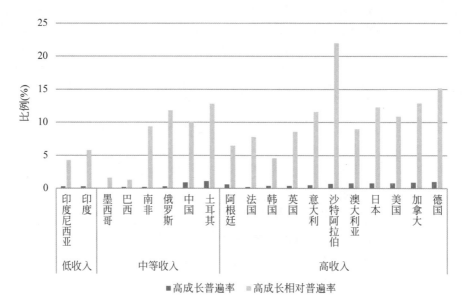

图 8-4　G20 经济体高成长型创业活动普遍率和相对普遍率（2002—2019 年）

比沙特阿拉伯（22%）、德国（15.2%）、加拿大（12.9%）、日本（12.3%）、意大利（11.6%）和美国（10.9%）这些高收入经济体低。

8.2　高成长创业活动的特征

8.2.1　受教育程度更高

创业者的受教育程度高低对于企业的成长性具有一定影响。我国 2002—2019 年高预期型创业者中高中及以下学历平均占比 50.4%，大学及以上学历平均占比 49.6%；高成长型创业者中高中及以下学历平均占比 57.3%，大学及以上学历平均占比 42.7%。

从我国不同时期来看（图 8-5 和图 8-6），参与高成长创业活动的创业者的受教育程度有提高的趋势，高中及以下学历创业者的比例在下降，大学及以上学历的创业者比例在上升。

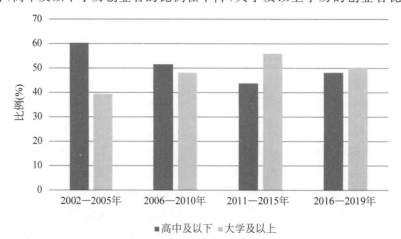

图 8-5　2002—2019 年不同时期我国高预期型创业者的受教育程度

2011—2015 年间是我国受高等教育的高预期型创业者比例最高的时期(56.1%),而高成长型创业者中受高等教育的比例在 2016—2019 年间达到最高(54.1%)。

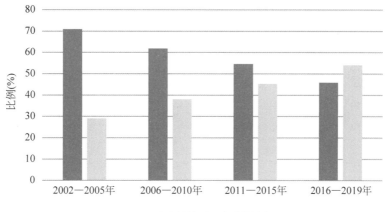

图 8-6 2002—2019 年不同时期我国高成长型创业者的受教育程度

2002—2019 年数据显示(图 8-7),相比非高成长创业者,我国高成长创业者的受教育程度更高。大学及以上学历的高预期型创业者和高成长型创业者比例分别为 49.6% 和 42.7%,而非高成长型创业者的这两个比例分别为 30.6% 和 21.2%。

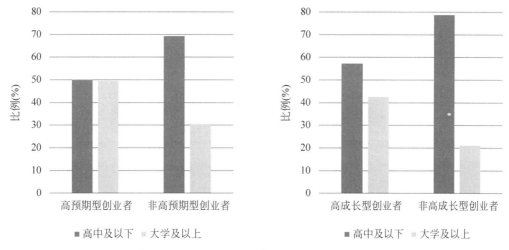

图 8-7 高成长和非高成长创业者的受教育程度(2002—2019 年)

8.2.2 机会型动机比例更高

全球创业观察研究将创业活动按动机分为生存型创业和机会型创业。前者是迫于生存压力不得不选择创业,后者是看到了比目前事业更好的机会而选择去创业。

2002—2018 年我国高成长创业活动一直是以机会型动机为主。高预期型创业者中机会型动机与生存型动机的比例分别为 74.8% 和 23.6%,高成长型创业者中机会型动机与生存型动机的比例分别为 80% 和 18.4%。

从不同时期来看(图 8-8 和图 8-9),我国参与高成长创业活动的机会型动机创业者比例变化不大,一直保持在 70%以上。在 2016—2018 年间高预期型创业者中机会型动机的比例为 75.5%,而高成长型创业者的这一比例为 81.1%。

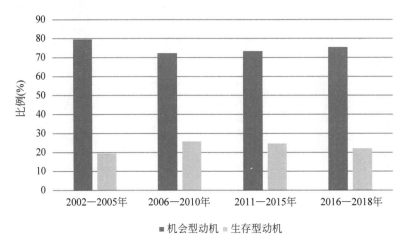

图 8-8　2002—2018 年不同时期我国高预期型创业者的创业动机

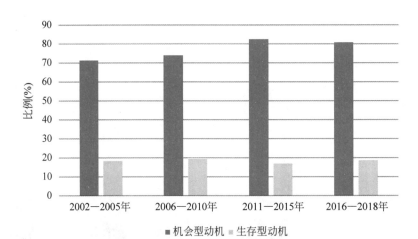

图 8-9　2002—2018 年不同时期我国高成长型创业者的创业动机

2002—2018 年数据显示(图 8-10),相比非高成长创业者,我国高成长创业者的机会型动机比例更高。对于高预期型创业者,机会型动机占比 74.8%,生存型动机占比 23.6%[①],而非高预期型创业者的这两个比例分别为 58.2%和 40.9%。对于高成长型创业者,机会型动机占比 80%,生存型动机占比 18.4%;而非高成长型创业者的这两个比例分别为 59.7%和 39.4%。

8.2.3　在移动转移类和商业服务类行业的比例更高

全球创业观察研究将创业者参与的行业分为四类,包括采集提炼类、移动转换类、客户服务类和商业服务类。我国高成长创业活动中客户服务业约占 50%,其后依次为移动转移

---

① 没有包括其他动机的占比,因此,合计低于 100%。

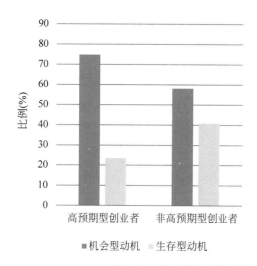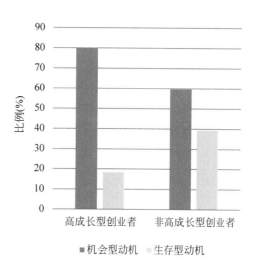

图 8-10　高成长和非高成长创业者的创业动机(2002—2018 年)

类行业、商业服务业和采集提炼类行业。

2002—2019 年数据显示，客户服务类和移动转移类行业是我国高成长创业活动的主要领域，其中高预期型企业分别有 56.8% 和 27.2% 的比例集中在这两个行业，高成长型企业的这两个比例分别为 40.6% 和 39.9%。其次有超过 10% 的高成长企业属于商业服务业，具体来说高预期型企业的比例为 13.2%，高成长型企业的比例为 10.2%。

从不同时期看(图 8-11 和图 8-12)，商业服务业高预期型企业的比例在 2002—2005 年间和 2016—2019 年间较高，分别为 16% 和 18.5%；而分布在商业服务业的高成长型企业比例呈上升趋势，在 2016—2019 年间达到最高(14.2%)。

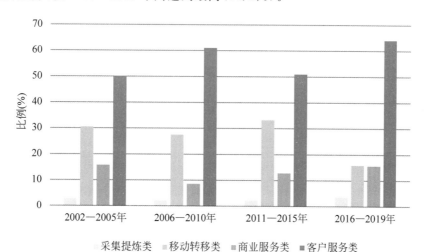

图 8-11　2002—2019 年不同时期我国高预期型创业活动的行业分布

2002—2019 年数据显示(图 8-13)，我国高成长创业活动分布在移动转移类和商业服务类行业的比例更高，而非高成长创业活动则更多地分布在客户服务类和采集提炼类行业。具体来看，对于高预期型企业，四类行业分布占比分别为客户服务类 56.8%，移动转移类

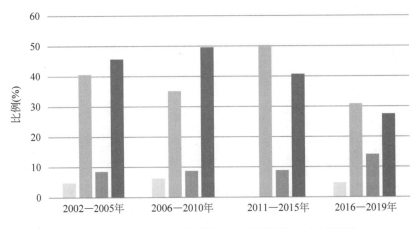

图 8-12 　2002—2019 年不同时期我国高成长型创业活动的行业分布

27.2%,商业服务类 13.2%,采集提炼类 2.8%;而非高预期型创业活动的这四项比例分别为 66.6%,21.3%,6.2%,5.5%。对于高成长型企业,四类行业分布占比分别为客户服务类 40.6%,移动转移类 39.9%,商业服务类 10.2%,采集提炼类 3.7%;而非高成长型创业活动的这四项比例分别为 62.6%,24.3%,4.5%,8.4%。

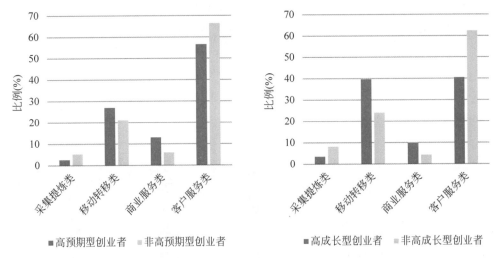

图 8-13 　高成长和非高成长创业活动的行业分布(2002—2019 年)

8.2.4　资金来源更为均衡

　　全球创业观察研究分别在 2012 年、2014 年、2015 年开展了关于创业融资的专题调查,前两个年份仅有 1 个问卷问题对应 5 个单选项(个人、家庭、朋友、银行、其他),而 2015 年扩展到 8 个问题,涵盖了更丰富的创业融资渠道,我们在这里将 3 个年份数据合并来分析。

　　根据图 8-14 显示,高预期型创业活动的资金来源更为均衡,银行或其他金融机构、个人及家庭成员是我国高预期型创业活动的三个主要融资渠道,比例分别为 32.4%、30.6% 和

29.3%。相比之下，非高预期型创业者的融资渠道比较少，主要靠家庭成员资助（39.8%）和个人资金（29.2%）。而高预期型创业活动还能够更多地从朋友或邻居、雇主或同事、私人投资或创业投资、政府资金扶持以及网上众筹等多种渠道获得投资。

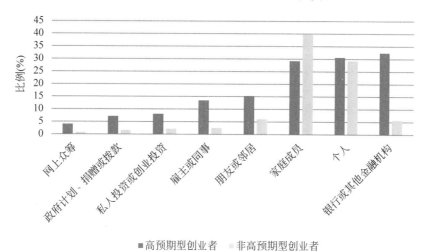

图 8-14　高预期型与非高预期型创业者的融资来源（2012/2014/2015 年）

8.3　高成长创业活动的质量

8.3.1　创新性

1. 高成长企业更具创新性

企业的产品或服务是否是新颖和独特的，对于这个问题客户存在着不同的评价。如果企业提供的产品或服务被全部或某些客户认为是新颖的，那么可以认为该企业的产品或服务具有创新性。

从 2002—2018 年平均值来看，我国有大约 70% 的高成长企业具有创新性；而且高预期型企业的创新性高于高成长型企业，所提供的产品或服务具有创新性的企业比例分别为 74.5% 和 68%。

从不同时期来看（图 8-15 和图 8-16），我国高预期型和高成长型企业的创新性均呈上升趋势。2016—2018 年间我国有 90.9% 的高预期型企业具有创新性，有 86% 的高成长型企业具有创新性。

2002—2018 年数据显示（图 8-17），相比非高成长企业，我国高成长企业更具创新性。分别有 74.5% 的高预期型企业和 68% 的高成长型企业提供的产品或服务具有创新性，而非高成长企业的这两个比例分别为 61.9% 和 60.1%。

2. 青年与非青年高成长创业者的创新性无显著差异

为了判断不同年龄段的高成长创业者在创新性方面是否具有显著性差异，我们分别对高预期型创业者和高成长型创业者进行了独立样本 t 检验，从结果来看（表 8-1），青年（18～34 岁）与非青年（35～64 岁）的高预期型创业者和高成长型创业者在创新性方面均无显著差异。

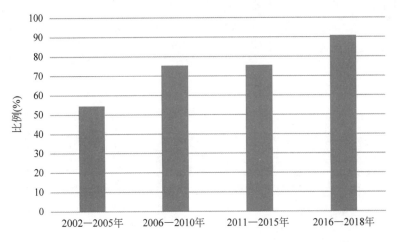

图 8-15　2002—2018 年不同时期我国高预期型企业的创新性

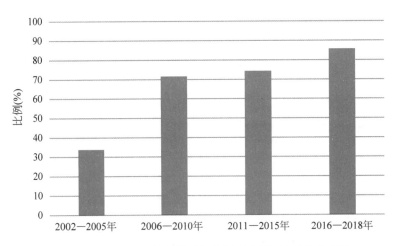

图 8-16　2002—2018 年不同时期我国高成长型企业的创新性

表 8-1　不同年龄段的高成长创业者创新性的显著性检验

高预期型创业者	莱文方差等同性检验		平均值等同性 t 检验					差值95％置信区间	
	F	显著性	t	自由度	Sig.（双尾）	平均值差值	标准误差差值	下限	上限
假定等方差	0.014	0.906	0.513	920.000	0.608	0.020	0.040	−0.058	0.098
不假定等方差				917.315	0.608	0.020	0.040	−0.058	0.098
高成长型创业者	F	显著性	t	自由度	Sig.（双尾）	平均值差值	标准误差差值	下限	上限
假定等方差	0.007	0.935	−0.955	259.000	0.340	−0.086	0.090	−0.262	0.091
不假定等方差			−0.957	117.893	0.340	−0.086	0.089	−0.263	0.091

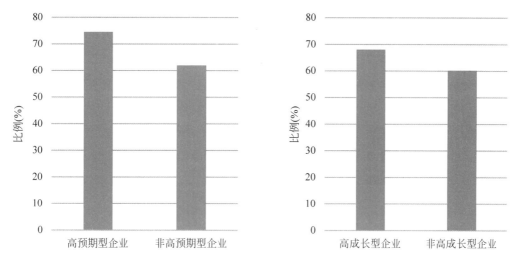

图 8-17　高预期型和非高预期型企业的创新性（2002—2018 年）

如图 8-18 和图 8-19 所示，我国高预期型青年创业者中有 79.5% 的比例被认为所提供的产品或服务具有新颖性，其中有 15.2% 被全部客户认为是新颖的，另有 64.3% 被部分客户认为是新颖的；我国高成长型青年创业者中有 82.4% 的比例被认为所提供的产品或服务具有新颖性，其中有 22.1% 被全部客户认为是新颖的，另有 60.3% 被部分客户认为是新颖的。非青年高成长创业者在以上各项的比例与青年差别不大。

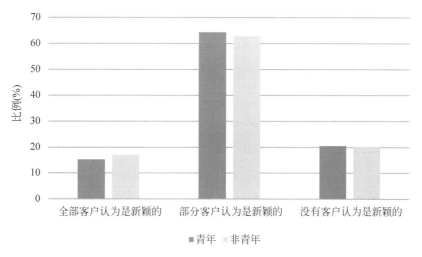

图 8-18　不同年龄的高预期型创业者的创新性（2002—2018 年）

3. 受高等教育的高预期型创业者更具创新性

为了判断不同受教育程度的高成长创业者在创新性方面是否具有显著性差异，我们分别对高预期型创业者和高成长型创业者进行了独立样本 t 检验，从结果来看（表 8-2），高中及以下学历与大学及以上学历的高预期型创业者在创新性方面具有显著差异，大学及以上

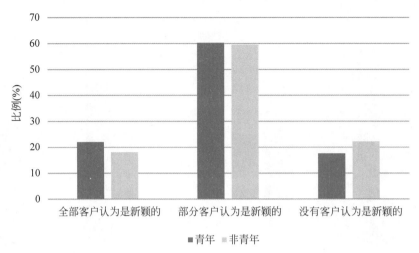

图 8-19　不同年龄的高成长型创业者的创新性（2002—2018 年）

学历的高预期型创业者的创新性显著高于低学历者。而不同学历的高成长型创业者在创新性方面无显著差异。

表 8-2　不同受教育程度的高成长创业者创新性的显著性检验

高预期型创业者	莱文方差等同性检验		平均值等同性 t 检验					差值95％置信区间	
	F	显著性	t	自由度	Sig.（双尾）	平均值差值	标准误差差值	下限	上限
假定等方差	7.855	0.005	2.439	920	0.015	0.097	0.040	0.019	0.175
不假定等方差			2.430	866.459	0.015	0.097	0.040	0.019	0.175
高成长型创业者	F	显著性	t	自由度	Sig.（双尾）	平均值差值	标准误差差值	下限	上限
假定等方差	0.917	0.339	0.305	259.000	0.761	0.024	0.079	−0.131	0.179
不假定等方差			0.305	256.001	0.761	0.024	0.079	−0.131	0.179

如图 8-20 和图 8-21 所示，我国大学及以上学历的高预期型创业者中有 82.6％ 的比例被认为所提供的产品或服务具有新颖性，其中有 17.5％ 被全部客户认为是新颖的，另有 65.1％ 被部分客户认为是新颖的；而相比之下，高中及以下学历的高预期型创业者仅有 76％ 的比例被认为所提供的产品或服务具有新颖性。

我国大学及以上学历的高成长型创业者中有 80.6％ 的比例被认为所提供的产品或服务具有新颖性，其中有 18.7％ 被全部客户认为是新颖的，另有 61.9％ 被部分客户认为是新颖的。

4. 不同动机的高成长创业者的创新性无显著差异

为了判断不同创业动机的高成长创业者在创新性方面是否具有显著性差异，我们分别对高预期型创业者和高成长型创业者进行了独立样本 t 检验。从结果来看（表 8-3），机会型动机与生存型动机的高预期型创业者和高成长型创业者在创新性方面均无显著差异。

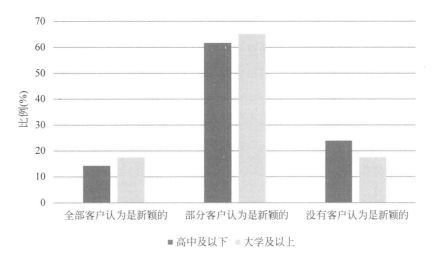

图 8-20　不同受教育程度的高预期型创业者的创新性（2002—2018 年）

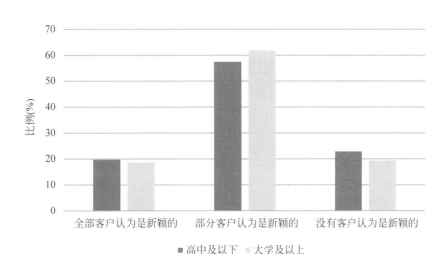

图 8-21　不同受教育程度的高成长型创业者的创新性（2002—2018 年）

表 8-3　不同创业动机的高成长创业者创新性的显著性检验

高预期型创业者	莱文方差等同性检验		平均值等同性 *t* 检验					差值 95％置信区间	
	F	显著性	*t*	自由度	Sig.（双尾）	平均值差值	标准误差差值	下限	上限
假定等方差	1.310	0.253	−1.198	920	0.231	−0.056	0.046	−0.147	0.035
不假定等方差			−1.192	368.553	0.234	−0.056	0.047	−0.147	0.036
高成长型创业者	*F*	显著性	*t*	自由度	Sig.（双尾）	平均值差值	标准误差差值	差值 95％置信区间	
								下限	上限
假定等方差	0.060	0.807	−0.785	259.000	0.433	−0.080	0.102	−0.282	0.121
不假定等方差			−0.801	69.192	0.426	−0.080	0.100	−0.281	0.120

如图 8-22 和图 8-23 所示,我国机会型动机的高预期型创业者中有 80.5% 的比例被认为所提供的产品或服务具有新颖性,其中有 16.6% 被全部客户认为是新颖的,另有 63.9% 被部分客户认为是新颖的;我国机会型动机的高成长型创业者中有 79.4% 的比例被认为所提供的产品或服务具有新颖性,其中有 20.1% 被全部客户认为是新颖的,另有 59.3% 被部分客户认为是新颖的。

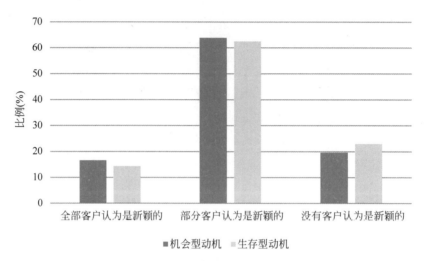

图 8-22　不同创业动机的高预期型创业者的创新性(2002—2018 年)

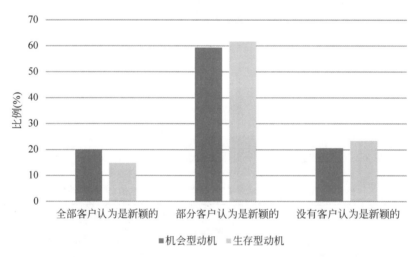

图 8-23　不同创业动机的高成长型创业者的创新性(2002—2018 年)

8.3.2　国际化

1. 高成长企业的国际化水平更高

创业活动的国际化指标采用的是创业企业来自海外客户的收入占年度销售收入的比例。从 2002—2019 年平均值来看,我国超过 50% 的高成长企业没有来自海外客户的收入;高预期型企业和高成长型企业有海外收入的比例分别为 40.7% 和 47.4%。

从不同时期来看(图 8-24 和图 8-25),2016—2019 年间高预期型企业中,25% 以下营业额来自海外客户的企业占比为 26.1%,而 25%~75% 和 75% 以上营业额来自海外客户的企业比例分别为 8.1% 和 2.6%。高成长型企业的国际化水平呈明显的上升趋势。同期 25% 以下营业额来自海外客户的企业占比为 38%,而 25%~75% 和 75% 以上营业额来自海外客户的企业比例分别为 12% 和 4.7%。

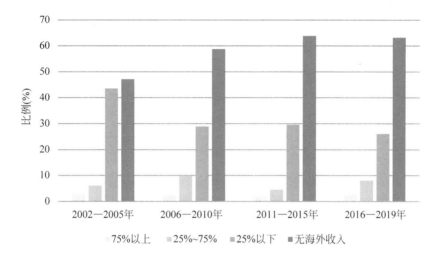

图 8-24 2002—2019 年不同时期我国高预期型企业的国际化

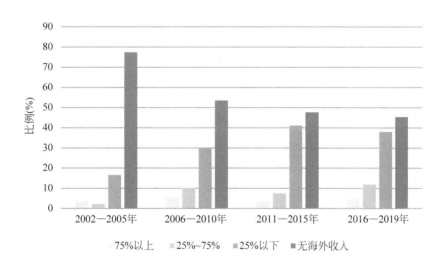

图 8-25 2002—2019 年不同时期我国高成长型企业的国际化

2002—2019 年数据显示(图 8-26),相比非高成长企业,我国高成长企业的国际化水平更高。有海外收入的高预期型企业和高成长型企业比例分别为 40.7% 和 47.4%,而非高成长企业的这两个比例分别为 20.9% 和 18.6%。

高预期型企业中 25% 以下营业额来自海外客户的企业占比为 31.2%,25%~75% 和 75% 以上营业额来自海外客户的企业比例分别为 7.1% 和 2.5%;高成长型企业中 25% 以下营业

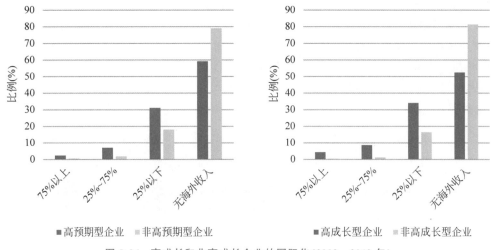

图 8-26　高成长和非高成长企业的国际化（2002—2019 年）

额来自海外客户的企业占比为 34.1％，25％～75％和 75％以上营业额来自海外客户的企业比例分别为 8.7％和 4.4％。

2. 青年高预期型创业者的国际化水平更高

为了判断不同年龄段的高成长创业者在国际化方面是否具有显著性差异，我们分别对高预期型创业者和高成长型创业者进行了独立样本 t 检验。从结果来看（表 8-4），青年和非青年高预期型创业者在国际化方面具有显著差异，青年高预期型创业者的国际化水平显著高于非青年。不同年龄段的高成长型创业者的国际化水平无显著差异。

表 8-4　不同年龄段的高成长创业者国际化的显著性检验

高预期型创业者	莱文方差等同性检验		平均值等同性 t 检验					差值95％置信区间	
	F	显著性	t	自由度	Sig.（双尾）	平均值差值	标准误差差值	下限	上限
假定等方差	2.519	0.113	−2.177	920	0.030	−0.106	0.049	−0.201	−0.010
不假定等方差			−2.179	919.972	0.030	−0.106	0.049	−0.201	−0.010
高成长型创业者	F	显著性	t	自由度	Sig.（双尾）	平均值差值	标准误差差值	下限	上限
假定等方差	2.230	0.137	−0.636	259.000	0.525	−0.075	0.118	−0.306	0.157
不假定等方差			−0.592	103.970	0.555	−0.075	0.126	−0.325	0.176

如图 8-27 和图 8-28 所示，我国 43.8％的青年高预期型创业者有来自海外客户的收入，其中 25％以下营业额来自海外客户的比例为 32.7％，而 25％～75％和 75％以上营业额来自海外客户的比例分别为 8.8％和 2.4％；而相比之下，仅有 35.5％的非青年高预期型创业者有来自海外客户的收入。

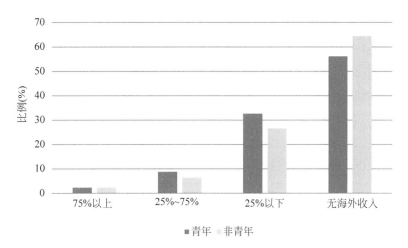

图 8-27 不同年龄的高预期型创业者的国际化（2002—2019 年）

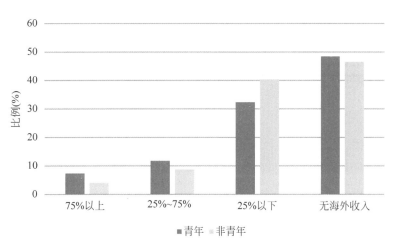

图 8-28 不同年龄的高成长型创业者的国际化（2002—2019 年）

我国 51.5％的青年高成长型创业者有来自海外客户的收入，其中 25％以下营业额来自海外客户的比例为 32.4％，而 25％～75％和 75％以上营业额来自海外客户的比例分别为 11.8％和 7.4％。非青年高成长型创业者在以上各项的比例与青年差别不大。

3. 受高等教育的高成长创业者的国际化水平更高

为了判断不同受教育程度的高成长创业者在国际化方面是否具有显著性差异，我们分别对高预期型创业者和高成长型创业者进行了独立样本 t 检验。从结果来看（表 8-5），高中及以下学历与大学及以上学历的高预期型和高成长型创业者在国际化方面均具有显著差异，大学及以上学历的高成长创业者的国际化水平显著高于低学历者。

表 8-5 不同受教育程度的高成长创业者国际化的显著性检验

高预期型创业者	莱文方差等同性检验		平均值等同性 t 检验						
	F	显著性	t	自由度	Sig.（双尾）	平均值差值	标准误差差值	差值95%置信区间	
								下限	上限
假定等方差	9.530	0.002	4.209	920.000	0.000	0.204	0.048	0.109	0.299
不假定等方差			4.239	900.969	0.000	0.204	0.048	0.110	0.298
高成长型创业者	F	显著性	t	自由度	Sig.（双尾）	平均值差值	标准误差差值	差值95%置信区间	
								下限	上限
假定等方差	0.014	0.907	3.331	259.000	0.001	0.337	0.101	0.138	0.536
不假定等方差			3.340	258.442	0.001	0.337	0.101	0.138	0.536

如图 8-29 和图 8-30 所示，我国 47.1% 的大学及以上学历高预期型创业者有来自海外客户的收入，其中 25% 以下营业额来自海外客户的比例为 35.3%，而 25%～75% 和 75% 以上营业额来自海外客户的比例分别为 9.4% 和 2.4%；相比之下，仅有 31.5% 的高中及以下学历高预期型创业者有来自海外客户的收入。

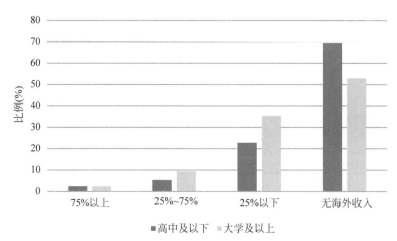

图 8-29 不同受教育程度的高预期型创业者的国际化（2002—2019 年）

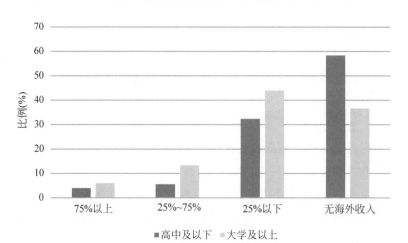

图 8-30 不同受教育程度的高成长型创业者的国际化（2002—2019 年）

　　我国 56％的大学及以上学历高成长型创业者有来自海外客户的收入,其中 25％以下营业额来自海外客户的比例为 44％,而 25％～75％和 75％以上营业额来自海外客户的比例分别为 13.4％和 6％。仅有 41.7％的高中及以下学历高成长型创业者有来自海外客户的收入。

4. 不同动机的高成长创业者的国际化无显著差异

　　为了判断不同创业动机的高成长创业者在国际化方面是否具有显著性差异,我们分别对高预期型创业者和高成长型创业者进行了独立样本 t 检验。从结果来看(表 8-6),机会型动机与生存型动机的高预期型创业者和高成长型创业者在国际化方面均无显著差异。

表 8-6　不同创业动机的高成长创业者国际化的显著性检验

高预期型创业者	莱文方差等同性检验		平均值等同性 t 检验						
	F	显著性	t	自由度	Sig.（双尾）	平均值差值	标准误差差值	差值 95％置信区间	
								下限	上限
假定等方差	0.309	0.578	−0.164	920.000	0.870	−0.009	0.057	−0.121	0.102
不假定等方差			−0.166	377.101	0.868	−0.009	0.056	−0.120	0.102
高成长型创业者	F	显著性	t	自由度	Sig.（双尾）	平均值差值	标准误差差值	差值 95％置信区间	
								下限	上限
假定等方差	0.318	0.573	−1.559	259.000	0.120	−0.208	0.134	−0.472	0.055
不假定等方差			−1.524	66.126	0.132	−0.208	0.137	−0.482	0.065

　　如图 8-31 所示,我国 39.6％的机会型动机高预期型创业者有来自海外客户的收入,其中 25％以下营业额来自海外客户的比例为 29.1％,而 25％～75％和 75％以上营业额来自海外客户的比例分别为 8.1 和 2.3％;而生存型动机的高预期型创业者在以上各项的比例与机会型动机者差别不大。对于高成长型创业活动(图 8-32),56.5％的机会型动机者有来自海外客户的收入,其中 25％以下营业额来自海外客户的比例为 42.1％,而 25％～75％和 75％以上营业额来自海外客户的比例分别为 9.3 和 5.1％,而生存型动机者 25％以下营业额来自海外客户的比例为 21.3％,63.8％的生存型动机者无海外收入。

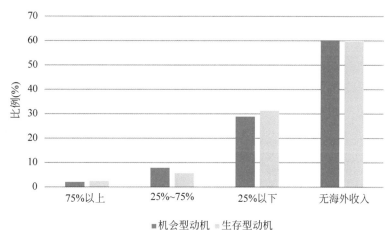

图 8-31　不同创业动机的高预期型创业者的国际化(2002—2018 年)

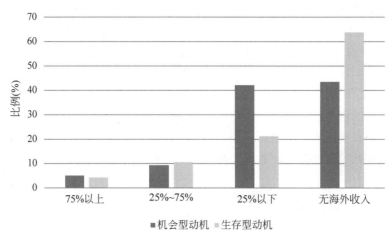

图 8-32　不同创业动机的高成长型创业者的国际化（2002—2018 年）

8.4　小　　结

本章从高预期型和高成长型两种类型的创业活动来分析我国高成长创业活动的结构、特征和质量，有以下认识：第一，相比于高成长型创业活动，我国高预期型创业活动更为活跃，排名 G20 经济体前列；第二，参与高成长创业活动的创业者其受教育程度更高，机会型动机比例也更高；第三，高成长创业活动分布在移动转移类和商业服务类行业的比例更高；第四，高成长创业企业更具创新性，国际化水平更高，而且受过高等教育的高成长创业者其创业活动的质量也更高。第三，与非高成长创业活动相比，高成长创业活动的资金来源主要是银行等金融机构、个人和家庭成员三个融资渠道。

第 9 章
国际创业

近年来,国际创业已成为创业研究中的热门话题(Zahra and George,2002),作为国际商务理论与创业理论交叉的新兴创业领域,国际创业被定义为"以组织创造价值为目的,跨越国界的具有创新性、先动性和风险承担的行为"(McDougall and Oviatt,2000)。

对国际创业的研究有不同的角度和侧重。微观层面的国际创业重视对创业者和创业团队的研究,包括国际创业的动因和机理,从资源基础观、网络观、动态能力观、组织学习观、认知理论、制度理论和机会观等视角对国际创业进行分析(翟庆华等,2013);在创业活动方面,国际创业研究国际创业模式和绩效,认为国际创业包括出口型、契约型和投资型三种主要模式(田毕飞和丁巧,2017),公司创业、家族创业等不同类型的创业活动在国际创业方面具有不同的特征(Zahra,2019);在创业情境层面,国际创业的研究关注社会因素、地域因素、时间因素和制度因素等条件对国际创业的影响,认为这些情境因素是互相依存和互相作用的(Zahra and Wright,2011)。

基于全球创业观察中国研究的数据基础,结合国际创业研究领域的基本视角,本章回答以下问题:第一,我国创业活动的国际化程度如何?国际创业的发展态势是怎样的?第二,我国国际创业活动与国际创业发达国家具有何种差异?第三,国际创业活动与创业者的自我效能存在何种联系?第四,天生国际化企业与其他创业活动相比,具有什么样的特征?第五,不同形态国际创业的差异和特征。

9.1 我国创业的国际化程度

9.1.1 近 25% 的创业活动拥有海外客户

全球创业观察的研究框架里,创业企业的国际化水平用海外客户的营业收入占公司销售收入的比例衡量。从 2003 年至 2018 年全球创业观察中国数据的情况来看①,在 46 256个成人样本中创业者 6 154 人,没有海外客户的创业企业比例为 76.3%,拥有海外客户的创业企业比例为 23.7%。在拥有国际市场的创业活动中,83.3% 的企业 1%～25% 的营业收入来自海外客户,12.6% 的企业 26%～75% 的营业收入来自海外客户,4.1% 的企业超过75% 的营业收入来自海外客户。

9.1.2 创业活动的国际化程度在不断提高

2003—2018 年,我国国际创业发展的趋势总体是上升的,拥有海外客户的创业企业比

---

① 本章选取 2003—2018 年数据分析的原因是有关国际创业的指标 2003 年才加入成人调查问卷,2019 年全球创业观察又对国际创业指标的量表进行了调整,与之前年份不具可比性。

例从 2003 年的 30.6％上升为 2018 年的 40.4％。从发展过程来看,2009 年我国国际创业
的比例最低(11.4％),可能是受到 2008 年全球金融危机的影响,海外客户对产品的需求有
所下降。2009 年之后,我国国际创业的比例呈现出不断上升的趋势(图 9-1)。

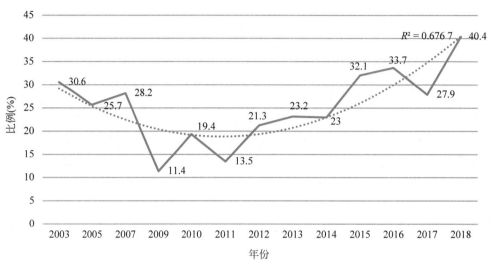

图 9-1　2003—2018 年我国创业活动中拥有海外客户的企业比例

9.1.3　我国创业活动的国际化水平在全球主要经济体中处于较低水平

G20 是全球最具影响力的国际合作机制,包括了经济规模较大的发达国家和发展中国
家,2021 年 G20 经济体的经济总量约占全球的 90％。从 2003 年至 2018 年 G20 经济体不
同国际导向创业活动的平均比例来看,我国有 24％的创业活动拥有海外客户,这一比例在
G20 经济体中是较低的。从强国际导向(海外客户营收比例>25％)的创业活动比例来看,
我国平均仅有 4％的创业活动是强国际导向的,也处于 G20 经济体靠后的位置(图 9-2)。虽然
我国创业活动自身的国际化水平在提高,但是与 G20 其他经济体相比,仍然处于较低水平。

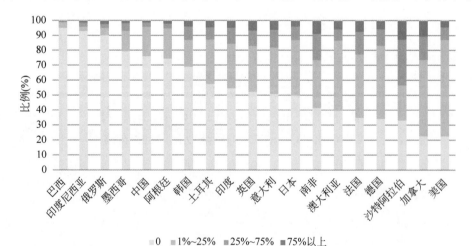

图 9-2　2003—2018 年 G20 经济体创业活动不同国际导向的平均水平

9.2　我国国际创业活动的国际比较

从全球主要经济体创业活动的国际化水平来看,美国和加拿大是领先的,他们的创业企业拥有海外客户的比例平均超过 80%。印度作为人口与我国相近的发展中国家,其拥有海外客户的比例接近 40%,也高于我国。因此,本章选择美国、加拿大和印度作为参照国,进一步分析我国国际创业活动的差异,为我国推动创业国际化发展提供参考。从样本数量来看,四个国家 2009 年至 2018 年成人调查样本共 117 783 个,其中我国 37 475 个,美国 40 390 个,加拿大 15 880 个,印度 24 038 个,具有较强的代表性。

9.2.1　我国女性的国际创业活动较为活跃

与美国、加拿大和印度相比,我国国际创业者中女性比例较高。2009—2018 年,我国国际创业者中男性比例为 54.1%,女性为 45.9%,而其他三国国际创业者男性的比例在 60% 左右。比较而言,我国女性国际创业较为活跃(图 9-3)。

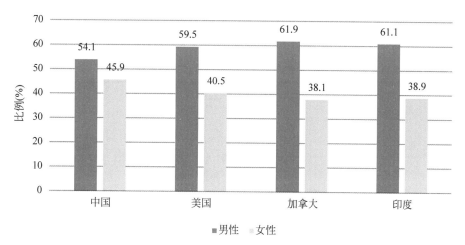

图 9-3　中、美、加、印国际创业者性别差异(2009—2018 年)

9.2.2　我国具有国际导向的创业者中高学历者的比例低于美国、加拿大,高于印度

美国和加拿大的国际创业者以大学和研究生学历者为主。美国国际创业者中大学学历占比为 55%、研究生学历为 21%;加拿大国际创业者中大学学历占比为 61.3%、研究生学历为 18.7%;而我国国际创业者中大学学历和研究生学历的比例分别为 48.9% 和 1.9%。我国的国际创业者中,大学学历占比与美国、加拿大的水平差距不大,但研究生学历的国际创业者比例与美国和加拿大的国际创业者比例存在明显差距(图 9-4)。

与印度相比,我国国际创业者的受教育程度较高。印度国际创业者中大学学历和研究生学历占比分别为 32.2% 和 0.3%,而初中及以下和高中学历占比分别为 25% 和 42.5%。近 70% 的印度国际创业者没有受过高等教育,而我国国际创业者中受过高等教育的比例超过一半。

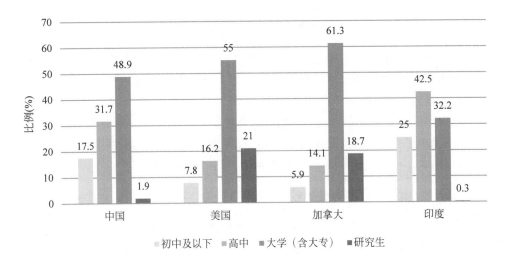

图 9-4　中、美、加、印的国际创业者受教育程度比较(2009—2018 年)

9.2.3　我国国际创业者中机会型动机的比例较低

在国际创业的动机方面,与美国和加拿大相比我国和印度创业者的机会型动机比例较低。美国和加拿大的国际创业者中机会型占比分别为 82.2% 和 84.8%,高于我国的 71.9% 和印度的 70.7%(图 9-5)。

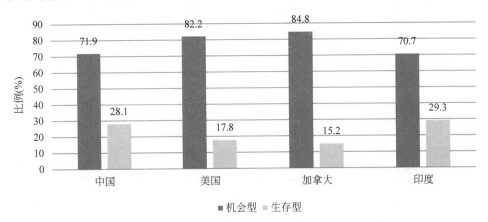

图 9-5　中、美、加、印国际创业者动机比较(2009—2018 年)

9.2.4　我国国际创业仍以客户服务业为主,商业服务业创业比例与美国和加拿大差距明显

美国和加拿大的国际创业活动产业分布更加均衡,客户服务业占比约 40%,商业服务业占比约 35%,以第一产业和第二产业为主的采集提炼类和移动转移类产业占比约 25%。与之相比,我国和印度的国际创业活动仍以客户服务业为主,占比分别为 67.4% 和 72.6%。我国国际创业者在商业服务业创业的比例为 11.7%,与美国和加拿大差距明显,较印度的 4.8% 比重更高。总体来看,美国和加拿大国际创业的产业分布更均衡,高附加值的商业服

务业占比高,我国和印度国际创业的产业结构还需要不断转型升级(图 9-6)。

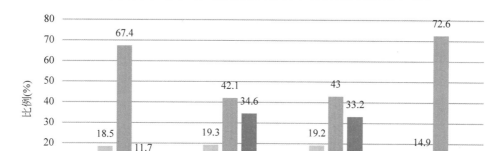

图 9-6 中、美、加、印国际创业产业分布比较(2009—2018 年)

9.2.5 我国国际创业者的创新能力相对较弱

从国际创业者的创新能力来看,我国国际创业者认为自己的产品或服务是新颖的并且没有或只有很少竞争对手的比例为 25.5%,这一比例在四国中是最低的,美国、加拿大和印度的创新指数分别为 35%、41.3% 和 40.3%。虽然不同经济体对产品和市场创新程度的理解不同,也存在高估的可能性,但该指标在一定程度上反映了创业者对自身产品创新能力的自我评价(图 9-7)。

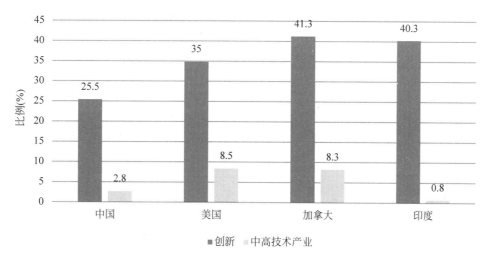

图 9-7 中、美、加、印国际创业创新能力比较(2009—2018 年)

此外,全球创业观察研究还根据 OECD(经济合作与发展组织)的划分标准,将创业企业的产业划分为高、中、低、无技术产业。从中、美、加、印四国国际创业企业产业的技术水平来看,美国和加拿大国际创业企业中处于中高技术产业的比例分别为 8.5% 和 8.3%,显著高于我国和印度的 2.8% 与 0.8%。总体来看,我国国际创业者的创新能力相对较弱。

9.2.6 我国国际创业者带动就业的能力更强

我国与印度的国际创业活动带动就业的能力显著强于美国和加拿大。我国97.5%的国际创业活动当前能够提供就业岗位,印度的这一比例为91.4%,而美国和加拿大分别为65%和73.8%。从能够提供6～19个就业岗位和20个及以上就业岗位的情况来看,我国的国际创业活动更加突出,能够提供6～19个就业岗位的企业比例为21%,能够提供20个及以上岗位的企业比例为20.7%(图9-8)。印度的国际创业能够提供就业岗位的比例虽与我国相近,但75%的企业只能提供1～5个就业岗位,能提供更多就业岗位的企业比例相对较低。总体来看,我国国际创业的就业效应更显著。

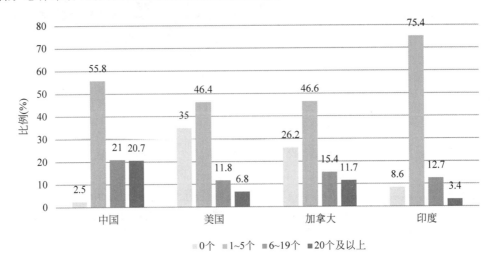

图 9-8 中、美、加、印国际创业带动就业能力比较(2009—2018 年)

从本书创业带动就业效应章节的分析中可以看到,发达国家创业活动的就业效应弱于发展中国家。《2019/2020 全球创业观察全球报告》指出,造成创业活动就业效应差异的原因可能与业务的类型和商业模式、劳动法规以及就业市场的供求关系等多方面因素有关。相对来说,技术驱动或数字化的业务类型、在价值链中与其他参与方广泛合作的商业模式以及更高的劳动力成本都可能降低创业活动就业效应。

9.3 国际创业者的自我效能

创业者自我效能(entrepreneurial self-efficacy)关注创业者是否具有能够顺利完成创业任务或达成创业目标的信心和能力(Forbes,2005)。创业者的自我效能包括创业者的风险承担能力和所需要的机会识别、创新、管理等能力,能够对创业绩效形成显著影响。

9.3.1 国际创业者识别机会的能力更强

2003—2018 年,59.8%的国际创业者认为未来 6 个月内存在创办企业的好机会,而国内市场创业者认为存在创业机会的比例为 51.5%(图 9-9)。经过独立样本 t 检验分析,两者在 0.01 显著性水平下存在差异(表 9-1)。国际创业者识别创业机会的能力更强,对创业机会更加敏锐。

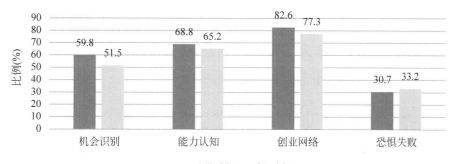

图 9-9 国际创业者与本国创业者自我效能的差异(2003—2018 年)

表 9-1 不同国际化水平创业活动创业者自我效能差异的独立样本 t 检验

机会识别	莱文方差等同性检验		平均值等同性 t 检验					差值 95% 置信区间	
	F	显著性	t	自由度	Sig.(双尾)	平均值差值	标准误差差值	下限	上限
假定等方差	139.356	0.000	5.168	5 245	0.000	0.083	0.016	0.051	0.114
不假定等方差			5.217	2 199.79	0.000***	0.083	0.016	0.052	0.114
能力认知	F	显著性	t	自由度	Sig.(双尾)	平均值差值	标准误差差值	下限	上限
假定等方差	27.218	0.000	2.471	5 811	0.013	0.036	0.015	0.007	0.064
不假定等方差			2.507	2 405.54	0.012**	0.036	0.014	0.008	0.064
创业网络	F	显著性	t	自由度	Sig.(双尾)	平均值差值	标准误差差值	下限	上限
假定等方差	82.117	0.000	4.304	6 031	0.000	0.053	0.012	0.029	0.078
不假定等方差			4.536	2 617.95	0.000***	0.053	0.012	0.030	0.076
恐惧失败	F	显著性	t	自由度	Sig.(双尾)	平均值差值	标准误差差值	下限	上限
假定等方差	12.765	0.000	−1.724	5 829	0.085	−0.025	0.014	−0.053	0.003
不假定等方差			−1.742	2376.68	0.082*	−0.025	0.014	−0.053	0.003

注: *** 表示样本在 0.01 水平下显著,** 表示样本在 0.05 水平下显著,* 表示样本在 0.1 水平下显著。

9.3.2 国际创业者的社会网络更广

2003—2018 年,82.6% 的国际创业者反映自己认识在过去 2 年中创办企业的创业者,国内市场创业者这一比例为 77.3%。经过独立样本 t 检验分析,两者在 0.01 水平下存在显著差异。这说明国际创业者拥有更广的社会网络。

9.3.3　国际创业者的创业能力相对更强

在能力认知方面,2003—2018 年,68.8％的国际创业者认为自己具备创办企业所需的知识、技能和经验,而国内市场创业者这一比例为 65.2％。经过独立样本 t 检验分析,两者在 0.05 的显著性水平下存在差异。从结果看,国际创业者的创业能力相对更强。

9.3.4　国际创业者相对更具冒险精神

在恐惧失败方面,2003—2018 年,30.7％的国际创业者因为恐惧失败而放弃创业想法,而国内市场创业者这一比例更高,为 33.2％。经过独立样本 t 检验分析,两者在 0.1 显著性水平下存在差异。结果说明,国际创业者恐惧失败的比例相对更低,更具冒险精神。

总体来看,与国内市场创业者相比,国际创业者的自我效能更强,体现在机会识别、能力认知、创业网络和恐惧失败四个方面。

9.4　天生国际化的创业企业

天生国际化企业是自创立之初便嵌入到国际市场之中,并从国际市场获得较高销售收入比例的企业(田毕飞,2019)。根据奈特(Knight)和卡瓦斯基尔(Cavusgil)对"天生国际化"企业的定义,在成立的前三年内,海外业务收入占比达到或超过 25％的企业为天生国际化企业(潘宏亮,2020)。

在全球创业观察研究的定义中,早期创业活动是指 18～64 岁成年人口中 3.5 年内的创业企业所有者。因此,本章将海外客户收入达到或超过 25％的早期创业活动作为天生国际化企业进行分析。该定义与奈特和卡瓦斯基尔的定义基本一致。

已有研究证明具有国际导向的创业企业比以国内市场为重点的创业企业创新能力更强(Knight and Cavusgil,2004),因为具有国际化导向的中小企业通过进入全球市场,具有了独特的机会通过对外交流学习采用先进的技术及方法来生产产品,从而实现产品创新(Kleinschmidt and Cooper,1988)。

本节以全球创业观察 2003 年至 2018 年的数据为基础,重点分析天生国际化企业与以国内市场为主的创业企业在创新能力、带动就业能力和创业者结构特征方面的差异。

9.4.1　天生国际化企业开发新产品和开拓新市场两个方面的创新能力更强

2003—2018 年,84.4％的天生国际化企业认为自己出售的产品或提供的服务对客户是新颖和独特的。以国内市场为主的创业企业这一比例为 62.9％。同时,36.2％的天生国际化企业认为自己没有或只有很少的竞争对手,以国内市场为主的创业企业这一比例为27.1％。将两个条件进行结合,既开发新产品又处于新市场之中的天生国际化企业比例为32.9％,高于以国内市场为主的创业企业的 19％(图 9-10)。

9.4.2　天生国际化企业带动就业的能力更强

2003—2018 年,40.2％的天生国际化企业当前可提供 20 个及以上就业岗位,以国内市场为主的创业企业这一比例仅为 7.9％。从当前可提供 6～19 个就业岗位的情况来看,天生国际化企业的比例为 23.8％,而以国内市场为主的创业企业比例为 12％。从不能提供就

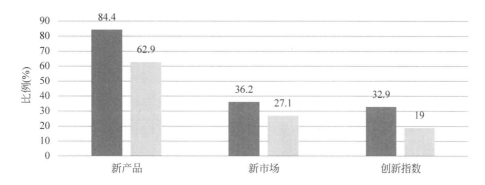

图 9-10　天生国际化企业与以国内市场为主的创业企业创新能力比较（2003—2018 年）

业岗位的情况来看，以国内市场为主的创业企业比例为 10.5％，而天生国际化企业这一比例仅为 2.5％（图 9-11）。总体来看，天生国际化企业带动就业的能力更强。

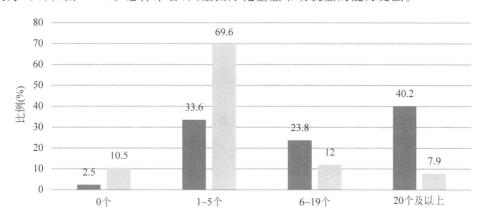

图 9-11　天生国际化企业与以国内市场为主的创业企业当前带动就业能力比较（2003—2018 年）

9.4.3　天生国际化企业在商业服务业和制造业创业的比例更高

从两类企业创业的产业分布来看，天生国际化企业和以国内市场为主的创业企业在以第一产业为主的采集提炼类产业创业的比例相近，分别为 4.7％和 5.3％。同时，客户服务业是两者最为集中的产业，但是以国内市场为主的创业企业在客户服务业创业的比例更多，为 65.8％，天生国际化企业这一比例为 50.4％。

两者的差异体现在以制造业为主的移动转移类行业和商业服务业，天生国际化企业在上述两个行业创业的比例分别为 30.3％和 14.5％，以国内市场为主的创业企业在这两个行业创业的比例相对较低，分别为 22％和 7％（图 9-12）。

从两者创业的产业分布来看，天生国际化企业的质量更高，因为商业服务业是以金融、房地产、通信和专业服务业为代表的高附加值服务业；而以制造业为主的移动转移类产业创业往往需要更多的资金投入和更高的技术门槛。

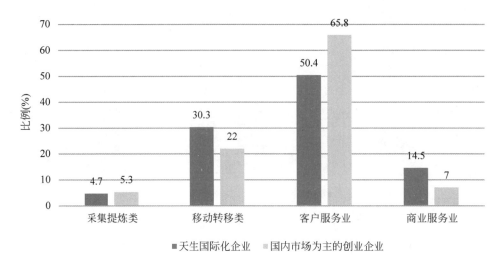

图 9-12　天生国际化企业与以国内市场为主的创业企业的产业分布（2003—2018 年）

9.4.4　天生国际化企业的创业者受教育程度更高

从创业者的受教育程度来看,天生国际化企业创业者的受教育程度更高,高中及以下学历的创业者占比为 48.5%,大学学历占比为 37.8%,研究生学历者占比 13.7%。以国内市场为主的创业者与之相比,高中及以下学历创业者的比例更高,为 67.5%,相应的大学学历和研究生学历的创业者比例相对较低,分别为 28.8% 和 3.7%（图 9-13）。提高我国创业活动的国际化水平需要提高创业者的受教育水平。

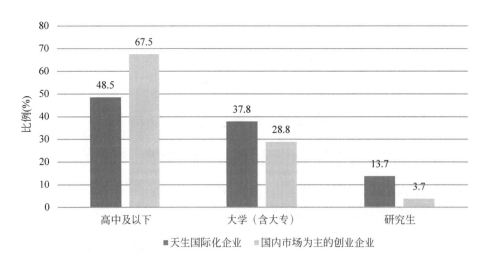

图 9-13　天生国际化企业与以国内市场为主的创业企业创业者受教育程度比较（2003—2018 年）

9.4.5　天生国际化企业中男性创业者比例更高

天生国际化企业的创业者中男性占比为 60.5%,女性为 39.5%。与以国内市场为主的创业者相比,男性创业者的比例更高。在以国内市场为主的创业活动中,男性比例为54.9%,女性为45.1%(图9-14)。

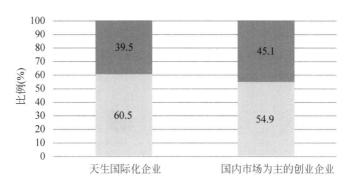

图 9-14　天生国际化企业与以国内市场为主的创业企业创业者性别比较(2003—2018 年)

天生国际化企业中男性创业的比例更高,可能的原因包括男性创业者中机会型创业的比例更高,恐惧失败的比例更低,因此以开拓难度更大的国际市场为使命的初创企业比例更高。创业活动的动机存在"推拉理论","推"是指不得不改变现状而采取的生存型创业,而"拉"是指为了改变现状而主动采取行动的机会型创业。多项研究证明,男性的机会型创业动机比例更高(李嘉等,2009)。此外,也有研究证明,女性创业承担风险的意愿较男性更低,更多的女性企业家希望实现家庭与工作的平衡,而男性企业家更渴望追求公司的高成长(Masters and Meier,1988)。

从 2003 年到 2018 年全球创业观察的数据来看,男性机会型创业的比例为 64%,高于女性的 59%,同时恐惧失败的比例为 34%,低于女性的 37%,结果同样支持其他研究的结论。

9.5　不同类型创业活动的国际创业

公司创业是企业内部创业,是由一些有创业意向的企业员工发起,在企业的支持下承担企业内部某些业务内容或工作项目,进行创业并与企业分享成果的创业模式。家族创业是由家族成员出资或参与管理的创业活动,包括两种类型,一类是创业者与家族成员共同拥有该初创企业,另一类是创业者与家族成员共同管理该初创企业。

9.5.1　公司创业

1. 公司创业的国际导向更强

约 40% 的公司创业活动拥有海外客户,而早期创业活动中拥有海外客户营业收入的企业比例仅为 25% 左右。公司创业活动中海外客户营收占比在 26%～75% 的企业和 75% 以上的企业比例分别为 11.3% 和 4.1%,显著高于整体早期创业活动的 2.9% 和 1%(图 9-15)。总体来看,相较于整体早期创业,公司创业的国际导向更强。

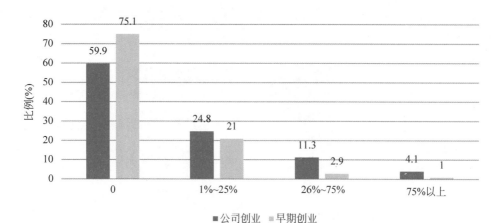

图 9-15　公司创业和早期创业活动来自海外客户营收的差异

2. 具有国际导向的公司创业者受教育程度更高

具有国际导向的公司创业者中,受过高等教育的比例达到 63.9%,高于整体早期创业活动中具有国际导向的 53.4%。其中,拥有大学学历和研究生学历的公司创业者比例分别为 58.1% 和 5.8%,高于整体国际早期创业者的 51.2% 和 2.2%(图 9-16)。总体来看,具有国际导向的公司创业者受教育程度更高。

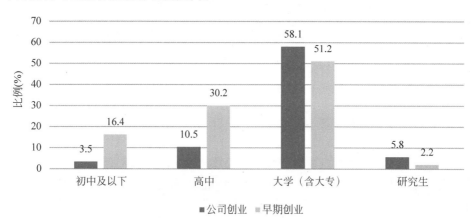

图 9-16　具有国际导向的公司创业者和早期创业者受教育程度的差异

3. 具有国际导向的公司创业者在商业服务业和制造业创业的比例更高

公司国际创业与整体早期国际创业的产业分布既有共性,也有差异。共性表现在客户服务业创业的比例都是最高的,以制造业为主的移动转移类行业次之,商业服务业第三,以第一产业为主的采集提炼类行业比例最低;差异体现在具有国际导向的公司创业活动商业服务业创业的比例更高,达到 22.7%,高于整体早期国际创业的 12.4%。此外,公司国际创业在以制造业为主的移动转移类行业创业的比例为 27.3%,高于整体早期国际创业的20.7%(图 9-17)。

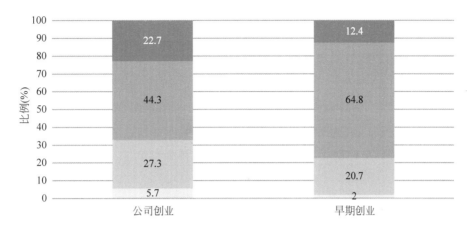

采集提炼类　移动转移类　客户服务业　商业服务业

图 9-17　具有国际导向的公司创业和早期创业产业分布的差异

4. 具有国际导向的公司创业者创新能力更强

公司国际创业活动中认为产品或服务是新颖的,并且没有或只有很少竞争对手的创新型企业比例为 44.9%,而整体早期国际创业活动这一比例为 27.9%。从开发新产品和开拓新市场的角度来看,具有国际导向的公司创业创新能力更强。

5. 具有国际导向的公司创业活动带动就业的效应更显著

从当前能够提供就业岗位的数量来看,超过 60% 公司国际创业企业能够提供 6 个及以上就业岗位。拥有海外客户的公司创业活动能够提供 20 个及以上就业岗位的比例为 45.3%,显著高于整体早期国际创业的 22.6%。公司创业带动就业的效应更加显著(图 9-18)。

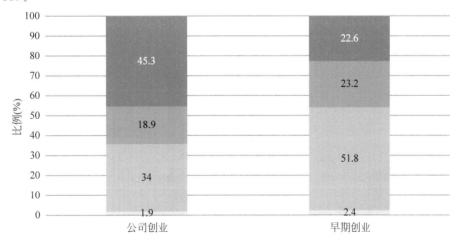

0　1~5个　6~19个　20个及以上

图 9-18　具有国际导向的公司创业和早期创业带动就业能力的差异

9.5.2 家族创业

1. 家族创业的国际导向强于整体早期创业活动

约 44％的家族创业活动拥有海外客户,而早期创业活动中拥有海外客户营业收入的企业比例仅为 25％左右。家族创业活动中海外客户营收占比在 26％～75％的企业和 75％以上的企业比例分别为 8.8％和 7.9％,显著高于整体早期创业活动的 2.9％和 1％(图 9-19)。总体来看,相较于整体早期创业,家族创业的国际导向更强。

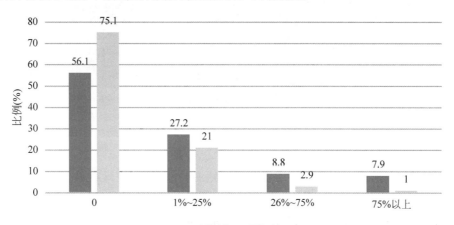

图 9-19 家族创业和早期创业活动来自海外客户营收的差异

2. 具有国际导向的家族创业者具有高学历的特征

具有国际导向的家族创业者中,受过高等教育的比例为 60％,高于整体早期创业活动中具有国际导向的 53.4％。其中,拥有研究生学历的家族创业者比例达到 8％,高于整体早期国际创业者的 2.2％(图 9-20)。家族国际创业者具有高学历的特征。

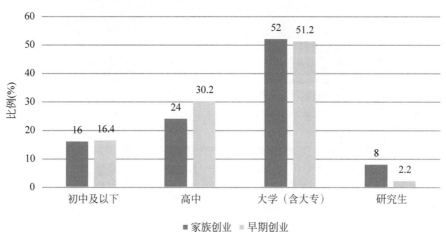

图 9-20 具有国际导向的家族创业者和早期创业者受教育程度的差异

3. 具有国际导向的家族创业与整体早期国际创业的产业分布相近

从产业分布的情况来看,家族国际创业者在采集提炼类、移动转移类、客户服务业和商业服务业创业的比例分别为 2.1%、19.1%、63.8% 和 14.9%,这一比例与整体早期国际创业的 2%、20.7%、64.8% 和 12.4% 接近,并未展现出明显的差异(图 9-21)。因此,具有国际导向的家族创业与整体早期国际创业的产业分布是相近的。

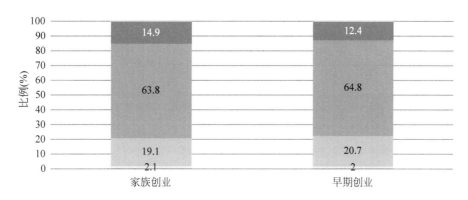

图 9-21　具有国际导向的家族创业和早期创业产业分布的差异

4. 具有国际导向的家族创业者创新能力更强

家族国际创业者中认为公司产品或服务是新颖的,并且没有或只有很少竞争对手的创新型企业比例为 38%,而整体早期国际创业活动这一比例为 27.9%。从开发新产品和开拓新市场的角度来看,具有国际导向的家族创业创新能力更强。

5. 具有国际导向的家族创业活动带动就业的效应更显著

从当前能够提供就业岗位的数量来看,超过 75% 的家族国际创业企业能够提供 6 个及以上就业岗位。拥有海外客户的家族创业活动能够提供 20 个及以上就业岗位的比例为 42.9%,显著高于整体早期国际创业的 22.6%。家族创业带动就业的效应更加显著(图 9-22)。

通过分析可以看到,具有国际导向的公司创业和家族创业活动质量更高,体现在创业者的受教育程度更高,创新能力更强,带动就业的效应更加显著。

从国际创业的研究进展来看,公司创业与家族创业的国际化已经引起了学术界的关注。公司创业和家族创业与国际创业研究的交叉结合是国际创业进一步研究的方向之一(Zahra,2019)。我国学者也认为,研究中国公司创业和家族企业情境下的国际化创业具有重要意义(陈晓红等,2020)。

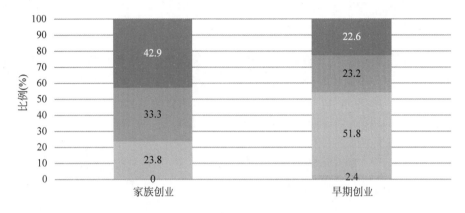

图 9-22 具有国际导向的家族创业和早期创业带动就业能力的差异

9.6 小 结

本章重点对我国具有国际导向的创业活动进行了分析,主要有以下几点结论。

第一,我国创业活动约四分之一拥有海外客户,并且创业国际化的比例呈上升趋势。然而,从全球范围来看,我国创业活动的国际化水平在世界主要经济体中处于较低水平,国际创业活动活跃的发达国家拥有海外客户的创业企业比例约 80%。

第二,从国际创业活动的特征来看,我国国际创业活动带动就业的效应显著,性别差距较小。但是,国际创业者的受教育程度、机会型动机比例、创新能力和产业分布等方面明显弱于领先发达国家。

第三,创业者的自我效能是影响创业活动国际化水平的因素之一。与国内市场创业者相比,国际创业者的自我效能更强,体现在机会识别、能力认知、创业网络和恐惧失败四个方面。

第四,在创立之初海外营业收入就超过 25% 的企业是天生国际化企业。这类企业与以国内市场为主的创业企业相比,无论结构特征还是质量特征都表现更好。

第五,公司创业和家族创业等形态创业活动的国际化在发展。具有国际导向的公司创业和家族创业活动相较于整体早期创业活动具有更高创业质量。

参 考 文 献

[1] AZHRA S A,GEORGE G, International Entrepreneurship: Research Contributions and Future Directions [M]. Chapter in Hitt, M., Ireland, D., Camp, M., & Sexton, D., eds., Strategic Entrepreneurship: Entrepreneurial Strategies for Wealth Creation. New York: Blackwell, 2002, 255-258.

[2] MCDOUGALL P P,OVIATT B M. International entrepreneurship:the intersection of two research paths[J]. Academy of Management Journal,2000,43(5): 902-906.

[3] 翟庆华,苏靖,叶明海,等.国外创业研究新进展[J].科研管理,2013,34(9): 131-138.

[4] 田毕飞,丁巧.中国新创企业国际创业自我效能、模式与绩效[J].科学学研究,2017,35(3): 407-418.

[5] ZAHRA S A.动荡时代下的国际创业[J].管理学季刊,2019,4(1): 1-15,97.

［6］ ZAHRA S A,WRIGHT M. Entrepreneurship's next act［J］. Academy of Management Perspectives,
2011,25（4）：67-83.

［7］ FORBES D P. The effects of strategic decision making on entrepreneurial self-efficacy ［J］.
Entrepreneurship Theory and Practice,2005,（29）：599-626.

［8］ 田毕飞.中国企业国际创业策略研究：创业者认知视角［M］. 北京：中国社会科学出版社,2019.

［9］ 潘宏亮. 国际创业经验、创新要素累积与天生国际化企业双元创新［J］.科研管理,2020,41（3）：
43-51.

［10］ KNIGHT G A,CAVUSGIL S T. Innovation,organizational capabilities,and the born-global firm
［J］. Journal of International Business Studies,2004,35（2）：124-141.

［11］ KLEINSCHMIDT E J,COOPER R G. The performance impact of an international orientation on
product innovation ［J］. European Journal of Marketing,1988,22（10）：56-71.

［12］ 李嘉,张骁,杨忠. 性别差异对创业的影响研究文献综述［J］.科技进步与对策,2009,26（24）：
190-194.

［13］ MASTERS R,MEIER R. Sex differences and risk-taking propensity of entrepreneurs［J］. Journal of
Small Business Management,1988,26（1）：31-35.

［14］ 陈晓红,蔡莉,王重鸣,等.创新驱动的重大创业理论与关键科学问题［J］. 中国科学基金,2020,
34（2）：228-236.

第 10 章
创业带动就业效应

我国是世界上人口最多的发展中国家,超大规模的就业问题是国民经济和社会发展的关键问题。

创业是创造就业岗位的永续渠道,而且在带动就业方面具有乘数效应。工业和信息化部发布的数据显示,截至 2021 年末,我国企业数量达到 4842 万家,其中 99% 以上都是中小企业。从第四次经济普查的情况来看,中小企业的从业人数占全部企业从业人数的比例达到 80%。由此可见,创业并保持业务发展是提供就业岗位的源泉。

本章通过分析 2002—2019 年全球创业观察中国成人调查的数据力图回答以下几方面问题。第一,我国创业活动的就业效应和趋势是怎样的? 第二,与全球主要经济体相比,我国创业活动带来就业机会的能力如何? 第三,不同特征结构的创业活动就业效应存在何种差异? 第四,不同质量结构的创业活动就业效应存在何种差异? 第五,创业的结构和质量特征对创业带动就业效应的影响如何?

10.1 我国创业活动的就业效应及趋势

10.1.1 我国创业活动的就业效应

全球创业观察中国研究通过创业企业当前能够提供就业岗位的数量和 5 年内预期能够提供就业岗位的数量来反映创业活动的就业效应。从 2002 年至 2019 年,全球创业观察中国成人创业调查的 52 151 个样本情况看,我国早期创业活动中当前能够提供就业岗位数量的中位数为 3 个,5 年内预期能够提供就业岗位数量的中位数为 4 个。平均来看,我国每一位非自我雇佣的创业者可带动 3 个人就业,预期 5 年内可带动 4 个人就业。此处采用中位数而非平均值的原因是为了更准确地展现创业企业提供就业岗位数量的普遍情况,避免极值带来的干扰。

10.1.2 我国创业带动就业的趋势

为了避免不同年份抽样调查的数据波动,我们划分四个时间段进行分析。

我国创业活动创造的就业岗位数量不断提高。从能够提供 6～19 个就业岗位和 20 个及以上就业岗位的创业活动情况来看,在 2002—2005 年间这两类创业活动的比例分别为 10.3% 和 13.3%,到 2016—2019 年间,这两类创业活动的比例上升到 25.2% 和 18.5%。

在 2002—2005 年间,19.2% 的创业活动是不能提供就业岗位的自我雇佣。但是,到 2016—2019 年间,不能提供就业岗位的创业活动比例下降至 2.2%(图 10-1)。

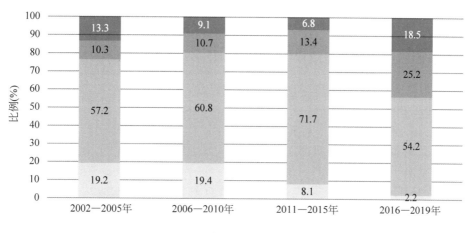

图 10-1　2002—2019 年不同时期我国创业活动当前可提供就业岗位数量的情况

从不同时期创业活动创造就业岗位数量的分布情况来看,当前能提供 1~5 个就业岗位的企业比例最高,说明雇佣 1~5 人是我国创业企业创造就业岗位的基本状况。

我国创业带动就业的预期也有所提高。我国创业企业预期 5 年内能够提供 6~19 个就业岗位的创业企业比例由 2002—2005 年间的 17.2% 提高到了 2016—2019 年间的 27%。预期 5 年内可提供 20 个以上就业岗位的创业活动比例较为稳定,在 2002—2005 年间和 2016—2019 年间都在 25% 左右(图 10-2)。

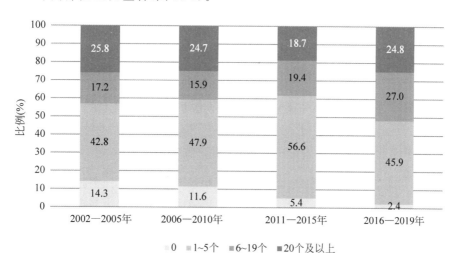

图 10-2　2002—2019 年我国不同时期创业活动预期 5 年可创造就业岗位数量的情况

从 5 年内预期不能提供就业岗位的情况来看,2002—2005 年间 14.3% 的创业企业预期 5 年内不能提供就业岗位,2016—2019 年间这一比例下降至 2.4%。总体来看,我国创业活动带动就业的预期在改善。

10.2 创业带动就业能力的国际比较

10.2.1 我国创业活动创造就业岗位的能力排名靠前

为了客观地反映我国创业带动就业的能力在全球主要经济体中的水平,我们选取了2010年至2019年10年间G20经济体共498 598个样本的数据进行了分析,其中创业者共51 376人。我国创业活动中,当前能够创造就业岗位的企业比例为92.6%,这一比例在G20国家中是较高的。其中,我国能够创造6~19个就业岗位和20个及以上就业岗位的企业比例分别为14.4%和8.3%,位列G20国家第2位和第4位。无论是能够创造就业岗位的企业比例,还是创造就业岗位数量较多的企业比例我国都位于G20经济体前列(图10-3)。总体来看,在G20经济体中,发展中国家或者效率驱动型经济体创业活动的就业效应优于发达国家或创新驱动型经济体。但是,南美的巴西和阿根廷创业活动的就业效应较弱。

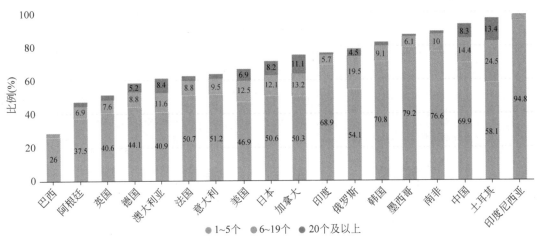

图 10-3　2010—2019年全球主要经济体当前能够创造不同就业岗位的企业比例

10.2.2 我国创业带动就业效应的成长性相对较弱

高成长企业能够带来更多的就业机会,然而学术界关于高成长企业有不同的定义。例如,有学者将企业雇佣人数连续三年每年能够提高20%的企业视为高成长企业或瞪羚企业(Birch,1997);也有学者将五年内能够将雇佣人数提高一倍的企业划分为高成长企业(Brüderl and Preisendörfer,2000);还有研究将样本中提供就业岗位数量前5%~10%的企业视为高成长企业(Almus,2002)。

全球创业观察研究利用自身的数据创造了高预期创业指标来衡量创业带动就业的成长能力。高预期创业包括两种情况:第一,如果企业尚未运营,创业者预期5年内可提供10个及以上就业岗位的企业;第二,如果企业已经运营,高预期创业企业不但需要5年内能够提供10个及以上就业岗位,还需要在当前可提供就业岗位的基础上增长50%。

值得注意的是,高预期创业指标中的就业数据是基于创业者预期的,不是企业已实现的。虽然并非所有的预期都能实现,但实证研究证明增长预期是实际增长的良好预测因素

(Davidsson et al.,1998)。甚至在一些情况下,部分企业还能实现高于预期的雇佣人数增长(Autio,2006)。因此,高预期创业指标对创业企业的成长具有预测性,至少可以视为创业企业发展的目标愿景。

我国创业活动带动就业的成长预期相较于能够提供就业岗位的能力相对较弱,处于G20 经济体中间位置。从 2010 年至 2019 年 10 年间的平均水平来看,我国创业活动中高预期创业的比例为 18.5%(图 10-4)。

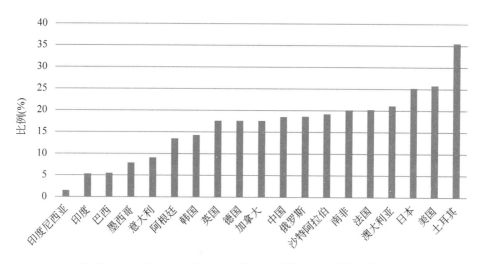

图 10-4　2010—2019 年 G20 经济体创业活动中高预期创业比例

从我国高预期创业的比例和当前能够提供就业岗位的企业比例两者之间的差别来看,我国创业企业在创立之初的就业效应较强,超过 90% 的企业拥有雇员,拥有 20 个及以上员工的企业的比例超过 8%,这一比例在 G20 经济体中是较高的。但是,我国创业企业预期的成长性相对较弱,在 G20 经济体中处于中间水平。创业企业在人员规模方面的成长性与多方面的因素相关,包括国家和地区与劳动者权益保障相关的法律法规、社会平均劳动力成本以及创业企业的产业特征、技术水平和创新能力等。

10.2.3　我国创业带动就业效应的成长预期较弱的原因

1. 与发达经济体相比,我国商业服务业创业的比例较低

G7 集团包括美国、日本、德国、英国、法国、意大利和加拿大,能够较好的代表发达国家创业活动的水平。从 2010—2019 年我国与 G7 集团创业活动产业分布的比较来看,两者在采集提炼类和移动转移类产业创业的比例接近,但是 G7 集团的服务业创业中客户服务业与商业服务业的比例较为接近,商业服务业比例为 31.7%。而我国服务业创业以客户服务业为主,商业服务业创业比例仅为 7.9%(图 10-5)。从两者服务业创业的差异能够看出,我国以客户服务业为主,G7 集团商业服务业创业的占比更高。客户服务业更多是劳动密集型的产业,而商业服务业更多是知识密集型的产业。因此,我国的创业活动在初始阶段就业效应更强,但成长性相对较弱。

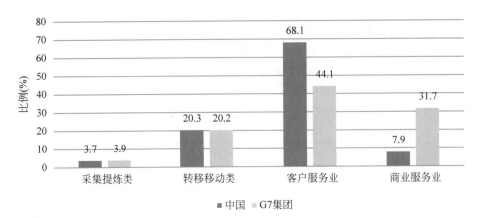

图 10-5　2010—2019 年我国与 G7 集团创业活动产业分布比较

2. 与发达经济体相比,我国创业活动的创新性和技术水平不足

从 2010—2018 年[①]我国与 G7 集团创业活动的创新能力和技术水平差异来看,我国有 21.3% 的创业者认为自己的产品或服务是新颖的并且没有或只有很少竞争对手,G7 集团创业活动这一比例为 32.1%。此外,我国在中高技术领域的创业活动比例为 1.9%,G7 集团创业活动这一比例为 8.3%(图 10-6)。两个指标都体现出我国创业活动创新性与发达国家的差距。

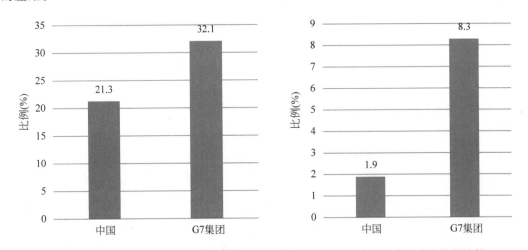

图 10-6　2010—2018 年我国与 G7 集团创业活动创新指数与中高技术产业企业比例比较

从我国与 G7 集团创业者的受教育程度来看,2010—2019 年,我国创业者中大学学历者占比 36.3%,研究生占比不足 1%,而 G7 集团创业者中大学学历者占比 52.4%,研究生占比 16.1%,显著高于我国(图 10-7)。创业者受教育程度的差异,也在一定程度上解释了我国与 G7 集团创业活动创新能力和技术水平差距大的原因。

---

① 2019 年全球创业观察对创业活动的创新性指标进行重大调整,与之前年份不具可比性。

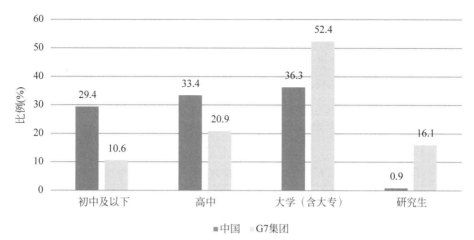

图 10-7　2010—2019 年我国与 G7 集团创业者受教育程度比较

综合来看,我国与发达国家创业活动在产业分布、创新能力和技术水平等方面差异都是两者成长性差异的原因。

10.3　不同特征结构创业活动的就业效应

不同特征结构的创业活动具有不同的就业效应。本章将 2002 年至 2019 年全球创业观察中国成人调查的数据进行了合并,以该时间跨度数据为基础对不同特征创业活动的就业效应进行了分析,试图找出不同特征创业活动在创造就业岗位数量方面的效应差异。

10.3.1　年龄

青年创业当前可提供的就业岗位数量多于非青年。从 2002—2019 年我国创业活动当前可提供就业岗位的情况来看,青年(18～34 岁)能够提供 6～19 个或 20 个及以上就业岗位的比例分别为 13.3% 和 9.5%,高于非青年(35～64 岁)的 12.7% 和 8.6%。两者可提供1～5 个就业岗位的比例相近,分别为 67% 和 68%。青年创业不能创造就业岗位的比例是10.1%,略低于非青年的 10.7%(图 10-8)。

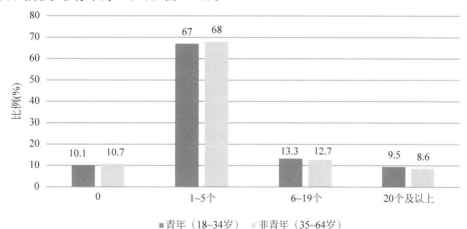

图 10-8　2002—2019 年青年与非青年创业带动就业能力的差异

青年创业带动就业的成长预期也比非青年创业更强。从 2002—2019 年的高预期创业指标来看,青年创业的比例为 31%高于非青年创业的 25.5%。

为了判断不同年龄的创业带动就业的能力与成长预期是否具有显著性差异,我们分别对其目前提供的工作岗位数和高预期创业两个指标进行了独立样本 t 检验,结果如表 10-1 所示。从独立样本 t 检验的结果中可以看到,青年和非青年创业提供就业岗位的数量及成长预期都具有显著差异。结果说明,青年创业带动就业的能力与成长预期均显著高于非青年。

表 10-1 不同年龄创业带动就业能力与成长预期的显著性检验

当前	莱文方差等同性检验		平均值等同性 t 检验						
	F	显著性	t	自由度	Sig.(双尾)	平均值差值	标准误差差值	差值95%置信区间	
								下限	上限
假定等方差	5.165	0.023	3.18	5 702	0.001	0.076	0.024	0.029	0.122
不假定等方差			3.18	5 628.10	0.001	0.076	0.024	0.029	0.122

高预期创业	F	显著性	t	自由度	Sig.(双尾)	平均值差值	标准误差差值	差值95%置信区间	
								下限	上限
假定等方差	83.340	0.000	4.599	4 922	0.000	0.059	0.013	0.034	0.084
不假定等方差			4.60	4 780.70	0.000	0.059	0.013	0.034	0.084

10.3.2 性别

男性创业带动就业的能力高于女性。从 2002—2019 年我国创业活动当前可提供就业岗位的情况来看,男性创业活动能够提供 6～19 个或 20 个及以上就业岗位的比例分别为14.9%和 11.4%,高于女性的 10.9%和 6.4%。无论男女,创造 1～5 个就业岗位都是创业企业的主要状态;男性可提供 1～5 个就业岗位的创业企业比例为 64.6%,女性为 70.8%。不能创造就业岗位的男性创业比例是 9.1%,低于女性的 11.9%(图 10-9)。

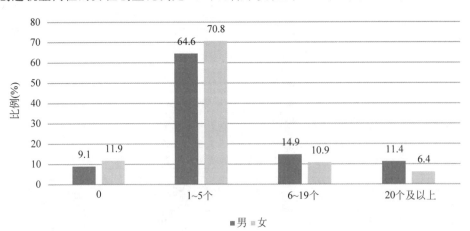

图 10-9 2002—2019 年男性与女性创业带动就业能力的差异

男性创业带动就业的成长预期也高于女性。从 2002—2019 年创业企业中具有高预期就业能力的企业比例来看,男性的比例为 33.7%,高于女性的 20.4%。

为了判断不同性别的创业带动就业的能力与成长预期是否具有显著性差异,我们分别对其目前提供的工作岗位数和高预期创业两个指标进行了独立样本 t 检验,结果如表 10-2 所示。从独立样本 t 检验的结果中可以看到,男性创业带动就业的能力与成长预期高于女性是显著的。

表 10-2　不同性别创业带动就业能力与成长预期的显著性检验

当前	莱文方差等同性检验		平均值等同性 t 检验					差值95%置信区间	
	F	显著性	t	自由度	Sig.（双尾）	平均值差值	标准误差差值	下限	上限
假定等方差	118.762	0.000	7.450	4 349	0.000	0.168	0.023	0.124	0.212
不假定等方差			7.536	4 342.5	0.000	0.168	0.022	0.124	0.212
高预期创业	F	显著性	t	自由度	Sig.（双尾）	平均值差值	标准误差差值	下限	上限
假定等方差	468.009	0.000	10.37	4 922	0.000	0.132	0.13	0.107	0.157
不假定等方差			10.59	4 866.1	0.000	0.132	0.13	0.108	0.157

女性创业带动就业的能力与成长预期低于男性的原因是多方面的,资源获取(资金、人员、信息)、家庭负担(女性通常承担更多的家庭工作,包括抚养和教育孩子等)和心理倾向(更倾向于企业易于管理)等方面的因素都可能造成女性创业企业的规模和成长性低于男性(DeTienne and Chandler,2007)。

10.3.3　受教育程度

受过高等教育的创业者带动就业的效应显著高于没有接受过高等教育的创业者。从 2001—2002 年我国创业活动当前可提供就业岗位的情况来看,受过高等教育的创业者(大学及以上学历)能够提供 6～19 个或 20 个及以上就业岗位的比例分别为 21.9% 和 17.1%,显著高于没有接受过高等教育的创业者(高中及以下学历)所创办企业的 9.4% 和 5.6%。受过高等教育和没有受过高等教育的创业者可提供 1～5 个就业岗位的比例分别为 56.6% 和 72.1%。受过高等教育的创业者不能提供就业岗位的比例是 4.4%,低于没有受过高等教育创业者的 12.9%(图 10-10)。

受过高等教育的创业者带动就业的成长预期也比没有受过高等教育的创业者更强。从 2002—2019 年的高预期创业指标来看,受过高等教育创业者的创业活动比例为 35.6%,高于没有受过高等教育创业者创业的 22.6%。

为了判断不同受教育程度的创业带动就业的能力与成长预期是否具有显著性差异,我们分别对其目前提供的工作岗位数和高预期创业两个指标进行了独立样本 t 检验,结果如表 10-3 所示。从独立样本 t 检验的结果中可以看到,无论是当前可提供就业岗位的能力还是预期的成长性,受过高等教育的创业者都显著优于没有受过高等教育的创业者,且差异程度(t 值)较性别和年龄更大。结果说明受过高等教育的创业者带动就业的能力和成长预期都优于没有受过高等教育的创业者。同时,受过高等教育的创业者与没有受过高等教育的

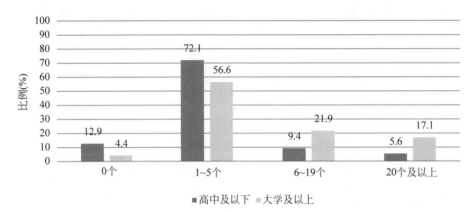

图 10-10 2002—2019 年受过高等教育与没有受过高等教育创业者带动就业能力的差异

创业者带动就业的能力与成长预期之间的差距相较于青年与非青年、男性与女性之间的差距更大。可见,受教育程度对创业活动的就业效应具有显著影响。

表 10-3 不同受教育程度创业带动就业能力与成长预期的显著性检验

当前	莱文方差等同性检验		平均值等同性 t 检验						
	F	显著性	t	自由度	Sig.（双尾）	平均值差值	标准误差差值	差值95%置信区间	
								下限	上限
假定等方差	385.73	0.000	−18.40	4 322	0.000	−0.440	0.024	−0.487	−0.393
不假定等方差			−16.84	1 978.67	0.000	−0.440	0.026	−0.491	−0.389
高预期创业	F	显著性	t	自由度	Sig.（双尾）	平均值差值	标准误差差值	差值95%置信区间	
								下限	上限
假定等方差	351.87	0.000	−9.99	4 881	0.000	−0.129	0.013	−0.155	−0.104
不假定等方差			−12.73	3 820.70	0.000	−0.129	0.013	−0.155	−0.103

10.3.4 动机

机会型创业带动就业的效应显著优于生存型创业。从 2002—2018 年我国创业活动当前可提供就业岗位的情况来看,机会型创业能够提供 6～19 个或 20 个及以上就业岗位的比例分别为 16.5% 和 11.7%,显著高于生存型创业的 7.1% 和 4.9%。机会型与生存型创业可提供 1～5 个就业岗位的比例分别为 64.2% 和 74.3%。机会型创业不能提供就业岗位的比例是 7.5%,低于生存型创业的 13.7%(图 10-11)。

机会型创业带动就业的成长预期也比生存型创业更强。从 2002—2018 年的高预期创业指标来看,机会型创业的比例为 31.8%,高于生存型创业的 20.6%。

为了判断不同动机的创业带动就业的能力与成长预期是否具有显著性差异,我们分别对其目前提供的工作岗位数和高预期创业两个指标进行了独立样本 t 检验,结果如表 10-4 所示。从独立样本 t 检验的结果中可以看到,无论是目前还是预期 5 年内,不同动机的创业带动就业能力都具有显著性差异。结果说明,机会型创业带动就业的能力和成长预期都显著高于生存型创业。

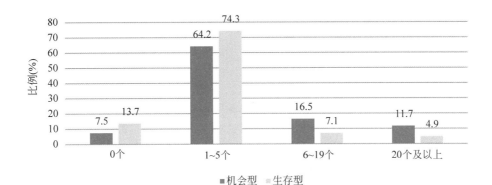

图 10-11　2002—2018 年机会型与生存型创业带动就业能力的差异

表 10-4　不同动机创业带动就业能力与成长预期的显著性检验

当前	莱文方差等同性检验		平均值等同性 t 检验						
	F	显著性	t	自由度	Sig.（双尾）	平均值差值	标准误差差值	差值95％置信区间	
								下限	上限
假定等方差	316.997	0.000	12.71	4 131	0.000	0.289	0.023	0.244	0.334
不假定等方差			13.14	4 051.18	0.000	0.289	0.022	0.246	0.332
高预期创业	F	显著性	t	自由度	Sig.（双尾）	平均值差值	标准误差差值	差值95％置信区间	
								下限	上限
假定等方差	392.951	0.000	9.09	4 270	0.000	0.131	0.014	0.103	0.160
不假定等方差			9.48	3 558.61	0.000	0.131	0.014	0.104	0.159

10.3.5　行业分布

商业服务业创业带动就业的能力最强,其他依次为移动转移类行业、客户服务业和采集提炼类行业。从 2002—2019 年我国创业活动当前可提供就业岗位的情况来看,商业服务业的创业活动能够创造 6～19 个就业岗位的比例最高为 20.5％,其次为移动转移类行业(17.1％)、客户服务业(11.7％),采集提炼类行业能够提供 6～19 个就业岗位的比例仅为4.7％。从就业效应更加明显的能够提供 20 个及以上就业岗位的情况来看,同样也是商业服务业创业能够提供就业岗位的比例最高为 20.5％,其次为移动转移类行业(13％)、客户服务业(7.1％),采集提炼类行业能够提供 20 个及以上就业岗位的比例仅为5％(图 10-12)。

不同行业创业活动的成长预期与当前提供就业岗位的能力相似,同样是商业服务业最强,移动转移类行业次之,采集提炼类行业最弱。从 2002—2019 年的高预期创业指标来看商业服务业创业的比例为 42.3％,高于移动转移类行业的 35.8％、客户服务业的 23.5％和采集提炼类行业的 21.2％。

为了判断不同行业的创业带动就业情况及成长预期是否具有显著性差异,我们分别对其目前提供的工作岗位数和高预期创业两个指标进行了单因素方差分析,结果如表 10-5 所示。从单因素方差分析的结果中可以看到,不同行业创业带动就业的能力和成长预期具有显著差异且排序相同,均为商业服务业最高,移动转移类行业次之,客户服务业第三,采集提炼类行业最后。

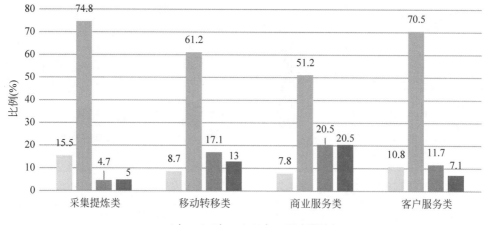

图 10-12 2002—2019 年不同行业创业带动就业能力的差异

表 10-5 不同行业创业带动就业能力与成长预期的显著性检验

当　　前	样　本　量	平均值±标准偏差	F	显　著　度
采集提炼类	258	1.99±0.64		
移动转移类	941	2.34±0.81	32.386	0.000
商业服务类	283	2.54±0.90		
客户服务类	2 826	2.15±0.70		
高预期创业	样　本　量	平均值±标准偏差	F	显　著　度
采集提炼类	165	0.21±0.41		
移动转移类	1 116	0.36±0.48	30.020	0.000
商业服务类	421	0.42±0.50		
客户服务类	3 140	0.23±0.42		

10.4 不同质量结构创业活动的就业效应

与不同特征的创业活动相似,不同质量的创业活动也具有不同的就业效应。采用同样的方法,我们对 2002—2019 年我国不同创新性、产业技术等级和国际导向创业活动的就业效应进行了分析。

10.4.1 创新性

创新型创业提供就业岗位的数量多于非创新型创业活动。2002—2018 年[①],我国创新型创业能够提供 6～19 个和 20 个及以上就业岗位的比例分别为 14.1% 和 12.4%,高于非创新型创业的 12.2% 和 8%。两者可提供 1～5 个就业岗位的比例接近,分别为 68% 和 68.5%。创新型创业不能提供就业岗位的比例为 5.5%,低于非创新型创业的 11.2%(图 10-13)。

为了判断不同创新性创业活动提供就业岗位数量的能力和成长预期是否具有显著性差

---

① 由于 2019 年全球创业观察调查创新性指标发生了不可比的变化,故使用 2002—2018 年数据。

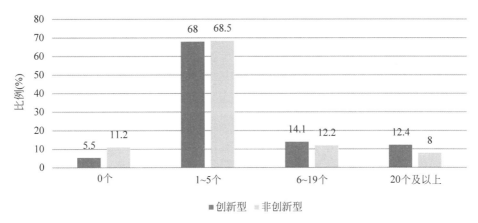

图 10-13　2002—2018 年不同创新性创业带动就业能力的差异

异,我们分别对其目前提供的工作岗位数和高预期创业两个指标进行了独立样本 t 检验,结果如表 10-6 所示。从独立样本 t 检验的结果中可以看到,就当前可提供就业岗位的数量而言,两者具有显著性差异,但带动就业的成长预期差异不显著。从分析结果可以看到,创新型创业活动在起步时雇佣员工的比例更高,个体经营的比例更低,但对于企业人员规模的成长预期与非创新型企业相比并没有显著差异。造成这种现象的原因可能如本书在创新型创业章节中所述,创新型创业的首要目标并不是规模效应,而是利用自己开发新产品和新市场的能力找到差异化的竞争优势。

表 10-6　不同创新性创业带动就业能力与成长预期的显著性检验

当前	莱文方差等同性检验		平均值等同性 t 检验					差值 95% 置信区间	
	F	显著性	t	自由度	Sig.（双尾）	平均值差值	标准误差差值	下限	上限
假定等方差	25.171	0.000	−5.555	4 131	0.000	−0.164	0.030	−0.222	−0.106
不假定等方差			−5.382	1 070.355	0.000	−0.164	0.030	−0.224	−0.104

高预期创业	F	显著性	t	自由度	Sig.（双尾）	平均值差值	标准误差差值	差值 95% 置信区间	
								下限	上限
假定等方差	3.965	0.047	−1.021	4 270	0.307	−0.018	0.017	−0.051	0.016
不假定等方差			−1.011	1 398.05	0.312	−0.018	0.017	−0.051	0.016

10.4.2　产业技术等级

中高技术产业创业活动提供就业岗位的数量多于无技术或低技术产业的创业活动。全球创业观察研究按照创业企业所在的行业,根据 OECD 产业划分标准将企业划分为高、中、低、无技术产业四种类型。2002—2019 年,我国高技术或中技术产业创业企业能够提供 6～19 个和 20 个及以上就业岗位的比例分别为 24.5% 和 16.3%,高于无技术或低技术产业创业企业的 12.8% 和 8.8%。高技术或中技术产业创业企业可提供 1～5 个就业岗位的比例为 51%,无技术或低技术产业创业企业为 68.5%。当前不能提供就业岗位的企业中,中高技术产业的企业比例为 8.2%,低于无技术或低技术产业企业的 10%(图 10-14)。

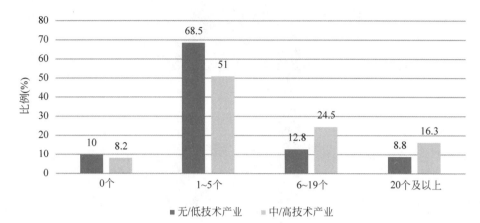

图 10-14 2002—2019 年不同产业技术等级创业带动就业能力的差异

中高技术企业创业带动就业的成长预期也比低技术或无技术企业创业更强。从 2002—2019 年的高预期创业指标来看,高技术或中技术创业的比例为 45.5％,高于低技术或无技术创业的 26.5％。

为了判断不同产业技术等级的创业活动提供就业岗位的能力和成长预期是否具有显著性差异,我们分别对其目前提供的工作岗位数和高预期创业两个指标进行了独立样本 t 检验,结果如表 10-7 所示。从独立样本 t 检验的结果中可以看到,无论是当前创业带动就业的能力还是成长预期,中高技术企业都显著优于低技术或无技术企业。

表 10-7 不同产业技术等级创业带动就业能力与成长预期的显著性检验

当前	莱文方差等同性检验		平均值等同性 t 检验					差值 95％置信区间	
	F	显著性	t	自由度	Sig.（双尾）	平均值差值	标准误差差值	下限	上限
假定等方差	20.554	0.000	-4.226	4 349	0.000	-0.318	0.075	-0.465	-0.170
不假定等方差			-3.576	102.308	0.001	-0.318	0.089	-0.494	-0.142
高预期创业	F	显著性	t	自由度	Sig.（双尾）	平均值差值	标准误差差值	差值 95％置信区间	
								下限	上限
假定等方差	22.249	0.000	-4.981	4 270	0.000	-0.222	0.045	-0.310	-0.135
不假定等方差			-4.532	110.510	0.000	-0.222	0.049	-0.320	-0.125

10.4.3 国际导向

具有国际导向的创业活动提供就业岗位的数量多于没有国际导向的创业活动。从 2003—2019 年[1]我国创业活动当前可提供就业岗位的情况来看,具有国际导向的创业企业能够提供 6～19 个和 20 个及以上就业岗位的比例分别为 21.3％和 21.5％,高于不具有国际导向创业企业的 10.7％和 5.8％。拥有海外客户的创业活动可提供 1～5 个就业岗位的比例为 53.3％,没有海外客户的创业企业比例为 71.9％。具有国际导向的创业企业不能创

---

[1] 关于产品和服务出口的问题于 2003 年加入全球创业观察问卷。

造就业岗位的比例为 4%,低于不具有国际导向创业企业的 11.7%(图 10-15)。

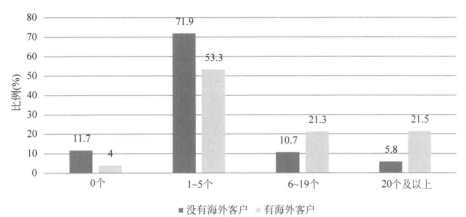

图 10-15 2003—2019 年不同国际导向创业带动就业能力的差异

具有国际导向的创业企业带动就业的成长预期也比不具有国际导向创业企业的更强。从 2003—2019 年的高预期创业指标来看,具有国际导向创业的比例为 37%,高于不具有国际导向创业的 23.1%。为了判断不同国际导向的创业活动提供就业岗位数量的能力和成长预期是否具有显著性差异,我们分别对其目前提供的工作岗位数和高预期创业两个指标进行了独立样本 t 检验,结果如表 10-8 所示。从独立样本 t 检验的结果中可以看到,无论是当前创业带动就业的能力还是成长预期,具有国际导向的创业企业都显著优于不具有国际导向的企业。

表 10-8 不同国际导向创业带动就业能力与成长预期的显著性检验

当前	莱文方差等同性检验		平均值等同性 t 检验						
	F	显著性	t	自由度	Sig.(双尾)	平均值差值	标准误差差值	差值 95% 置信区间 下限	上限
假定等方差	368.945	0.000	−18.431	3 940	0.000	−0.511	0.028	−0.565	−0.456
不假定等方差			−15.713	1 081.208	0.000	−0.511	0.032	−0.574	−0.447
高预期创业	F	显著性	t	自由度	Sig.(双尾)	平均值差值	标准误差差值	差值 95% 置信区间 下限	上限
假定等方差	237.460	0.000	−9.105	4 257	0.000	−0.140	0.015	−0.170	−0.110
不假定等方差			−8.563	1 780.04	0.000	−0.140	0.016	−0.172	−0.108

10.5 创业的结构和质量特征对创业带动就业效应的影响

从前面的分析中可以看到,不同的结构特征和质量特征都对创业带动就业的能力及成长预期产生影响,受过高等教育、机会型、商业服务业、创新型、高中技术产业、具有国际导向、青年、男性的创业活动能够创造更多的就业岗位,并且这些类型的大部分创业活动也具有更好的成长预期。那么不同结构特征和质量特征对创业活动的就业带动效应影响程度如何呢?本章基于 2003—2018 年[①]全球创业观察数据分析了受教育程度、动机、行业、创新

---

① 未采用 2002 年和 2019 年数据的原因同前。国际化、创业动机、创新指数等指标的问卷问题发生了改变。

性、产业技术等级、国际导向、年龄和性别等结构特征及质量特征对创业带动就业的能力与成长预期的影响。

10.5.1 变量及说明

为了更有针对性地对前文中已识别的影响因素进行分析,我们将相关指标重新编码为二元离散变量,变量的统计描述如表 10-9 所示。

表 10-9 影响就业效应的结构特征和质量特征统计描述

变 量	均 值	标 准 差	类型及说明	样 本 量
受教育程度	0.31	0.46	没有受过高等教育=0	31 884
			受过高等教育=1	14 037
动机	0.62	0.49	生存型=0	2 499
			机会型=1	4 073
行业	0.07	0.26	非商业服务业=0	5 985
			商业服务业=1	484
创新性	0.20	0.40	非创新型创业=0	5 286
			创新型创业=1	1 286
产业技术等级	0.02	0.15	低技术或无技术产业=0	6 411
			高技术或中技术产业=1	161
国际导向	0.24	0.43	没有海外客户收入=0	4 967
			拥有海外客户收入=1	1 457
年龄	0.62	0.49	非青年=0	17 344
			青年=1	28 484
性别	0.49	0.50	女=0	23 519
			男=1	22 737
当前可提供就业岗位数量	0.90	0.30	不能提供就业岗位=0	420
			能够提供就业岗位=1	3 713
高预期创业	0.28	0.45	非高预期创业=0	3 287
			高预期创业=1	1 277

10.5.2 方法及结果

针对创业带动就业的能力和成长预期,我们构建了两个二元 Logistic 回归模型进行分析。模型 1 的因变量为当前可提供就业岗位的数量,模型 2 的因变量为是否为高预期创业。为了判断模型是否存在多重共线性的影响,我们对模型进行了方差扩大因子(VIF)分析,结果显示,所有变量的 VIF 均小于 5,因此模型不存在多重共线性问题。

从两个模型的质量来看,两个模型系数的 Omnibus 检验显示,卡方分别为 147.663 和 300.329,显著性均为 $p < 0.001$,表明模型有意义。从两个模型的霍斯默-莱梅肖检验数据来看,拟合优度检验卡方值分别为 1.537 和 9.420,显著性分别为 0.981 和 0.308,均大于 0.05,证明模型拟合优度效果良好。表 10-10 展现了各影响因素的回归系数(β)、标准误差、沃尔德(Wald)、显著性以及 OR 值[Exp(β)]。其中,显著性表示不同变量沃尔德检验的显著性水平;OR 值[Exp(β)]表示解释变量对创业带动就业能力和成长预期的边际影响。

表 10-10　影响就业效应的结构特征二元 Logistic 回归结果

	模　型　1			模　型　2		
	系数(β) (标准误差)	沃尔德 (Wald)	OR 值 Exp(β)	系数(β) (标准误差)	沃尔德 (Wald)	OR 值 Exp(β)
结构特征						
受教育程度	0.906*** (0.162)	31.483	2.475	0.514*** (0.076)	46.168	1.672
动机	0.451*** (0.110)	16.897	1.569	0.443*** (0.082)	29.410	1.557
行业	−0.027 (0.258)	0.011	0.973	0.376*** (0.126)	8.911	1.457
年龄	−0.188 (0.125)	2.263	0.829	0.171* (0.088)	3.815	1.187
性别	0.232** (0.108)	4.658	1.262	0.680*** (0.076)	80.976	1.974
质量特征						
创新性	0.692*** (0.174)	15.786	1.998	−0.025 (0.087)	0.085	0.975
产业技术 等级	−0.201 (0.419)	0.230	0.818	0.522** (0.215)	5.926	1.686
国际导向	0.965*** (0.192)	25.228	2.625	0.549*** (0.079)	48.251	1.731
常量	1.533*** (0.131)	137.532	4.630	−2.253*** (0.111)	410.383	0.105
模型评价						
个案数	46 256			46 256		
−2 对数似然	2 435.291			4 573.090		
霍斯默-莱梅 肖检验显著性	0.981			0.308		
考克斯-斯奈 尔 R 方	0.037			0.070		
内戈尔科 R 方	0.077			0.101		
总正确率(%)	89.6			72.7		

置信水平：*** 1%；** 5%；* 10%

10.5.3　结果分析

从 2003 年至 2018 年全球创业观察中国研究的 46256 个样本来看,结构特征和质量特征都对创业活动创造就业岗位的数量具有影响。

1. 受教育程度和创业动机是影响创业带动就业效应的主要结构特征

在结构特征方面,受教育程度是影响创业带动就业效应的关键因素。在创业者中,受过高等教育的创业者比例每增加一个单位,创业活动能够创造就业岗位的比例就提升 2.48倍。创业动机是影响创业带动就业效应第二位的结构因素,创业者中机会型创业者的比例每增加一个单位,创业活动能够创造就业岗位的比例就提升 1.57 倍。性别因素在 0.05 显著水平下,男性创业者的比例每增加一个单位,创业活动能够带来就业岗位的比例就提高 1.26 倍。年龄和行业对创业带动就业效应的影响不显著。

2. 国际导向和创新能力是影响创业带动就业效应的主要质量特征

在质量特征方面,国际导向是影响创业带动就业效应的关键因素。具有国际导向的创业者比例每增加一个单位,创业活动能够创造就业岗位的比例就提升 2.63 倍。创新性是影响创业带动就业效应第二位的质量因素,创新型创业的比例每增加一个单位,创业活动能够创造就业岗位的比例就提升 2 倍。产业技术等级对创业带动就业效应的影响不显著。

3. 性别、受教育程度、创业动机和行业依次是影响创业带动就业效应成长预期的主要结构特征

从不同结构特征因素对创业活动就业效应成长预期的影响来看,性别、受教育程度、创业动机和行业等因素均在 0.01 水平下显著。性别对创业活动就业效应的成长预期影响最大,之后依次为受教育程度、创业动机和行业。也就是说,男性、高学历、机会型和商业服务业创业者所创办的企业带动就业效应的成长预期显著高于女性、低学历、生存型和其他行业。年龄因素在 0.1 水平下显著,说明青年所创办企业预期能够提供就业岗位的能力在一定程度上优于非青年创业。

4. 国际导向和产业技术等级是影响创业带动就业效应成长预期的主要质量特征

从不同质量特征因素对创业带动就业效应成长预期的影响来看,创业者的国际导向同样是关键因素。具有国际导向的创业者比例每增加一个单位,高预期创业的比例提升 1.73 倍,并在 0.01 水平下显著。产业技术等级对创业带动就业效应成长预期在 0.05 显著水平下具有影响。中高技术产业创业的比例每增加一个单位,创业带动就业效应成长预期的比例提升 1.69 倍。创新性对创业带动就业效应的成长预期影响不显著。

总体来看,创业带动就业效应,在结构特征方面依次由受教育程度、创业动机和性别决定。高学历者、机会型和男性创业者的比例越高,创业带动就业效应越强。在质量特征方面,依次由国际导向和创新性决定。创业活动的国际化水平越高、创新能力越强,能够提供的就业岗位也越多。

创业带动就业效应的成长预期在结构特征方面依次由性别、受教育程度、创业动机、行业和年龄决定。男性、高学历、机会型、商业服务业和青年创业者的比例越高,创业带动就业效应成长预期的比例也越高。在质量特征方面依次由国际导向和产业技术等级决定。具有国际导向的创业者越多、中高技术产业的创业者越多,创业带动就业效应的成长预期越强。

10.6 小 结

本章分析了我国创业活动的就业效应,主要有以下几点结论。

第一,我国创业带动就业的效应是不断提升的。在 2002—2005 年间平均能够提供 20 个及以上就业岗位的创业企业比例约为 13%,不能提供就业岗位的创业企业比例约为 19%。到 2016—2019 年间平均能够提供 20 个及以上就业岗位的创业企业比例上升到

19%左右,不能提供就业岗位的创业企业比例降低到 2%左右。

第二,我国创业企业创造就业岗位的能力位于 G20 经济体前列,但是高成长预期的企业比例相对较低。与发达国家相比,我国创业活动在产业分布、创新能力和技术水平等多方面都与其存在差距,这也是我国创业企业成长性相对较低的部分原因。

第三,不同类型的创业活动带动就业的效应具有异质性,高质量的创业活动带动就业的效应更强。无论是结构特征中接受过高等教育和以机会为动机的创业者,还是质量特征中具有国际导向和创新能力的创业者,他们创造就业岗位的能力都优于其他类型的创业。

第四,创业带动就业具有乘数效应,每个创业者在解决自身就业的同时还能够带动其他人就业。不同特征的创业活动乘数效应不同,结构特征中创业者受教育程度和质量特征中创业活动国际化程度的乘数效应最为显著。受过高等教育的创业者每增加一个单位,创业活动能够创造就业岗位的比例提高约 2.5 倍;拥有海外客户的创业活动每增加一个单位,创业活动能够创造就业岗位的比例提高约 2.6 倍。

参 考 文 献

[1] BIRCH D,1997. Job Generation in America[M]. New York:The Free Press.

[2] BRÜDERL J,PREISEND ÖRFER P,2000. Fast growing businesses:empirical evidence from a German study[J]. International Journal of Sociology,30:45-70.

[3] ALMUS M,2002. What characterizes a fast-growing firm? [J]. Applied Economics,34(12):1497-1508.

[4] DAVIDSSON P,LINDMARK L,OLOFSSON C,1998. The extent of overestimation of small firm job creation-an empirical examination of the regression bias[J]. Small Business Economics,11(1):87-100.

[5] AUTIO E. Global Entrepreneurship Monitor 2005 Report on High-Expectation Entrepreneurship[EB/OL]. [2022-06-15]https://www.gemconsortium.org/file/open? fileId=47110

[6] DETIENNE D R,CHANDLER G N,2007. The role of gender in opportunity identification[J]. Entrepreneurship Theory and Practice,31(3):365-386.

第11章
创业退出

　　创业成功的故事往往更让人振奋,能够给周围尝试创业的人们以激励作用;创业退出却好像是个负面话题,尤其是那些因为被动/消极因素而不得不选择退出的创业者,对他们来说退出意味着创业失败。

　　创业需要活力,通过创建新的企业和退出不可行的企业,可以产生活力。创业进入和创业退出都是创业过程的基本方面,两者对于构建一个动态的创业生态系统都很重要。用新生替代陈旧无疑会产生新的价值,促进创新和发展。一些学者(Hessels,2010)在研究中也提出了对创业退出的积极看法:或许目前选择退出的创业者会在将来开启新的创业历程,也有可能他们会分享自身创业经验来帮助其他创业者;创业退出可以促进创业学习,从之前的创业经历中吸取宝贵的创业知识和技能可以让后续新的创业更加有效,提高再次创业的成功率。

　　创业退出是一个无可回避且现实存在的事实。关于创业进入的话题已经被很多学者广泛研究,但创业退出却很少受到关注。全球创业观察(GEM)研究将创业退出纳入年度问卷调查中,研究在过去的 12 个月中创业者会因为何种原因退出创业。本章将给出我国创业退出的比例、变化趋势以及创业退出的原因,并进一步分析不同场景下我国创业退出的特征,找出导致创业者退出创业的关键因素。

11.1　创业退出的变化趋势

11.1.1　我国创业退出的比例呈下降趋势

　　根据图 11-1 显示,2002—2019 年我国终止创业的比例大体呈现出下降趋势。2002 年我国创业退出率为 5%,即每 100 名接受全球创业观察调查的 18～64 岁成年人口中有 5 名在过去一年内关闭企业,退出其创业活动。2003 年创业退出率最高(8.04%),2014 年最低(0.98%),2019 年创业退出率上升为 3.95%。

　　另外,从图 11-1 也可以看出我国创业退出率的变化趋势与 G20 经济体效率驱动国家的平均水平基本保持一致。对比来看,创新驱动国家的创业退出率更低,2002—2019 年变化平稳,在 1.4%～2.7% 之间波动。

11.1.2　效率驱动国家的创业退出率整体上高于创新驱动国家

　　根据图 11-2 显示,相比 G20 经济体中处于创新驱动阶段的国家,效率驱动国家的创业更为活跃,创业退出率也更高。我国的创业退出率(2002—2019 历年平均值为 3.7%)在效率驱动国家中处于中等水平,并且高于所有创新驱动国家;而创业活跃度比我国高的印度尼西亚,其创业退出率(2.6%)却比我国低。阿根廷的创业退出率在 G20 经济体中排名最

图 11-1　我国创业退出的比例（2002—2019 年）

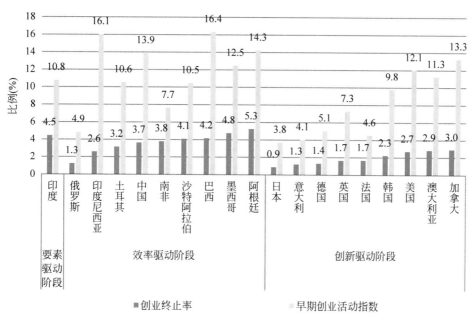

图 11-2　G20 经济体创业退出的比例（2002—2019 年）

高（5.3%），排名最后的是日本，其创业退出率仅为 0.9%。

11.2　创业退出的原因

在过去的 12 个月中，创业者退出创业的常见原因有：有出售企业机会、企业不盈利、资金问题、发现其他商业机会、事先有计划退出、退休、家庭或个人原因、偶发事件、其他（包括政府/税收政策/官僚制度,以及其他未知因素)。

全球创业观察研究将创业者退出创业的原因归纳为积极退出和消极退出,也可以称为是主动退出和被动退出。积极退出的原因有:有出售企业机会、发现其他商业机会、事先有计划退出、退休。消极退出的原因有:企业不盈利、资金问题、家庭或个人原因、偶发事件、其他。

退出创业是创业者的一种选择,并不代表创业失败,特别是积极退出或者主动退出;而消极退出或者被动退出可以理解为创业失败。

11.2.1 企业不盈利是我国创业企业退出的主要原因

根据图 11-3 显示,20%~40%的创业企业由于不盈利而选择退出,其次是家庭或个人原因,在 10%~30%之间。资金问题在有些年份非常严重,导致更多的创业企业退出,比如 2011 年和 2019 年由于融资困难而退出创业的企业比例分别达到 22.4%和 29.1%,超过了企业不盈利而导致的退出比例。发现其他商业机会,这一被视为积极退出/主动退出的原因也占比较多,在 2007、2013、2019 年分别达到 18%、15%、13.5%。

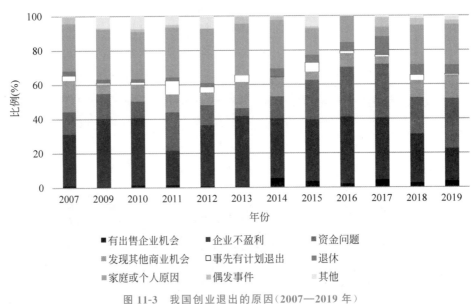

图 11-3 我国创业退出的原因(2007—2019 年)

11.2.2 消极退出的比例远远高于积极退出

总体来看(图 11-4),我国的创业退出更多是由于消极退出,其比例高达 75%~90%,远远高于积极退出的占比,因此可以认为我国的创业退出更多的是创业失败后的放弃。

根据图 11-5 显示,在消极退出/被动退出的原因里,企业不盈利是最主要的原因,占比达到 31.7%,其次是家庭或个人原因(23.3%)、资金问题(17.8%)等。而在积极退出/主动退出的原因里,发现其他商业机会的比例最高(9.7%),而有出售企业机会和事先有计划退出的比例较低,分别为 4.2%和 2.6%。

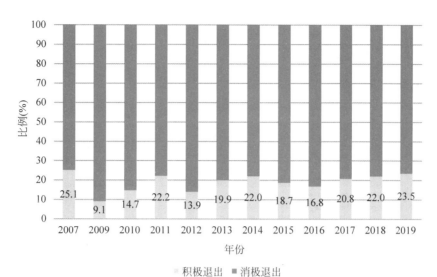

图 11-4　我国积极退出和消极退出的比例（2007—2019 年）

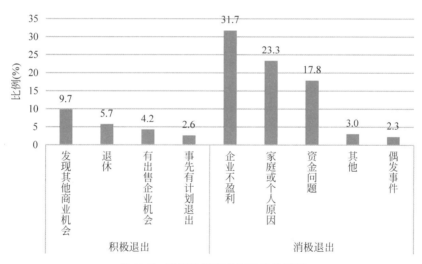

图 11-5　积极退出和消极退出的原因

11.2.3　创新驱动国家积极退出的比例更高

放眼 G20 经济体（图 11-6），尽管创业企业退出的原因都呈现消极退出高于积极退出的情况，但是创新驱动国家积极退出的平均比例约 30％，比要素驱动和效率驱动国家大约高出 10％的水平。

11.2.4　创业退出的国际比较

根据图 11-7 显示，英国创业企业积极退出的比例在 G20 经济体里排名最高，达到43.4％，即接近一半的创业退出是属于积极/主动的退出，而发现其他商业机会是其中最主要的原因（占比 26.7％）。加拿大排名第二，有出售企业机会的比例是其中最主要的原因

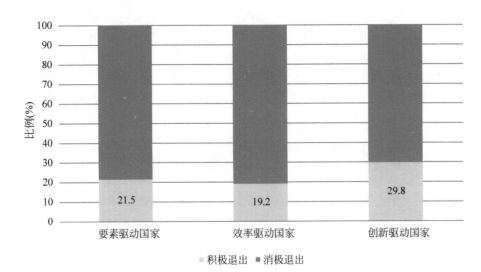

图 11-6　不同阶段的 G20 经济体创业退出的比例

（占比 15.2％），比例高于发现其他商业机会（14％）。而对于意大利，退休成为创业企业积极退出最主要的原因，占比达到 14.1％。

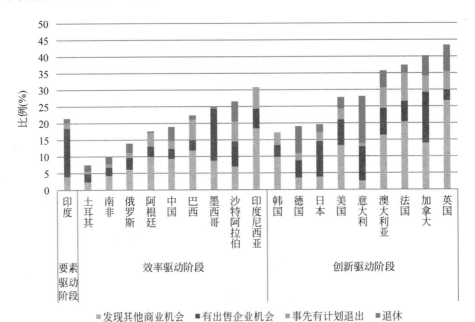

图 11-7　G20 经济体创业积极退出的原因

　　在处于效率驱动和要素驱动阶段的国家，印度尼西亚创业企业积极退出的比例最高，达到 30.9％，其中最主要的原因是发现其他商业机会（占比 18.5％）。我国排名中间，积极退出比例为 19％，发现其他商业机会（9.3％）也是其中最主要原因。而在墨西哥，有出售企业机会的比例（15.6％）要高于发现其他商业机会（8.7％）。同样在印度，有出售企业机会的比例也很高（14.5％）。

　　根据图 11-8 显示,土耳其创业企业消极退出的比例在 G20 经济体里排名最高,达到92.5％,其中 37.7％是由于其他原因(比如政府/税收政策/官僚制度,以及其他未知因素)。南非创业企业遇到的资金问题(占比 31.8％),是导致创业失败的主要原因,这在 G20 经济体中也是最严重的。而我国创业失败主要是因为企业不盈利(占比 31.3％)。

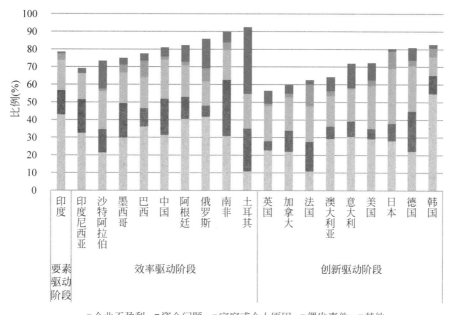

图 11-8　G20 经济体创业消极退出的原因

　　在处于创新驱动阶段的国家中,韩国创业企业消极退出的比例最高,达到 82.8％,其中最主要的原因是企业不盈利(占比 54.7％),这在 G20 经济体中也是比例最高的。德国创业企业的资金问题(占比 22.8％),在创新驱动国家最为严重。

11.3　创业退出的群体特征

11.3.1　男性创业者退出率高于女性

　　从图 11-9 可以看出,男性创业者的退出率(3.5％)比女性创业者(2.8％)要高,也就是说女性创办企业的成活率略高一些。另外,男性创业者积极退出的比例(18.3％)比女性(16.4％)略多,而消极退出的比例低于女性,这说明男性对创业过程的计划和控制能力要强于女性。

　　企业不盈利是导致男性和女性创业者退出创业的最主要原因(图 11-10),而且男性所占比例略多一些(为 39.4％),女性这一比例为 36.6％。然后更多的男性创业企业因面临资金问题而退出创业(比例为 20.9％),而更多的女性创业者是因为家庭或个人原因而退出创业(比例为 28.1％)。

　　除了上述这些比例较高的消极退出原因以外,发现其他商业机会是积极退出原因里占比最高的,男性和女性创业者这一比例分别为 8.1％和 6.8％。然后女性创业者因为退休而

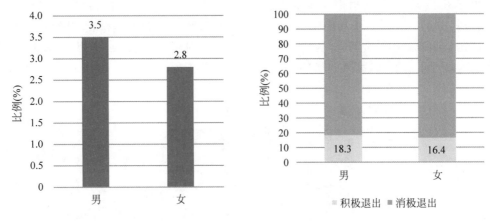

图 11-9　不同性别的创业退出率以及积极/消极退出的比例

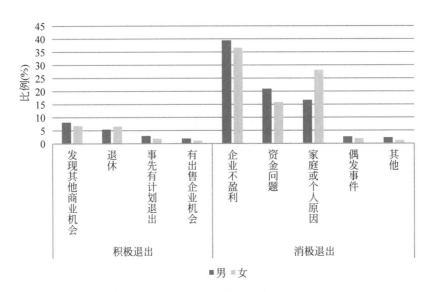

图 11-10　不同性别的创业退出原因

退出创业的比例(6.6%)要高于男性(5.4%);在事先有计划退出和有出售企业机会的两个方面,男性创业者比例都要高于女性。

11.3.2　非青年创业者退出率高于青年

根据图 11-11 显示,非青年创业者的退出率(2.6%)比青年创业者(2.3%)略高一点。另外,非青年创业者积极退出的比例(18.8%)比青年创业者(15.7%)也要略多一些,这说明 35～64 岁的非青年创业者退出率更高一些。

在消极退出原因方面,企业不盈利是导致不同年龄段创业者退出创业的最主要原因(图 11-12),而且非青年创业者所占比例略多一些(为 38.5%),青年创业者这一比例为 30.9%。然后更多的青年创业者是因为家庭或个人原因而退出创业(比例为 27.6%),而更多的非青年创业企业是因为面临资金问题而退出创业(比例为 21%)。

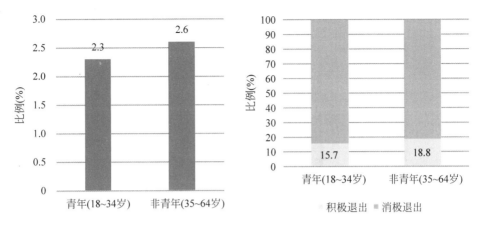

图 11-11　不同年龄的创业退出率以及积极/消极退出的比例

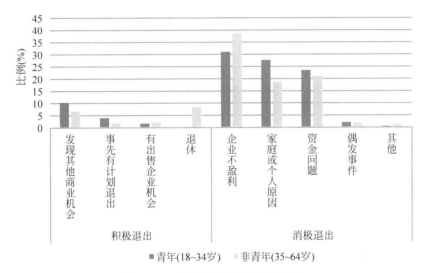

图 11-12　不同年龄的创业退出原因

发现其他商业机会是青年创业者积极退出原因里占比最高的(10.2%),而退休是导致非青年创业者积极退出的最主要原因(8.3%)。然后在事先有计划退出方面,青年创业者比例(3.9%)高于非青年创业者;而在有出售企业机会方面,非青年创业者比例(2%)高于青年创业者。

11.3.3　低学历创业者退出率更高

从图 11-13 可以看出,高中及以下学历的创业者的退出率(3.4%)比大学及以上学历的创业者(2.9%)略高一点。另外,大学及以上学历的创业者积极退出的比例(21.2%)比高中及以下学历的创业者(15%)也要略多一些,这说明受过高等教育的创业者其专业技能和综合素质更强,能获得更多商业机会。

图 11-14 表明,发现其他商业机会是导致大学及以上学历创业者积极退出的最主要原因(12.1%)。然后在事先有计划退出方面,大学及以上学历创业者比例(4.6%)高于高中及以下

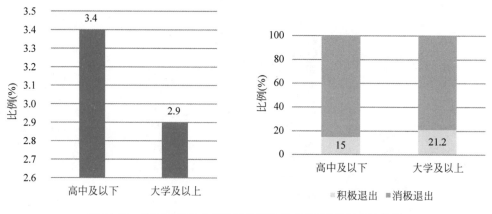

图 11-13　不同学历创业者的退出率以及积极/消极退出的比例

学历；而有出售企业机会方面，高中及以下学历创业者比例（1.5%）高于大学及以上学历。

　　企业不盈利是导致不同受教育程度创业者消极退出的最主要原因（图 11-14），而且高中及以下学历创业者所占比例更多一些（为 41.6%），大学及以上学历创业者这一比例为 30.2%。然后更多的高中及以下学历创业者是因为家庭或个人原因而退出创业（比例为 22.8%），而更多的大学及以上学历创业者是因为企业面临资金问题而退出创业（比例为 24.7%）。

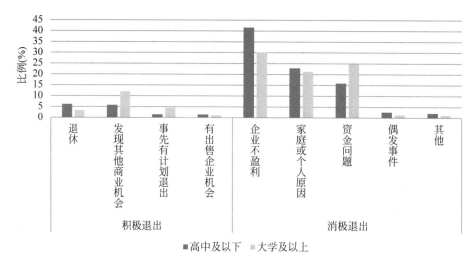

图 11-14　不同学历创业者的创业退出原因

11.3.4　高收入创业者积极退出率更高

　　图 11-15 显示，高收入创业者的退出率（3.3%）比中低收入创业者（3.0%）略高。另外，高收入创业者积极退出的比例（20.6%）也要比中低收入创业者（15%）更多一些，这说明高收入创业者凭借其雄厚的资本和丰富的管理经验，对企业经营过程能够做出更为积极主动的决策。

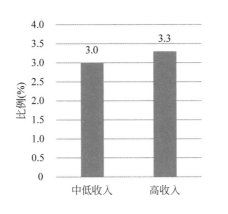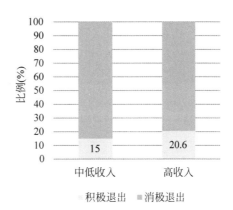

图 11-15　不同收入水平创业者的退出率以及积极/消极退出的比例

　　发现其他商业机会是积极退出原因里占比最高的,中低收入和高收入创业者这一比例
分别为 6.6％ 和 8.1％。高收入创业者因为退休而退出创业的比例(7.5％)也要高于中低收
入创业者(5.7％);在事先有计划退出和有出售企业机会的两个方面,高收入创业者比例都
要高于中低收入创业者。

　　企业不盈利是导致不同收入水平创业者退出创业的最主要原因(图 11-16),而且中低
收入创业者所占比例更多一些(为 39.2％),高收入创业者这一比例为 37.8％。然后更多的
中低收入创业者是因为家庭或个人原因而退出创业(比例为 24.6％),而更多的高收入创业
者是因为企业面临资金问题而退出创业(比例为 21.5％)。

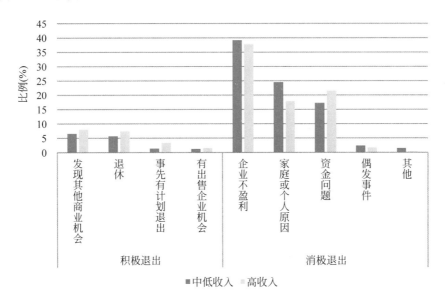

图 11-16　不同收入水平创业者的创业退出原因

11.3.5　合伙企业退出率高于独资企业

　　全球创业观察调查问卷里有一项关于受访者对企业的所有权问题,关注不同所有权的

企业在创业退出方面的区别。从图 11-17 可以看出,合伙企业的创业退出率更高(7.4%),即每 100 个合伙企业中有约 7 个在过去一年内选择退出创业,而独资企业的这一比例为 5.7%,也就是说独资企业的成活率略高一些。

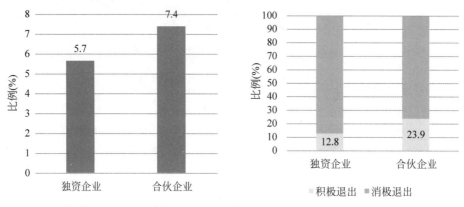

图 11-17　不同所有权创业企业的退出率以及积极/消极退出的比例

另外,合伙企业积极退出的比例(23.9%)大约比独资企业(12.8%)多一倍,而消极退出的比例低于独资企业,这可能是合伙企业对创业过程的计划和控制能力要强于独资企业。

企业不盈利是导致独资企业和合伙企业退出的最主要原因(图 11-18),而且独资企业所占比例略多一些(为 43%),合伙企业这一比例为 38.1%。然后更多的独资企业面临资金问题(比例为 20.4%),而合伙企业的这一比例为 17.2%。由于家庭或个人原因而退出创业的比例也比较高,独资企业为 20%,合伙企业为 19.3%。

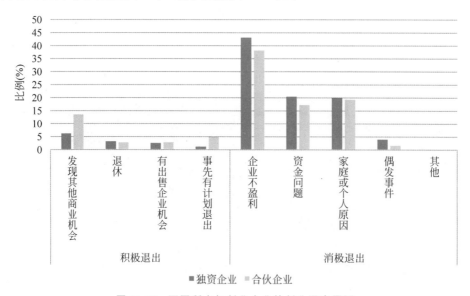

图 11-18　不同所有权创业企业的创业退出原因

除了上述这些比例较高的消极退出原因以外,发现其他商业机会是积极退出原因里占比最高的,合伙企业的这一比例为 13.5%,比独资企业 6.1%的比例高出一倍还多。然后其他几个积极退出原因里,合伙企业事先有计划退出的比例更高(4.8%),独资企业由于退休而退出创业的比例更高(3.2%);在有出售企业机会方面,独资企业和合伙企业占比基本持平,分别为 2.5% 和 2.8%。

11.4　早期创业活动的退出

11.4.1　与已有企业的退出差异

2002—2019 年调查数据显示(图 11-19),我国早期创业企业和已有企业的创业退出率都先是下降趋势,然后呈现小幅波动。2002 年早期创业企业的退出率为 15.1%,已有企业的退出率为 11.3%;到 2014 年这两个比例下降为 1.3% 和 1%;2019 年这两个比例分别为 6.4% 和 2.9%。而且早期创业活动的退出率基本上高于已有企业,这说明持续运营时间更长的已有企业对创业过程的控制能力更强,存活率更高。

图 11-19　早期创业企业和已有企业的退出率

对比不同阶段的创业活动退出原因的差异(图 11-20),早期创业企业积极退出的比例(16.5%)要高于已有企业(13.1%),而消极退出的比例低于已有企业。

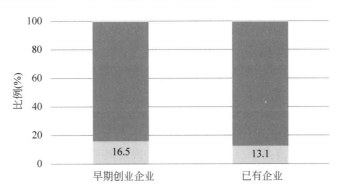

图 11-20　早期创业企业和已有企业的创业退出原因

发现其他商业机会是积极退出原因里占比最高的,早期创业企业和已有企业的这一比例分别为 8.5% 和 3.8%。其次是事先有计划退出这一原因,早期创业企业的比例要高于已有企业。然后是 2.9% 的早期创业企业有出售企业的机会,而已有企业的这一比例仅为 0.8%。

企业不盈利是导致早期创业企业和已有企业退出创业的最主要原因(图 11-21),而且已有企业所占比例略多一些(为 45.1%),早期创业企业这一比例为 43.2%。然后更多的早期创业企业面临资金问题(比例为 19.2%),而已有企业的这一比例为 16.4%。由于家庭或个人原因而退出创业的比例也比较高,早期创业企业为 19%,已有企业为 21%。

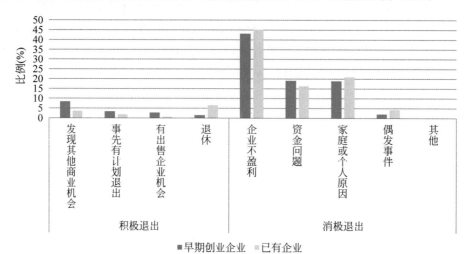

图 11-21　早期创业企业和已有企业的创业退出原因

除了上述这些比例较高的消极退出原因以外,发现其他商业机会是积极退出原因里占比最高的,早期创业企业和已有企业的这一比例分别为 8.5% 和 3.8%。其次是事先有计划退出这一原因,早期创业企业的比例要高于已有企业。然后是 2.9% 的早期创业企业有出售企业的机会,而已有企业的这一比例仅为 0.8%。

11.4.2　不同创业动机的退出差异

从图 11-22 可以看出,生存型创业者的退出率(5.2%)比机会型创业者(4%)更高。另外,机会型创业者积极退出的比例(22.0%)比生存型(14.9%)也要多一些,这说明机会型创业者能够更敏锐地发现创业机会。

企业不盈利是导致不同动机创业者退出创业的最主要原因(图 11-23),几乎一半的生存型创业者退出是因为企业不盈利,而机会型创业者这一比例为 39.8%。然后更多的机会型创业者是因为资金问题而退出(比例为 19.5%),而更多的生存型创业者退出是因为家庭或个人问题(比例为 18.8%)。

除了上述这些比例较高的消极退出原因以外,发现其他商业机会是不同动机创业者积极退出原因里占比最高的,机会型创业者比例为 13.3%,生存型创业者比例为 8.9%。然后在事先有计划退出方面,机会型创业者比例(6.3%)高于生存型创业者;而在有出售企业机会方面,生存型创业者比例(2%)高于机会型创业者。

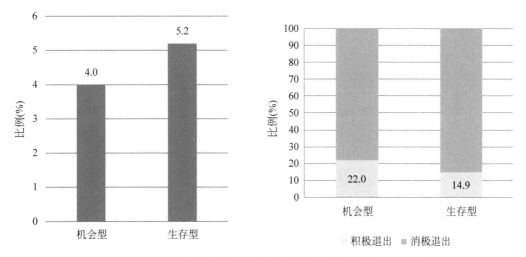

图 11-22　不同动机创业者的退出率以及积极/消极退出的比例

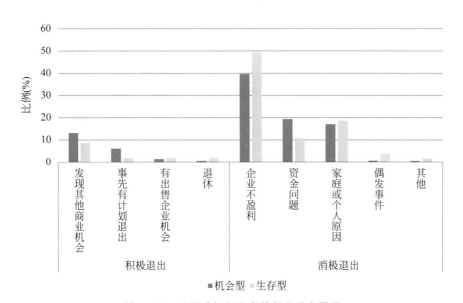

图 11-23　不同动机创业者的创业退出原因

11.4.3　行业分布

根据图 11-24 显示零售、住宿和餐饮业是我国创业活动退出比例最高的行业(48.5%)，也就是说差不多有一半退出企业都来自这一行业。其次是批发业(9.3%)，然后是制造业(6.9%)及政府、医疗、教育、社会服务业(6.3%)。

商业服务业的退出比例相对较低，按照全球创业观察研究的分类方法，商业服务业又细分为金融和房地产业、信息和通信业、专业服务和管理服务，其退出比例分别为 5.6%、2.4%、4.6%和 1%。

另外，根据图 11-25，可知资金问题和企业不盈利是导致商业服务业退出的两个主要原因，分别占比为 46.8%和 29.8%。

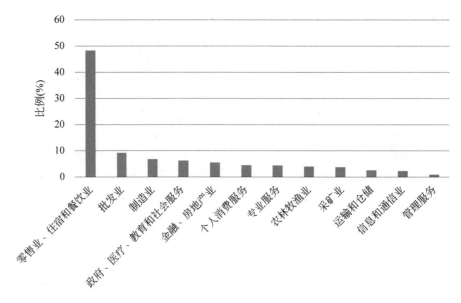

图 11-24　创业退出的行业分布

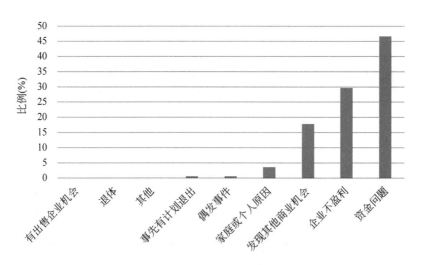

图 11-25　商业服务业创业退出的原因

11.4.4　高质量创业的退出

全球创业观察研究认为,如果一个创业企业具备创新性、高成长和国际化这三个方面之一,则认为该企业是高质量的创业活动。

其中,如果一个企业提供的产品/服务对全部或部分顾客是新颖的,并且在市场上很少有或没有竞争对手,那么可以认为该企业具有创新能力;如果早期创业企业有望在未来 5 年内雇佣超过 5 个雇员,就可以认为该企业有成长潜力。如果一个企业 25％以上年度销售收入来自海外客户,就可以认为该企业具备国际化。

　　图 11-26 比较了三种类型的高质量创业活动的退出率,其中创新企业的退出比例最低(8.6%),也就是说每 100 个接受全球创业观察调查的创新企业中有约 9 个企业在过去一年内将企业关闭,退出其创业活动;其次是高成长企业,创业退出比例为 10.6%;国际化企业的退出比例最高,达到 12.8%。

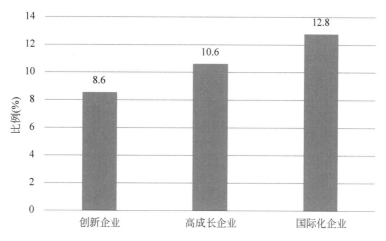

图 11-26　高质量创业企业的退出率

　　对比不同类型的高质量创业活动退出原因的差异(图 11-27),创新企业积极退出的比例(23.6%)要高于高成长企业(19.1%)和国际化企业(14.8%)。高成长企业和国际化企业的消极退出比例较高。

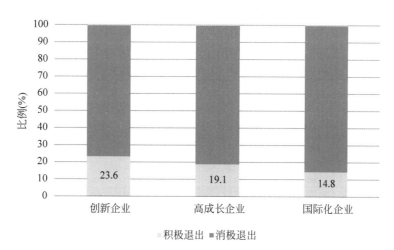

图 11-27　高质量创业企业的积极/消极退出的比例

　　企业不盈利是导致高质量创业活动退出创业的最主要原因(图 11-28),其中高成长企业所占比例最多(达到 51.4%),也就是说退出的高成长企业中有超过一半是因为企业不盈利而退出创业;其次是国际化企业,比例为 44.4%;创新企业的不盈利问题相对来说好一些,比例仅为 30.9%。但是创新企业的资金问题(退出比例为 22.4%)却比国际化企业和高成长企业要严重,后两者的比例为 20.4% 和 17.9%。

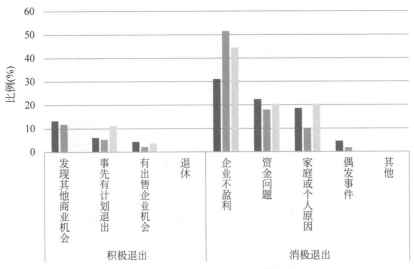

图 11-28 高质量创业企业的创业退出原因

在积极退出的原因里,创新企业和高成长企业因为发现其他商业机会而退出创业的比例最高,分别为 13.2% 和 11.8%;对于有出售企业机会这一原因,创新企业的比例仍然较高(4.3%),其次是国际化企业(3.7%),而高成长企业的这一比例最低(2.1%)。

11.5 小   结

本章分析了我国创业退出的趋势、原因以及不同特征群体之间的差异,有以下认识:第一,企业不盈利是我国创业退出的主要原因,消极退出的比例远高于积极退出;第二,男性创业者的退出率高于女性,非青年创业者的退出率高于青年,生存型动机创业者的退出率高于机会型,低学历创业者以及高收入创业者的退出率较高;第三,合伙企业退出率高于独资企业,早期创业企业的退出率高于已有企业,零售、住宿和餐饮业是我国创业活动退出比例最高的行业;第四,高质量创业活动中,国际化企业的退出比例最高,其次是高成长企业,而创新企业的退出比例较低。

参 考 文 献

[1] HESSELS J,GRILO I,THURIK R,et al. Entrepreneurial exit and entrepreneurial engagement[J]. Journal of Evolutionary Economics,2010,21(3):447-471.

第**4**篇

区 域 结 构

第 12 章
区域创业活动

全球创业观察中国研究团队在 2008 年出版的《全球创业观察中国报告(2007)——创业转型与就业效应》一书中分析了我国不同区域创业活动的差异(高建等,2008),并在学术界引发了关于创业活动地区差异影响因素的相关研究(高建和石书德,2009;齐玮娜和张耀辉,2014)。时隔多年,我国创业活动的情境发生了很大的变化。与之直接相关的是从 2014 年起,国家提出"大众创业、万众创新"战略,各地增加了对创业活动的重视程度;与之间接相关的是,中国经济进入新常态,转向高质量发展阶段。综合这些因素,我们进一步研究我国区域创业活动的差异、发展态势及影响因素。厘清这些问题有助于我们深入理解我国区域创业活动的特征。

12.1 我国区域创业活动的水平及态势

12.1.1 私营企业创业指数的背景和定义

全球创业观察研究通过成人创业调查数据衡量区域的创业活跃程度。然而,成人创业调查的数据不足以用来衡量我国区域创业活动的差异,所以全球创业观察中国研究团队开发了中国私营企业创业指数(China Private Entrepreneurship Activity,CPEA)来衡量区域创业活动水平。

CPEA 指数是指某区域内每万名成年人口(15～64 岁)在过去三年累计新增的私营企业数量。其中,新增私营企业数量以当年私营企业户数减去上年私营企业户数衡量,15～64 岁成年人口数量以国家统计局每年的人口抽样调查数据中 15～64 岁人口比例乘以城市常住人口总量计算,全部数据来自中国统计年鉴。

12.1.2 区域创业活动的活跃程度及态势

1. 创业活动活跃程度差异大

过去 20 年间我国区域创业活动水平差距较大,最为活跃的上海市私营企业创业指数约是最不活跃的黑龙江省的 8 倍。从 2002—2019 年中国各省区市私营企业创业指数的平均值来看,我国创业活动的区域差异非常明显。我们将 CPEA 得分前 20% 的区域划分为创业高活跃地区,将中间靠前 30% 的区域划分为创业活跃地区,将中间靠后 30% 的区域划分为创业不活跃地区,将得分最后 20% 的区域划分为创业沉寂地区(图 12-1)。

高活跃地区按照排名先后顺序包括上海、北京、广东、江苏、天津和浙江,六省市覆盖了长三角、京津冀和大湾区城市群,是中国创业活动最活跃的区域;活跃地区按得分高低先后包括福建、重庆、山东、海南、宁夏、安徽、河北、陕西和湖北 9 个省区市;不活跃地区按

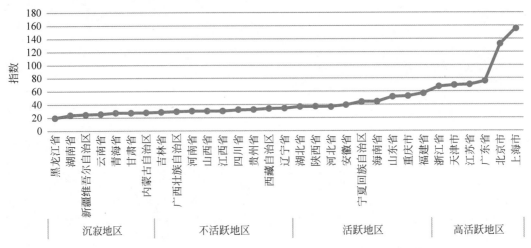

图 12-1　2002—2019 年我国各省区市私营企业创业指数平均值

得分高低先后包括辽宁、西藏、贵州、四川、江西、山西、河南、广西和吉林 9 个省和自治区；沉寂地区按得分高低先后包括内蒙古、甘肃、青海、云南、新疆、湖南和黑龙江 7 个省和自治区。

从我国 31 省区市的行政划分来看，华东地区包括上海、江苏、浙江、安徽、山东、福建、江西 7 省市，华北地区包括京津冀和山西、内蒙古等 5 省区市，东北地区包括黑龙江、吉林和辽宁 3 省，中南地区包括河南、湖北、湖南、广东、广西和海南 6 省区，西南地区包括四川、重庆、云南、贵州和西藏 5 省区市，西北地区包括陕西、甘肃、宁夏、青海、新疆 5 省区。

从不同地理区域 CPEA 得分来看，2002—2019 年，华东地区的私营企业创业活动最为活跃，CPEA 指数平均值为 67.90。华北地区由于北京和天津的创业活动较为发达，其 CPEA 指数平均分为 59.90，低于华东地区，但大幅领先其他区域。中南和西南区域的私营企业创业活动处于中间水平，其 CPEA 指数平均值分别为 40.53 和 35.81。西北和东北地区的私营企业创业活动相对不活跃，CPEA 指数平均值分别为 32.76 和 28.05（图 12-2）。

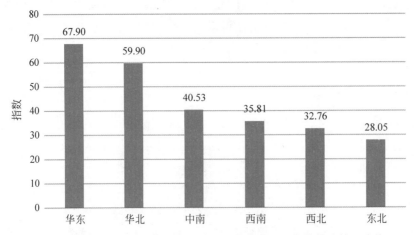

图 12-2　2002—2019 年我国不同区域私营企业创业指数得分的平均值

2. 区域创业的态势不同

从不同活跃程度区域创业活动 CPEA 指数的发展趋势来看,高活跃地区的 CPEA 指数最高。在 2002—2012 年的十年间,高活跃地区的 CPEA 指数在 60 左右,2013 年—2017 年经历了快速增长,从 73 上升到 209,2014 年为 102.9,首次超过 100。2017 年之后,高活跃地区的 CPEA 指数有所下降,从 209 下降到了 2019 年的 177。活跃地区和不活跃地区的 CPEA 指数都呈现出相似的增长趋势,但是活跃地区增长的速度相对较快。沉寂地区的 CPEA 指数同样也呈现增长趋势,但与高活跃地区相似,在 2017 年之后有所下降(图 12-3)。

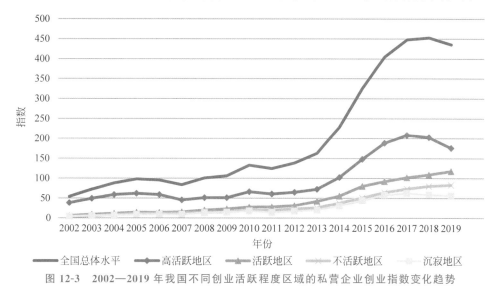

图 12-3 2002—2019 年我国不同创业活跃程度区域的私营企业创业指数变化趋势

从不同地理区域 CPEA 指数的发展趋势来看,华东地区的私营企业创业指数最高且保持持续增长。华北地区位列第二,但自 2017 年起呈现出下降趋势;中南地区得分持续上升且与华北地区的差距在缩小,2019 年的得分已较为接近;西南地区和西北地区 2017 年前与中南地区得分相近,之后略微下降;东北地区与其他几个区域存在差距,但自 2013 年以来呈现出良好的上升趋势,与西南和西北区域的差距在缩小(图 12-4)。

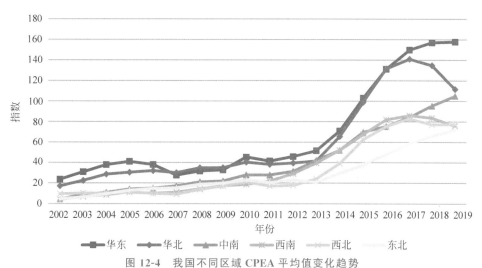

图 12-4 我国不同区域 CPEA 平均值变化趋势

3. 各省区市将经济基础转化为创业活动的效率不同

分析不同省区市 2002 年至 2019 年 CPEA 的平均值与其人均 GDP 的平均值可以发现，两者存在显著的正相关关系（两者在 0.01 级别显著相关，皮尔逊相关系数为 0.947），人均 GDP 越高的省区市，其私营企业创业活动越活跃。但是，不同省区市在将经济基础转化为创业活动时的效率存在差异。具体来看，上海虽然人均 GDP 水平略低于北京，但其 CPEA 值是全国最高的，效率优于北京。除此之外，贵州、宁夏、海南和甘肃等地的转化效率也较高，排名 2～5 位，内蒙古、湖南、黑龙江、新疆和辽宁等地的转化效率最低，排名最后 5 位（图 12-5）。

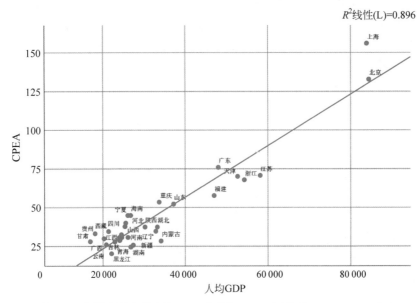

图 12-5　不同省区市的人均 GDP 水平与 CPEA 平均值（2002—2019 年）

4. 两类地区之间的差距逐步缩小

综合地区经济发展水平和私营企业创业指数，我们将全国 31 个省区市分为发达地区和不发达地区两种类型进行比较。其中，发达地区包括北京、上海、江苏、浙江、天津和广东，这六省市不但在 2002 至 2019 年人均 GDP 的平均值排名全国前六，其 CPEA 平均值同样也是全国前六，为创业高活跃地区。六省市以外的其他地区为不发达地区。

从 2002 年至 2019 年两类地区 CPEA 值的变化趋势来看，2002 年至 2005 年发达地区 CPEA 值不断上升，2005 年就已达到不发达地区 2015 年私营企业创业指数的水平。2006 年至 2013 年维持波动，2014 年至 2017 年大幅上升，2018 年至 2019 年有所下降。不发达地区的 CPEA 值保持上升趋势，2014 年以后上升的幅度更加明显（图 12-6）。从两者之间的差距来看，发达地区与不发达地区之间 CPEA 值在逐步缩小。2002 年发达地区 CPEA 值是不发达地区的 7.4 倍，2019 年两者之间的差距不足两倍。从各自的增速来看，2002 年到 2019 年，不发达地区的 CPEA 指数增长了 15.8 倍，而发达地区只增长了 4.5 倍。

这与 2007 年分析的结果是不同的，基于 1996 年至 2006 年 CPEA 数据进行分析时，发达地区与不发达地区 CPEA 的差距是持续扩大的；但是从 2002 年至 2019 年的数据分析来

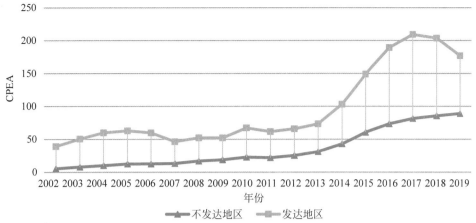

图 12-6 2002—2019 年发达地区与不发达地区 CPEA 指数得分及变化趋势

看,两者之间的差距是逐步缩小的。在后文分析了区域创业活动决定因素的基础上,我们也将比较两类地区的创业环境和资源的变化,从而解释差距逐步缩小的原因。

12.2 区域创业活动差异的影响因素

不同地区创业活动的活跃程度和态势存在差异,但是什么是导致这些差异的影响因素?已有文献指出创业的本质是有价值的机会和富有创业精神的个体之间的结合,机会表现为技术、经济、政治、社会和人口的变化而产生的创造新事物的潜力(Baron and Shane,2007)。区域间创业水平差异的影响因素包括需求变化(Armington and Acs,2002)、人力资本(Johnson,2004)、私人财富(Keeble,1997)、产业结构(Blau,1987)、失业(Reynolds et al.,1994)等。国家背景和情境不同,创业的影响因素也存在差异(Okamuro and Kobayashi,2006)。本章基于 2002—2019 年我国私营企业创业指数和社会经济发展数据,对这一问题进行实证检验。

12.2.1 模型说明

研究选取了中国 31 个省区市 2002 年至 2019 年经济和社会等不同方面的数据,建立模型分析影响不同地区私营企业创业指数的决定因素。在现有文献分析的基础上,模型的因变量是私营企业创业指数,即 CPEA 指数,自变量包括经济结构、消费水平和私人财富等经济因素,人口变化、人力资本和失业率等社会因素,以及技术水平和知识产权保护等文化因素。样本数据主要来源是《中国统计年鉴》,私人财富和知识产权保护数据分别来自《中国金融年鉴》和《国家知识产权局统计年报》(表 12-1)。

表 12-1 变量描述与数据来源

类 型	变 量 名	定 义	数据来源
因变量	CPEA	每万名成年人口(15~64 岁)在过去三年累计新增的私营企业数量	中国统计年鉴
经济因素	经济结构	服务业增加值占 GDP 比重	中国统计年鉴
	消费水平	社会消费品零售总额增加值的自然对数	中国统计年鉴
	私人财富	城乡居民人均人民币住户存款余额	中国金融年鉴

续表

类　　型	变　量　名	定　　　　　义	数　据　来　源
社会因素	人口变化	常住人口变化率	中国统计年鉴
	人力资本	城市人口中大专及以上学历者比重	中国统计年鉴
	失业率	城镇登记失业率	中国统计年鉴
	知识产权保护	专利侵权案件结案数的自然对数	国家知识产权统计年报

12.2.2　研究方法

31 个省区市 2002 年至 2019 年的数据构成了面板数据,考虑各因素对创业活动的影响可能存在滞后性,研究的因变量 CPEA 值采用滞后一年的数据。首先,我们对各变量进行了描述性统计(表 12-2),发现私人财富和人力资本(即城市人口中高学历人口比重)两个指标相关系数为 0.92,并在 0.01 置信水平下显著,说明两个变量相关性较强。从实际情况分析,受教育程度更高的人其工资水平更高,所以存款金额更多也符合常识判断。但是考虑到共线性问题,我们在计算时将这两个变量分别计算,对比分析模型的结果来考察共线性的影响,从而更准确的判断实证结果。

表 12-2　变量的统计描述和相关性

	均　　值	标准差	(1)	(2)	(3)	(4)	(6)	(7)
CPEA(家/万人)	46.61	49.20						
人口变化(%)	0.72	1.24						
消费水平(%)	5.79	1.60	0.05					
人力资本(%)	0.10	0.07	−0.22*	0.19*				
失业率(%)	3.53	0.72	−0.26*	−0.20*	−0.46*			
经济结构(%)	0.46	0.09	0.29*	−0.05	0.76*	−0.49*		
知识产权保护(%)	3.34	2.06	−0.01	0.49*	0.33*	−0.24*	0.35*	
私人财富(万元/人)	2.76	0.10	0.13	0.29*	0.92*	−0.50*	0.84*	0.47*

(注: * $P<0.01$)

在面板数据的回归分析中,我们首先对模型进行了似然比检验(likelihood ratio test)、Woodridge 检验和 Frees 检验,判别模型的组间异方差性、自相关性和截面相关性。模型 1 的似然比检验结果显示 LR Chi2(31)=318.32,Prob>Chi2=0.000,表明模型存在异方差性;Woodridge 检验的结果显示 $F(1,30)=105.749$,Prob>F=0.000,表明模型存在自相关性;Frees 检验的结果显示截面独立性检验结果为 6.805,alpha=0.01 时的临界值为 0.312 5,故模型也存在截面相关性问题。采用同样的过程检验其他模型,发现上述问题在我们的模型计算中普遍存在,所以我们采取 Driscoll&Kraay 标准误的方法对模型进行检验。Driscoll&Kraay 标准误是在 $N \rightarrow \infty$ 的情况下渐近有效的非参数协方差矩阵估计方法,能够获得控制异方差和自相关的一致标准误,克服了面板校正标准误(PCSE)在 $N \rightarrow \infty$ 情况下不够准确的问题(Driscoll and Kraay,1998)。模型计算方法确定之后,我们对 2002 年至 2019 年我国 CPEA 值的影响因素使用 Stata 软件进行了回归分析,结果如表 12-3 所示,其中模型 1 包含所有自变量指标,模型 2 和模型 3 分别为不考虑私人财富和人力资本两个自变量的模型。

表 12-3　CPEA 影响因素模型估计结果

自变量(滞后一年 CPEA 的自然对数)	模 型 1	模 型 2	模 型 3
人口变化	0.07(1.96)	0.02(0.95)	0.06(1.63)
消费水平	0.05(1.11)	0.09(1.59)	0.05(1.22)
人力资本	3.44(2.25)	4.92***(2.88)	
失业率	−0.09*(−1.83)	−0.14**(−2.74)	−0.10*(−1.78)
经济结构	0.67*(1.02)	2.45***(3.04)	0.49(0.75)
知识产权保护	0.08***(4.43)	0.14***(4.47)	0.09***(3.77)
私人财富	0.38***(9.98)		0.28***(5.04)
常数项	2.23***(3.73)	1.33**(2.05)	2.21***(3.65)
样本量	526	526	526
R^2	0.693 9	0.624 9	0.686 3
F-statistic	132.98***	98.26***	142.62***

注：* $P<0.1$，** $P<0.05$，*** $P<0.01$，括号内为 t 统计量值。

12.2.3　地区差异的影响因素

第一，人力资本即区域人口中受过高等教育的人口比例是影响我国区域创业活动最显著的因素。虽然人力资本在模型 1 中不显著，但是考虑到共线性问题，在模型 2 中高学历比例与滞后一年 CEPA 的自然对数在 0.01 水平下正相关。受过高等教育的群体占比每上升 1%，区域的 CPEA 指数的自然对数可增长 4.92 倍，是区域创业活动影响程度最大的因素。受过高等教育的群体一方面更容易发现机会，开展机会型创业；另一方面也是区域创业企业重要的劳动力来源。

第二，经济结构即服务业增加值占 GDP 比重是影响我国区域创业活动的重要因素。服务业占 GDP 比重越高的地区，私营企业创业指数越高。从分析结果来看，服务业占比在模型 3 中不显著，但在前两个模型中服务业占 GDP 的比重提高 1%，随后一年的区域私营企业创业指数的自然对数分别增长 0.67 倍和 2.45 倍，说明服务业是我国创业活动的主要行业。在本书服务业创业的章节中我们也着重分析了我国创业活动的产业构成情况，2002—2019 年，我国第三产业创业活动占总体创业活动的平均比例为 86%。

第三，私人财富是影响我国区域创业活动差异第三位的重要因素。私人财富水平越高的区域，创业活动越活跃。根据分析显示，在模型 1 和模型 3 中，区域的城乡居民人均人民币住户存款余额每提高一万元，该城市一年之后的私营企业创业指数的自然对数就分别增长 38% 和 28%，并均在 0.01% 的置信水平下显著，说明私人财富是影响区域创业差异的重要因素。2015 年全球创业观察研究增加了关于创业融资的特别问题，调查显示 91.3% 的中国创业者使用自有资金创业，可见私人财富是创业融资的主要来源。

第四，知识产权保护力度对区域创业活动具有积极影响。专利侵权案件结案数越多，区域的私营企业创业指数越高。从 3 个模型的分析结果来看，专利侵权案件结案数量的自然对数与该城市之后一年的私营企业创业指数的自然对数在 0.01% 的置信水平下具有显著的正相关关系，知识产权案件结案数量的提升会提高一年之后的城市私营企业创业指数。从 2002—2019 年的实证分析来看，加大知识产权保护力度是促进创业的有效政策工具。

第五,失业率与区域创业活跃程度负相关。失业率越高的区域,私营企业创业指数反而越低。从 3 个模型的回归结果来看,失业率与滞后一年 CPEA 指数的自然对数均在不同显著程度下呈负相关关系,说明失业人员并不能直接转化为创业者。两者的负相关关系说明了失业率高的区域整体的经济环境较差,同样不利于开展创业活动。

第六,人口变化和消费水平变化对区域创业活跃程度的影响不显著。区域常住人口的变化比例和区域社会消费品零售总额的增长率均未对区域私营企业创业指数造成显著影响。总体来看,人力资本和经济结构即区域人口中受过高等教育者的比例和服务业占 GDP 的比重对区域创业活动的差异具有显著影响,私人财富水平和知识产权保护力度也对区域 CPEA 指数具有重要影响。人口变化和消费水平变化并未对区域创业活动造成显著影响,失业率与 CPEA 指数负相关。

12.3 两类地区创业活动影响因素的分析

从前文的分析中我们看到 2002—2019 年,发达地区和不发达地区的私营企业创业指数之间的差距在缩小。从区域创业活动的影响因素层面来看,是否这些影响因素之间的差距也在缩小?

如图 12-7 所示展示了发达地区与不发达地区不同影响因素 CPEA 分值的倍数,从而展现两类地区不同影响因素之间差距的变化趋势。在已分析的 7 个影响区域创业活动的因素中,发达地区和不发达地区两者之间的差距在人力资本、私人财富、知识产权保护、人口变化、消费水平变化和失业率等 6 个方面是缩小的,只在经济结构方面差距有所扩大。

具体来看,2002 年发达地区受过高等教育人口的平均比例为 10%,而不发达地区的这一比例为 4%,发达地区是不发达地区的 2.39 倍。2019 年,发达地区受过高等教育人口的平均比例为 26%,不发达地区的这一比例上升至 13%,两者之差是 2.01 倍(图 12-7)。可见,两类地区之间人力资本的差距是在缩小的。

在私人财富方面,2002 年发达地区城乡居民人均人民币储蓄存款余额为 1.68 万元,不发达地区为 0.53 万元,发达地区约是不发达地区的 3.2 倍。2019 年,发达地区的城乡居民人均人民币储蓄存款余额上升到 10.07 万元,而不发达地区上升到 4.88 万元,两者之间差距缩小到约 2.1 倍。

两类地区在专利侵权案件结案数、常住人口变化率、社会消费品零售总额增长率和城镇登记失业率方面的差距都在缩小。值得注意的是,不发达地区的失业率一直高于发达地区,在前文的分析中我们发现失业率越高的区域,创业活动的活跃程度越低。

在经济结构方面两类地区的差距是扩大的,2002 年发达地区服务业占 GDP 的比重是不发达地区的 1.17 倍,而 2019 年这一比例上升到 1.24 倍。虽然这一趋势与区域的私营企业创业指数的趋势不同,但是已有研究证明单个环境要素并不构成高创业活跃度的瓶颈,环境条件在创业生态中的共栖与共生,以及不同环境要素之间的耦合关系是决定创业活跃程度的关键(杜运周等,2020)。

总体来看,影响区域创业活动的因素两类地区之间的差距是缩小的,这也在一定程度上解释了两类地区私营企业创业指数差距缩小的原因。

注：各图横坐标为年份，纵坐标为比值。

图 12-7 2002—2019 年发达地区与不发达地区创业活动影响因素倍数的变化趋势

12.4 小 结

本章分析了我国区域创业活动，主要有以下几点结论。

第一，区域创业活跃程度以某区域内每万名成年人口在过去三年累计新增的私营企业数量衡量,即私营企业创业指数。过去二十年间不同区域的私营企业创业指数差距较大。总体来看,华东和华北地区的区域创业活动较为活跃,西北和东北地区的区域创业活动较为沉寂。

第二,人力资本和经济结构即区域人口中受过高等教育者的比例和服务业占 GDP 的比重对区域创业活动的差距具有显著影响,私人财富水平和知识产权保护力度也对私营企业创业指数具有重要影响。人口变化和消费水平变化并未对区域创业活动造成显著影响,失业率与 CPEA 指数负相关。

第三,2002—2019 年,发达地区与不发达地区私营企业创业指数的差距在缩小。2002年发达地区私营企业创业指数是不发达地区的 7.4 倍,2019 年两者之间的差距不足两倍。从区域创业活动影响因素的角度来看,两类地区人力资本、私人财富、知识产权保护、人口变化和消费水平变化、失业率等方面的差距都在缩小。

参 考 文 献

[1] 高建,程源,李习保,等.全球创业观察中国报告(2007):创业转型与就业效应[M].北京:清华大学出版社,2008.

[2] 高建,石书德.中国转型经济背景下创业地区差异的决定因素研究[J].科学学研究,2009,27(7):1011-1019.

[3] 齐玮娜,张耀辉.创业、知识溢出与区域经济增长差异:基于中国 30 个省市区面板数据的实证分析[J].经济与管理研究,2014,(9):23-31.

[4] 田毕飞,陈紫若.中国创业活动的区域差异性:基于 PLS 的分析[J].软科学,2016,30(10):11-15.

[5] 佚名.中国区域创新创业格局:1990 以后[J].中国市场监管研究,2017,(1):19-26.

[6] BARON R A,SHANE S. Entrepreneurship:A Process Perspective[M].[S. 1.]:South-Western,Div of Thomson Learning,2007.

[7] ARMINGTON C,ACS Z J. The determinants of regional variation in new firm formation[J].Regional Studies,2002,36(1):33-45.

[8] JOHNSON P. Differences in regional firm formation rates:a decomposition analysis[J].Entrepreneurship Theory and Practice,2004,28(5):431-445.

[9] KEEBLE D. Small firms,innovation and regional development in Britain in the 1990s[J].Regional Studies,1997,31(3):281-293.

[10] BLAU D M. A time-series analysis of self-employment in the United States[J].Journal of Political Economy,1987,95(3):445-467.

[11] REYNOLDS P,STOREYD J,WESTHEAD P. Cross-national comparisons of the variation in new firm formation rates[J].Regional Studies,1994,28(4):443-456.

[12] OKAMURO H,KOBAYSHI N. The impact of regional factors on the start-up ratio in Japan[J].Journal of Small Business Management,2006,44(2):310-313.

[13] DRISCOLL J C,KRAAY A C. Consistent covariance matrix estimation with spatially dependent panel data[J].Review of Economics and Statistics,1998,80(4):549-560.

[14] 杜运周,刘秋辰,程建青.什么样的营商环境生态产生城市高创业活跃度?:基于制度组态的分析[J].管理世界,2020,36(9):141-155.

第 13 章
我国主要城市的创业环境

13.1 主要城市创业环境评价体系

城市是创新创业活动开展的基础和主要场所,也是国家创新体系和创业生态系统的关键节点。在"双创"向纵深发展、创新和创业不断融合的时代背景下,汇聚创新创业资源、充满创新创业活力的城市将在未来城市的发展和竞争中更具优势。在 2019 年十三届全国人民代表大会第二次会议上,习近平总书记强调:"要最大限度地释放全社会创新创业创造动能,不断增强我国在世界大变局中的影响力、竞争力。要坚持问题导向,解放思想,通过全面深化改革开放,给创新创业创造以更好的环境,着力解决影响创新创业创造的突出体制机制问题,营造鼓励创新创业创造的社会氛围。"营造良好的创新创业环境对我国深化改革开放,建设创新型国家,在当前世界经济仍面临诸多不确定因素的背景下提高国家竞争力都具有重要意义。

通过梳理已有创新创业环境评价的相关研究可以发现,以国家为研究对象的国际比较研究已较为成熟。众多国际组织从不同视角对全球创新创业活动进行了追踪和评价分析,具有代表性的研究包括世界知识产权组织发布的全球创新指数、世界银行发布的营商环境指数和世界经济论坛发布的全球竞争力报告等。但是在中国针对城市层面的创新创业环境评价研究仍处于起步阶段,多数研究都聚焦于城市的科技创新能力。例如,科技部编著的《国家创新型城市创新能力监测报告》和首都科技发展战略研究院出版的《中国城市科技创新发展报告》等,以城市创业环境评价为首要目标且具有影响力的研究相对较少。

我国主要城市创业环境评价体系研究自 2016 年起,以公开和权威的统计数据为基础,连续 5 年对我国 GDP 排名前 50 的城市(2017 年起增加不在其中的省会城市)展开创业环境评价分析。本次纳入评价的 59 座城市占 2019 年全国 GDP 的 56%,对我国创业环境的总体状况,尤其是经济发达地区的创业环境状况具有较强的代表性。

开展主要城市创业环境评价研究对我国创业活动的发展具有目标作用和预警作用。目标作用是指通过开展创业环境评价,找出各项评价指标中的领先城市,借鉴其发展路径,为其他城市创业活动的高质量发展设立目标和提供参考;预警作用是指通过对城市创业环境开展连续的评价监测,对排名下降或持续落后的城市及创业环境的具体方面进行提示和预警,为城市改善创业环境提供参考和建议。

我们在梳理和比较国内外主要创新创业环境评价指数和研究的基础上,设计了包括政策环境、资金环境、市场环境、创新环境和商务环境在内的 5 个维度和对应的 20 项具体指标的城市创业环境评价体系(表 13-1)。与 2018 年相比,评价体系将资金环境中的金融支持指标由原来的小微企业贷款余额替换为居民人均储蓄;将市场环境中的创业深度指标由原来的高技术产业增加值占地区经济比重替换为高新区工业生产总值占地区经济比重,将市场效率指标由原来的全员劳动生产率替换为城镇从业人员劳动生产率,并在上市公司指标里增加了科创板;在商务环境中的专业服务指标里增加了租赁和商务服务业从业人员占总从业人员比例。

表 13-1　主要城市创业环境评价体系

一级指标	二级指标	指 标 表 征
政策环境	资金扶持	政府引导基金总目标规模
	科技投入	科学技术支出占财政支出比重
	法律制度	知识产权保护力度(每万人法院受理各类知识产权案件数量)
资金环境	金融支持	居民人均储蓄
	天使投资	各城市企业获得天使投资金额
	创业投资	各城市企业获得创业投资金额
市场环境	创业密度	每千人新登记市场主体数量
	创业质量	新创企业注册资本金额
	创业深度	高新区工业生产总值占地区经济比重
	市场效率	城镇从业人员劳动生产率
	上市公司	中国和境外上市公司市值(A 股:创业板,中小板,科创板+纳斯达克)
创新环境	研发投入	全社会研究与开发(R&D)经费占地区生产总值(GDP)的比重
	大学数量	城市普通高等院校数量
	人才数量	大专及以上学历人口占总人口比例
	授权专利	每万人发明专利授权量
	技术辐射	技术合同成交额
商务环境	众创空间	国家级众创空间数量
	孵化器	国家级孵化器数量
	专业服务	每万人注册会计师数量、租赁和商务服务业从业人员占总从业人员比例
	社会关注	创业相关关键词百度搜索指数热度(创业、创新、团队、技术、融资、商机、商业模式、市场、项目、产品)

城市层面的比较研究较国家和省域之间的比较研究在数据收集方面更具挑战性,而且研究还要求数据来源的权威性、样本覆盖的完整性、和数据可得的连续性。在综合考虑以上这些因素后,主要城市创业环境评价体系研究使用的数据主要来源于官方发布的城市统计年鉴及国民经济和社会发展统计公报。除此之外,政府引导基金、天使投资和创业投资相关数据来源于清科私募通数据平台;上市公司市值来源于万得(Wind)金融数据终端;知识产权保护、专利和技术辐射以及新增注册会计师人数等数据来源于对应的行政管理机构和行业协会公布的数据,包括各城市法院或知识产权法院公布的《知识产权白皮书》、科技部火炬中心公布的《全国技术市场统计》以及各城市会计师协会公布的通过任职资格检查的注册会计师名单等;互联网搜索热度数据来源于国内搜索引擎中使用频率最高的百度指数。

13.2　主要城市创业环境评价结果

我们根据主要城市创业环境评价体系,收集各项指标在 2020 年份的数据,并以 2016 年各城市的指标得分为基准,计算出 59 座城市的创业环境综合评价得分和排名。以最初年份为基准值计算指标得分,不但能够比较不同城市创业环境之间的差异,也能够展现同一城市不同年份间指标得分的动态变化,有助于我们从多个维度对主要城市创业环境进行分析。

13.2.1 分项评价

1. 政策环境

政策环境由政府引导基金规模、科技支出占财政支出比重、知识产权保护力度 3 个指标组成。如图 13-1 所示,深圳市保持着较大的领先优势,以 112.27 分排名第 1,主要得益于知识产权保护力度;广州、北京和上海分别以 89.82 分、88.70 分和 66.19 分排名 2~4 位,其中广州的提升幅度较为明显;排名末尾的 3 个城市是拉萨、西宁和唐山,在创业政策环境方面尚有很大的提升空间。

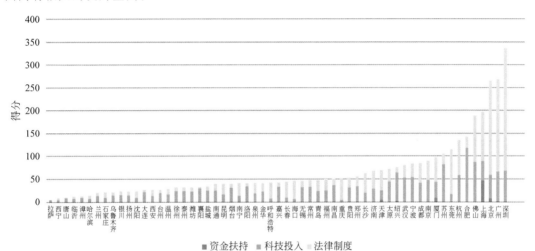

图 13-1 主要城市政策环境综合评价

2. 资金环境

资金环境由人均居民储蓄、天使投资、创业投资 3 个指标组成。如图 13-2 所示,上海和北京的资金环境较其他城市优势明显,资金环境综合评价得分分别达到了 110.03 分和 81.48 分,排名前两位;深圳和杭州的资金环境也相对较好,分别获得 37.68 分和 33.37 分,位列第 3 位和第 4 位;漳州、临沂和南宁资金环境相对较弱,资金环境综合评价得分分别为 19.80 分、22.87 分和 25.56 分,主要原因是市场缺乏天使投资、创业投资等融资渠道。

3. 市场环境

市场环境由新增市场主体密度、新增企业注册资本金额、高新区产值占比、城镇人员劳动生产率和上市公司市值 5 个指标构成。如图 13-3 所示,深圳、上海和北京排名全国前 3,市场环境综合评价得分分别为 57.7 分、53.9 分和 51.1 分,三者无论是在新创企业的质量(注册资本)方面,还是成熟企业的实力(上市市值)方面都有很大优势,具备孕育各类企业的优异市场环境;嘉兴、呼和浩特和西宁的市场环境评价得分仅有 16.3 分、14.5 分和 11.1 分,排名全国末位,市场环境的各方面因素都有待提升。

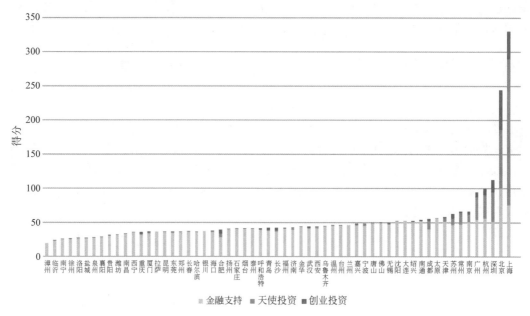

图 13-2　主要城市资金环境综合评价

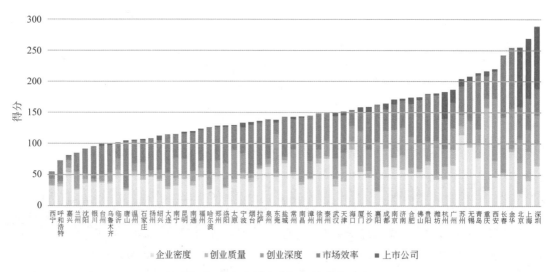

图 13-3　主要城市市场环境综合评价

4. 创新环境

　　创新环境由研发投入、大学数量、人才数量、授权专利和技术辐射第 5 个指标组成。如图 13-4 所示,北京以全国科研和教育中心的优势,在全部二级指标中均名列第 1,以综合评价 131.85 分的绝对领先优势居全国首位;上海、南京、武汉和广州分别以 68.1 分、65.4 分、64.4 分和 61.1 分排名全国 2~5 位;拉萨、漳州和西宁的创新环境综合评价得分均不足 15 分,排名全国末位,在创新环境方面还需进一步补足短板,以激发城市的创新活力。

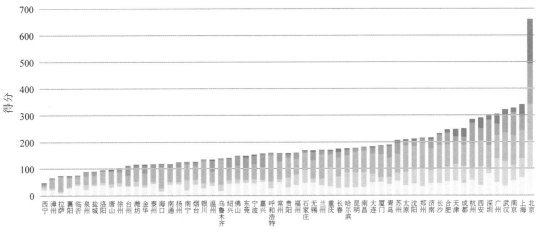

图 13-4　主要城市创新环境综合评价

5. 商务环境

商务环境由国家备案众创空间数量、国家级科技企业孵化器数量、每万人注册会计师人数以及租赁和商务服务业从业人员占总从业人员比例、创业关键词搜索热度 4 个指标组成。如图 13-5 所示,北京在全部二级指标得分均排名第 1,以综合评价 92.42 分成为商务环境最好的城市;上海在众创空间方面略微落后,商务环境综合评价得分为 66.4 分,排名第 2;深圳在孵化器与专业服务方面稍显不足,商务环境综合评价得分为 57.3 分,排名第 3;绍兴、襄阳和漳州的商务环境排名末位。

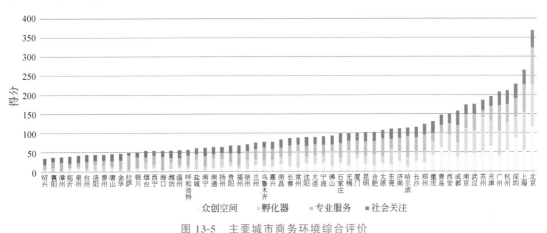

图 13-5　主要城市商务环境综合评价

13.2.2　总体评价

如图 13-6 所示,2020 年我国主要城市创业环境评价综合得分前 10 名的城市分别是北京、上海、深圳、广州、杭州、南京、苏州、武汉、天津和合肥。

北京在创新环境和商务环境两方面均处于领先地位,上海在资金环境方面优势明显,深圳在政策环境和市场环境两方面表现优异,这 3 个城市在创业环境 5 个方面的排名中均进入全国前 6,具有很好的示范作用。

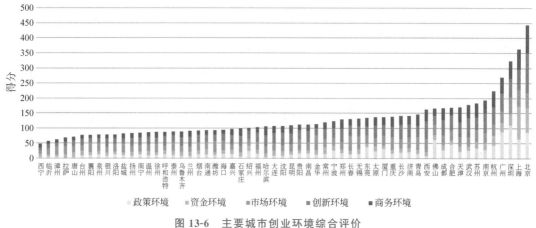

图 13-6　主要城市创业环境综合评价

1. 前 10 名城市分析

2020 年主要城市创业环境综合评价排名前 8 位的城市名单与 2018 年相同,只是排名顺序略有变化,北京仍居首位,上海超越深圳排名第 2,广州超越杭州排名第 4,南京和苏州超过武汉分列第 6 和 7 名;天津和合肥超过西安和成都进入前 10,而成都下降至第 11 位,西安则下降至第 13 位。

如表 13-2 所示,前 10 名城市中,上海和广州的创业环境改善最为明显,相比 2018 年创业环境综合评价得分分别增加了 95.12 分和 69.23 分,主要是因为上海资金环境中天使投资金额以及广州政策环境中法律制度评分的大幅提升;杭州和北京的创业环境综合评价得分较 2018 年下降,分别下降了 24.93 分和 13.51 分,造成北京得分下降的主要原因是资金环境中企业获得天使投资金额和获得创业投资金额的下降,而杭州则是所有指标都存在一定程度的下滑。

表 13-2　2020 年主要城市创业环境评价综合得分前 10 名城市分析

排　　　名	城　　　市	政策环境	资金环境	市场环境	创新环境	商务环境	综合得分
1(→)	北京	88.70 (+10.16)	81.48 (−22.36)	51.13 (−6.37)	131.85 (+12.18)	92.42 (−7.13)	445.59 (−13.51)
2(↑1)	上海	66.19 (+31.59)	110.03 (+35.19)	53.89 (+13.39)	68.10 (+5.01)	66.40 (+9.93)	364.62 (+95.12)
3(↓1)	深圳	112.27 (+26.67)	37.68 (−0.79)	57.69 (−11.40)	60.53 (+8.45)	57.30 (−0.33)	325.46 (+22.60)
4(↑1)	广州	89.82 (+51.70)	31.61 (+5.85)	37.53 (−7.00)	61.12 (+6.50)	52.22 (+12.18)	272.30 (+69.23)
5(↓1)	杭州	45.45 (−9.20)	33.37 (−4.80)	36.74 (−5.95)	57.16 (−0.68)	53.07 (−4.30)	225.79 (−24.93)
6(↑2)	南京	30.42 (+0.51)	22.21 (+5.54)	34.34 (−1.19)	65.47 (+3.51)	43.66 (+3.97)	196.10 (+12.34)

续表

排　　名	城　　市	政策环境	资金环境	市场环境	创新环境	商务环境	综合得分
7(↓1)	苏州	35.66 (+4.35)	20.96 (−13.11)	40.85 (−2.93)	41.32 (+1.57)	46.87 (+13.59)	185.65 (+3.47)
8(↓1)	武汉	27.36 (−3.04)	14.76 (−4.26)	30.21 (−7.17)	64.44 (−2.22)	44.21 (+11.71)	180.98 (−4.97)
9(↑4)	天津	23.41 (−1.13)	19.29 (−3.40)	30.43 (+6.79)	49.73 (+5.83)	49.17 (+8.62)	172.03 (+18.97)
10(↑2)	合肥	47.73 (+13.04)	12.99 (−0.28)	34.89 (+0.59)	49.45 (−2.50)	25.76 (+0.42)	170.81 (+11.27)

注：灰色代表城市创业环境得分较 2018 年提高，白色代表下降。

具体来看，北京创业环境评价综合得分依旧位居全国主要城市首位，但是与 2018 年相比得分下降了 13.51 分，主要是因为资金环境方面降低了 22.36 分。在政策环境方面，2020 年北京财政支出中用于科学技术的支出相比之前略有增长，知识产权案件数量增加了超过 25%，但是政府引导基金总目标规模下降，低于 2018 年新增政府引导基金规模。在资金环境方面，北京的新增指标居民人均储蓄位于全国首位，但企业获得天使投资金额和创业投资金额下降，导致了资金环境总评分下滑。在市场环境方面，北京的高技术产业占比和城镇从业人员劳动生产率都有所下降是市场环境得分下降的主要原因。上市公司市值有所回落，但新增市场主体数量和新创企业注册资本金额较 2018 年都有一定程度的增加。在商务环境方面，百度指数中互联网关于创业相关关键字检索数量下降，使得商务环境总得分一定程度上下降。

上海的创业环境评价综合得分相比 2018 年大幅上升，超过深圳 39.16 分排名第 2。在创业环境的分项指标中，上海在资金环境中排名第 1，政策环境排名第 4，其他 3 个方面都位居次席。上海在每个方面相比 2018 年都有不同程度的提升，在政策环境和资金环境方面提升最大，其中科技投入、资金扶持和天使投资方面的评分增加幅度最大，天使投资评分达到了 214.59 分，增长接近 50%，在天使投资方面有较好的领先优势。

深圳创业环境评价综合得分较 2018 年提高 22.60 分，政策环境提高 26.67 分，增加幅度大，其中法律制度的评分较 2018 年上升。而市场环境评分下降了 11.40 分，主要是因为高技术产业增加值占地区经济比重下降。资金环境和商务环境有所降低，而创新环境方面由于人才数量和研发投入的增加，有一定程度的提高。

广州创业环境评价综合得分较 2018 年上升 69.23 分，超越杭州排名第 4。从具体指标来看，与深圳相似，由于法律制度评分的上升，广州在政策环境方面提高 51.70 分，改善明显。商务环境方面由于众创空间和专业服务的改善，评分上升了 12.18 分。而广州的市场环境是评分唯一有所下降的方面，其中新创企业注册资本金额有下降，城镇从业人员劳动生产率下降。广州的创业质量、创业深度和市场效率还需要提升。

杭州是 2020 年主要城市创业环境评价前 10 名城市中唯一一座 5 项一级指标评分均下降的城市，但 5 项指标的下降幅度均不大，综合得分降低了 24.93 分。杭州的政策环境是下降幅度最大的指标，降低了 9.20 分，主要是因为法律制度指标下降了 19.98 分。杭州的创业质量、创业深度指标分别下降了 17.01 和 29.95 分，导致市场环境指标相较 2018 年减少了 5.95 分。总的来看，杭州的各项指标都有继续提升的空间。

南京和苏州 2020 年创业环境评价综合得分均超过了武汉,分别为 196.10 分和 185.65 分。南京和苏州的政策环境、创新环境和商务环境都稳定上升,苏州的商务环境上升幅度较大,主要是由于孵化器指标达到了 89.09 分,位列主要城市第 3。但苏州的天使投资指标从 53.55 分下降到了 9.74 分,导致其资金环境评分下降了 13.11 分。南京创业环境各项指标较为均衡,2020 年变化幅度相对较小,较为稳定。

武汉 2020 年创业环境评价综合得分为 180.98 分,较 2018 年下降 4.97 分,排名下降了两名。与杭州情况相似,武汉的政策环境、资金环境、创新环境和市场环境评分都有不同程度的下滑。而商务环境方面由于众创空间和专业服务评分的提升,总分较 2018 年上升了 11.71 分,使得综合总分的下降程度不大。

天津和合肥的排名分别上升了 4 名和 2 名,从而进入了前 10 名中。天津的市场环境、创新环境和商务环境都有较大提升,使得总分增加了 18.97 分。合肥除政策环境之外的其他指标变化不大,而政策环境方面,由于合肥科学技术支出占财政支出比例以 118.51 分位列全国第 1,从而使得政策环境指标评分相比 2018 年增加了 13.04 分。

2. 创业环境分析

2016 年至 2020 年五年间,我国主要城市创业环境的总体情况不断改善,如表 13-3 所示,创业环境平均得分由 2016 年的 111.46 分上升至 2020 年的 131.14 分,增长 17.66%。在一级指标层面,改善幅度较大的指标为资金环境(45.36%)和政策环境(36.95%),市场环境(23.26%)和创新环境(20.01%)有所改善,商务环境略微上涨(2.34%)。

表 13-3　2016—2020 年主要城市创业环境一级指标和二级得分变化情况

	2016	2017	2018	2020	变　化
平均得分	111.46	113.58	124.61	131.14	17.66%
政策环境	16.32	17.24	18.74	22.35	36.95%
资金扶持	7.74	7.45	3.19	1.56	−79.84%
科技投入	27.26	25.45	27.59	30.63	12.36%
法律制度	13.96	18.83	25.44	34.85	149.64%
资金环境	12.17	12.36	15.96	17.69	45.36%
金融支持	25.79	26.13	30.10	41.39	60.49%
天使投资	6.41	4.74	12.96	8.41	31.20%
创业投资	4.30	6.21	4.82	3.26	−24.19%
市场环境	28.80	32.09	34.46	35.50	23.26%
创业密度	28.65	39.06	43.09	48.39	68.90%
创业质量	11.84	11.90	10.72	12.80	8.11%
创业深度	36.36	37.45	41.33	29.64	−18.48%
市场效率	38.36	39.95	42.68	51.17	33.39%
上市公司	n/a	4.62	3.87	8.85	91.56%
创新环境	29.64	33.55	34.55	35.57	20.01%
研发投入	37.92	37.91	39.37	39.79	4.93%
大学数量	34.64	32.93	32.60	32.39	−6.50%
人才数量	46.20	67.24	67.04	67.26	45.58%
授权专利	24.10	23.47	25.85	28.23	17.14%

续表

	2016	2017	2018	2020	变　化
技术辐射	5.34	6.19	7.91	10.19	90.82%
商务环境	**24.79**	**25.74**	**24.66**	**25.37**	**2.34%**
众创空间	16.03	20.43	19.96	22.71	41.67%
孵化器	n/a	n/a	n/a	27.37	n/a
专业服务	25.06	26.33	24.30	29.50	17.72%
社会关注	33.28	30.44	29.70	21.89	−34.22%

注：市场环境里的上市公司指标是 2017 年新增指标,故得分变化情况是用 2020 年和 2017 年数据做比较;商务环境里的孵化器指标是 2020 年新增指标,故无法比较得分变化情况。

"变化"一列灰色代表创业环境较 2016 年提高,白色代表下降。

资金环境得分延续了 2016 年以来的上升趋势,比 2016 年提高了 45.36%,较 2018 年提高了 10.84%,是提高幅度最大的指标。2018 年来上升的主要原因是金融支持的指标由小微企业贷款余额换成了居民人均储蓄,而居民人均储蓄指标评分更高。天使投资和创业投资评分均下降了 30% 以上,我国天使投资市场近两年发展不顺,天使投资事件数量从 2018 年的 2 597 个降低到 2019 年的 1 095 个,而到了 2020 年,由于"募资难"影响,这一数字更是下降到了 553 个。投资机构越来越难筹到钱,对资金的使用也越来越谨慎,导致很多创业项目难以获得天使投资。创业投资则是因为投资额主要集中在排名前 10 的城市,城市之间的差距过大,导致整体评分相较 2018 年下降。

具体来看,与 2016 年相比,政策环境得分提高了 36.95%,是增长比例第二大的指标。法律制度指标即各城市知识产权案件数量延续了 2016 年以来不断上涨的趋势,较 2018 年上升 36.99%,较 2016 年上升了 149.64%,显示出知识产权保护力度的不断加大。资金扶持指标即各城市新增政府引导基金总目标规模得分下降 79.84%。政府引导基金在经历了 2014—2016 年的爆发式增长后,规模持续大幅度下降,资金扶持评分下降到 1.56 分。科技投入指标中各城市财政支出中科学技术支出占比上升了 12.36%,说明各城市对科学技术的重视程度有明显增加。

市场环境方面,创业密度、创业质量、市场效率和上市公司 4 个指标较 2018 年均有提升,而创业深度指标却有下滑。2020 年主要城市创业密度指标平均得分上升至 48.39 分,较 2016 年提高了 68.90%。创业密度即每千人新增市场主体数量,在国家"双创"战略的推动下,近几年来新增市场主体数量不断提高。2018 年,全国新设市场主体 2 149.6 万户,2020 年即使在疫情影响下,全年新设市场主体仍然达到了 2 500 万户左右,实现了逆势增长。在新设市场主体的数量不断提高的同时,创业质量也实现了提高。创业质量指标衡量的是新增企业注册资金的总额,这一指标 2018 年较 2016 年下降了 9.39%,但 2020 年较 2016 年上升了 8.11%。创业深度指高技术产业增加值占地区经济比重,2020 年该指标评分下滑到 2016 年之下,评分降低了 18.48%,说明城市内创新资源的聚集和产业结构的优化还需要提高。

与 2016 年相比,创新环境得分提高了 20.01%,主要原因是技术辐射指标提升了 90.82%,延续了 2016 年以来不断增长的趋势,并且人才数量指标上升了 45.58%。技术辐射指标与人才数量指标平均得分的上升也说明了三年来我国主要城市科技成果转化的不断活跃和科技创新人才的不断增加。研发投入和大学数量指标变化量不大,授权专利指标评分有 17.14％的上升,说明主要城市的技术创新正在不断增强。

商务环境得分变动较小,与 2016 年相比增加 2.34％,主要体现在众创空间、专业服务指标的上升和社会关注指标的下降。众创空间指标衡量各城市国家级众创空间的数量,该指标得分较 2016 年上升 41.67％,2016 年以来众创空间逐渐增加的趋势说明各城市专业化的创业服务机构数量不断上升。专业服务指标新引入了一项租赁和商务服务业从业人员占总从业人员比例的指标,主要城市的这一新指标得分偏高。社会关注指标利用百度指数中互联网对 10 个创业相关关键词的检索热度衡量社会对创业活动的关注程度,该指标得分较 2016 年下降 34.22％,说明社会对创业的关注程度较 2016 年有所下降。

13.3 主要城市创业环境的区域差异

13.3.1 城市体量越大创业环境越好

从评价结果来看,创业环境与城市的人口体量呈正相关关系(图 13-7),相关系数为 0.69。人口数量与所有二级指标均保持了 0.5 以上的相关系数,其中与商务环境相关系数最高,达到了 0.72。

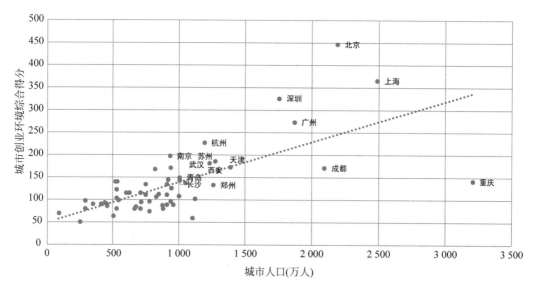

图 13-7　城市人口与创业环境评价得分的关系

按照国务院 2014 年出台的城市划分标准,超过 1 000 万人口的城市为超大城市,500 万至 1 000 万人口的城市为特大城市,100 万至 500 万人口的城市为大城市,50 万至 100 万人口的城市为中等城市。根据全国第七次人口普查数据显示,2020 年主要城市创业环境评价包含了中国 18 座超大城市、32 座特大城市、8 座大城市和拉萨 1 座中等城市。如图 13-8 所示,超大城市创业环境平均得分为 192.88 分,特大城市平均得分 110.18 分,大城市平均得分 83.87 分及中等城市得分 68.95 分,人口规模越大的城市创业环境越好。

从城市的行政级别来看,2020 年主要城市创业环境评价的 59 座城市包括我国 4 个直辖市、15 个副省级城市、17 个其他省会城市和 23 个其他地级市。如图 13-9 所示,评价平均得分分别为 280.36 分、169.95 分、104.73 分和 99.36 分,行政级别越高的城市创业环境越好。

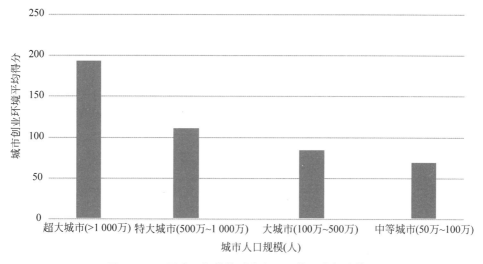

图 13-8　不同人口规模的城市创业环境评价得分情况

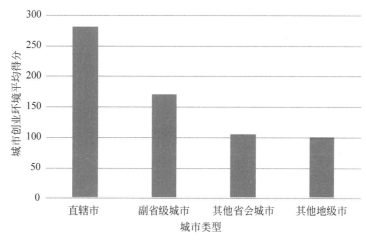

图 13-9　不同行政级别的城市创业环境评价得分情况

13.3.2　东部城市在政策和资金环境上优势明显

国家统计局根据区域经济发展的水平和地理位置及自然条件的分布,将全国划分为 3 大经济地区。2020 年参与主要城市创业环境评价的 59 座城市中,38 座位于东部地区、11 座位于中部地区、10 座位于西部地区。其中,中西部地区以省会城市为主,东部地区除省会城市外,还包括了许多其他经济发达城市。

从评价结果来看(表 13-4),东中西部城市创业环境各项中创新环境都是评分最高的方面,并且市场环境和商务环境都分列 2、3 位。政策环境和资金环境是 3 个区域评分较低的方面。具体来看,东部地区城市创新环境平均得分 35.74 分,略强于西部地区城市创新环境平均得分 32.22 分,弱于中部地区城市创新环境平均得分 38.04 分。中部地区创新环境得分高于东部城市主要是因为其非省会城市较少,大学数量、人才数量等创新资源较为集中在这些省会城市。由此可见,中西部省会城市应该利用创新资源这一创业环境最具优势的方面,进一步推动科技成果转化,带动创新型创业发展。

表 13-4 　2018—2020 年不同区域主要城市创业环境得分情况

区　　域	年　　份	政策环境	资金环境	市场环境	创新环境	商务环境	综合总分
东部城市 (38 座)	2018	21.40	14.12	29.96	33.82	24.32	123.62
	2020	25.86	20.25	31.06	35.74	26.38	139.28
	变化	20.84%	43.41%	3.67%	5.68%	8.47%	12.67%
中部城市 (11 座)	2018	16.51	9.27	26.46	38.01	25.28	115.53
	2020	19.86	12.74	29.51	38.04	23.95	124.09
	变化	20.29%	37.43%	11.53%	0.08%	−5.26%	7.41%
西部城市 (10 座)	2018	10.84	7.95	24.07	33.60	25.29	101.75
	2020	11.74	13.40	27.52	32.22	23.08	107.96
	变化	8.30%	68.55%	14.33%	−4.11%	−8.74%	6.10%

注:"变化"一行灰色代表城市创业环境得分较 2018 年提高,白色代表下降。

3 个区域在市场环境和商务环境方面的平均得分较为接近,但在政策环境和资金环境方面东部城市领先优势明显。3 个区域政策环境的差距主要体现在政府引导基金规模和知识产权保护方面,尤其是知识产权保护力度,东部地区的评分是西部地区的 191%,是中部地区的 240%。资金环境的差距在人均储蓄、天使投资和创业投资三个方面均有体现,说明东部地区在创业有关政策的实行力度和创业资金投入方面都有明显的优势。

从 2018 年到 2020 年的创业环境评价得分变化来看,东部城市创业环境综合评价得分上升较多,达到 12.67%,得益于其创业环境 5 个方面都得到了不同程度的改善,尤其是政策环境(提高 20.84%)和资金环境(提高 43.41%);中部城市的创业环境综合评价得分上升 7.41%,对政策环境和资金环境的改善程度比较明显,分别提高了 20.29% 和 37.43%,特别在市场环境的改善上要优于东部城市,提高了 11.53%,但其商务环境反而下降了 5.26%;西部城市创业环境在资金环境和市场环境上的改善幅度较大,分别提高了 68.55% 和 14.33%,超过了东部城市和中部城市,但创新环境和商务环境下降比较多,分别下降了 4.11% 和 8.74%。

13.3.3　三大城市群创业环境改善明显

创新创业活动已经突破科技园和高新区的边界向整个城市和城市群发展。京津冀、长三角和珠三角城市群是中国经济最为发达的地区。另外,山东半岛作为我国华东地区重要的城市密集区之一,2020 年有 6 座城市进入我国城市 GDP 排名前 50,相较 18 年减少了 2 座城市。比较 4 大城市群的差异可以了解中国创业环境领先区域的现状。虽然各城市群由于地域大小和经济发展水平的差异导致纳入主要城市创业环境评价的城市数量不同,但从各城市群 2016 年至 2020 年间的得分变化以及各项一级指标间的得分差异可以看出不同城市群创业环境的变化趋势。

总体来说(表 13-5),2020 年京津冀、珠三角和长三角城市群创业环境平均得分较 2016 年分别提高了 17.47%、33.01% 和 21.54%,均超过 15%,改善较为明显。山东半岛城市群 2020 年创业环境平均得分较 2016 年提升了 37.04%,增长率超过了前 3 个城市群,主要是因为 2018—2020 期间的大幅增长。京津冀、珠三角和长三角城市群创业环境的持续改善离不开北京、深圳和上海 3 座创业环境评价排名前 3 城市的辐射效应和网络效应。山东半岛城市群中没有城市发展水平特别突出的城市,创业环境评价得分排名最高的青岛位列全国第 14 位,济南位列全国第 15 位,其他 4 座城市均在 30 名以后。山东半岛城市群仍需聚集优势资源,打造创新创业区域高地。

表 13-5　2016—2020 年四大城市群创业环境得分情况

城市群	年　　份	评价城市数量	政策环境	资金环境	市场环境	创新环境	商务环境	综合总分
京津冀	2016	4	20.98	30.63	29.25	44.40	43.14	168.40
	2017	4	26.53	33.68	30.05	50.31	46.03	186.61
	2018	4	27.62	34.15	29.65	54.32	44.99	190.74
	2020	4	30.91	32.67	31.01	58.66	44.57	197.82
	变化		47.33%	6.66%	6.02%	32.12%	3.31%	17.47%
珠三角	2016	4	37.18	17.61	44.87	34.54	35.27	169.47
	2017	4	46.88	15.11	42.47	38.94	34.04	177.45
	2018	4	54.01	18.07	42.02	40.13	33.60	187.83
	2020	4	75.99	24.51	39.50	45.21	40.21	225.42
	变化		104.38%	39.18%	−11.97%	30.89%	14.01%	33.01%
长三角	2016	16	19.26	13.18	31.60	26.72	20.95	111.72
	2017	16	18.66	12.06	30.46	33.18	23.05	117.42
	2018	17	21.83	16.35	31.92	34.31	21.17	125.58
	2020	18	23.15	21.99	34.89	49.45	24.92	135.79
	变化		20.20%	66.84%	10.41%	85.07%	18.95%	21.54%
山东半岛	2016	7	8.73	4.77	23.02	22.56	19.67	78.75
	2017	8	9.14	3.91	24.63	25.74	13.32	76.75
	2018	8	10.56	3.83	25.26	25.00	18.18	82.83
	2020	6	13.00	12.92	29.90	31.24	13.59	107.92
	变化		48.91%	170.86%	29.89%	38.48%	−30.91%	37.04%

注:“变化”一行灰色代表城市创业环境得分较 2016 年提高,白色代表下降。

从各城市群的具体指标来看,京津冀城市群 4 座城市 2016 年到 2020 年间 5 项一级指标平均得分全部增长。其中商务环境得分增长较慢,为 3.31%,而政策环境得分由于知识产权保护力度的持续增强提高较多,达到 47.33%,综合总分增加了 17.47%。珠三角城市群 4 座城市同样在政策环境方面改善十分突出,较 2016 年提高 104.38%,但在市场环境方面下降 11.97%,在这四年间呈下降趋势。市场环境得分下降的主要原因是深圳新增市场主体数量和新增企业注册资本金额较 2016 年都有所下降。

相较于 2016 年,长三角城市群的创业环境各项指标全部增长。创新环境和资金环境分别增长 85.07% 和 66.84%,增长幅度较大,主要与人才数量、天使投资和创业投资的活跃度相关;市场环境相对改善幅度较小,仅增长 10.41%,有待进一步改善。山东半岛城市群创业环境得分波动较大,资金环境得分提高 170.86%,是增长幅度最大的方面,与指标的变动有关,政策环境提高了 48.91%。而山东半岛城市群的商务环境得分下降 30.91%,相比 2018 年数据有下降,应着重改善。

13.3.4 城市创业环境的投入产出效率存在差异

主要城市创业环境评价体系的指标可分为两类：一类是包括政策环境、资金环境、创新环境和商务环境的"投入型"指标，重点衡量环境要素对创业活动的供给和支撑；另一类是评价体系中的市场环境，重点衡量区域内创业活动的产出和绩效，我们将其定义为"产出型"指标。

从"投入型"和"产出型"创业环境评价指标的得分情况来看，两者呈正相关关系，但不同城市的投入产出效率存在差异。如图 13-10 所示，深圳与上海是 2020 年参与主要城市创业环境评价的城市中市场环境得分最高的两座城市，其投入产出效率也相对较高，在头部城市群中具有示范作用。北京虽然具有更为丰富的"投入型"创业环境资源，但转化效率低于深圳与上海，因此在市场环境的得分上也略低。分地区来看，重庆、西安、苏州和青岛等地市场环境得分和其转化效率也相对较高。沈阳、武汉、广州和兰州等地在市场环境的得分和投入产出效率方面表现较弱。

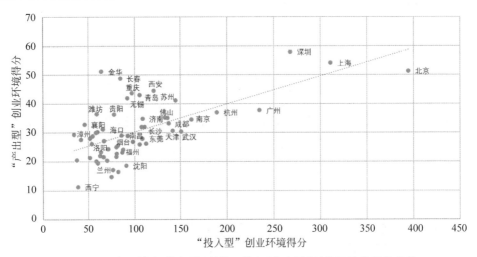

图 13-10　主要城市"投入型"创业环境与"产出型"创业环境的得分差异

13.3.5 不同城市的发展策略

如图 13-11 所示，横坐标为 2020 年各城市创业环境评价综合得分，纵坐标为 2020 年各城市创业环境变化幅度。2020 年 59 座主要城市创业环境评价平均得分 134.44 分，平均增长率 10.74%。城市创业环境平均得分与平均增幅延长线划分出了 4 个象限，主要城市可按城市创业环境的得分和增长率分为 4 种类型，不同类型的城市可制定不同的发展策略。

右上象限为城市创业环境得分高于平均水平，且得分增幅也超过平均水平的城市。按创业环境评价得分由高向低排列，包括上海、广州、天津、佛山、青岛、重庆和东莞。上海已经在前 10 名城市中进行了分析，广州创业环境评价得分较 2018 年提高 34.09%，在政策、资金、创新、商务环境等方面都排名全国前 5。相较于前第 3 名的北京、上海、深圳，广州的产业结构偏向于第三产业和传统工业，政府预算也更低，在市场环境方面还有追赶空间。

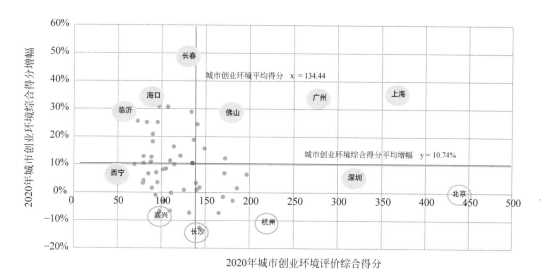

图 13-11　2020 年主要城市创业环境评价得分及变化

注:深色代表城市创业环境得分较 2018 年上升,白色代表得分较 2018 年下降。

右下象限为城市创业环境得分高于平均水平,但 2020 年增长率弱于平均水平的城市。按创业环境评价得分由高向低排列,包括北京、深圳、杭州、南京、苏州、武汉、合肥、成都、西安、济南、长沙、厦门和太原。其中北京在政策环境和创新环境方面的得分有所下滑,其原因在于政府创业引导基金总目标规模、企业所获得天使与创业投资的增长有所乏力。

左上象限为城市创业环境得分低于平均水平,但 2020 年增长率高于平均水平的城市。按创业环境评价得分由高向低排列,包括无锡、长春、常州、贵阳、大连、哈尔滨、海口、潍坊、乌鲁木齐、泰州、徐州、温州、盐城、洛阳、银川、唐山和临沂。虽然这些城市目前创业环境状况较弱,但展现出较好的发展潜力。其中,无锡在新增市场主体数量方面取得巨大进步。2016 年,无锡市场主体数量为 55.4 万户,2018 年底突破 70 万户,而在 2021 年中已突破 100 万户,其中公司制企业占绝对主导地位,也包含了生物医药、智能制造领域的科技主体。无锡持续深化商事制度改革,实现"一照多址"与"拿地即开工",吸引了大量优质企业,市场环境的改革取得了成功。

左下象限为城市创业环境得分低于平均水平,且 2020 年增长率也低于平均水平的城市。按创业环境评价得分由高向低排列,包括郑州、宁波、南昌、昆明、沈阳、福州、绍兴、石家庄、嘉兴、南通、烟台、兰州、呼和浩特、扬州、泉州、台州、拉萨和西宁。这类城市目前的创新创业基础较为薄弱,应根据实际情况研究具有针对性的追赶策略。

不同象限城市可制定不同发展策略。创业环境评价得分高于平均水平且进步较大的城市(右上象限),应保持优势方面,加速发展;创业环境评价得分高于平均水平但进步较小的城市(右下象限),应找到下降或增速放缓的具体指标,重点调整;创业环境评价得分低于平均水平但进步较大的城市(左上象限),可继续保持势头,并在短板方面逐步布局改善;创业环境评价得分低于平均水平且进步较小的城市(左下象限),多数为创新创业资源和基础较为薄弱的城市,应借鉴高速发展城市的路径,有针对性地改革发展。

13.4 小　结

本章首先介绍了我国主要城市创业环境评价体系,包括政策环境、资金环境、市场环境、创新环境和商务环境五个维度和 20 项具体指标;然后以 59 座城市(包括 GDP 排名前 50 的城市以及省会城市)为评价样本,在 2020 年份数据基础上计算得分,对不同城市的创业环境进行比较和分析,得出以下结论:第一,2020 年我国主要城市创业环境评价综合得分前 10 名的城市分别是北京、上海、深圳、广州、杭州、南京、苏州、武汉、天津和合肥;第二,北京在创新环境和商务环境两方面均处于领先地位,上海在资金环境方面优势明显,深圳在政策环境和市场环境两方面表现优异;第三,城市体量越大创业环境越好;第四,东部城市在政策和资金环境上优势明显;第五,京津冀、长三角和珠三角城市群的创业环境改善明显;第六,城市创业环境的投入产出效率存在差异,不同类型的城市为改善创业环境应制定不同的发展策略。

第5篇

国际多边结构

第 14 章
二十国集团和金砖国家创业活动的比较

据不完全统计,全球国际性组织将近 200 个,比联合国成员国还多。其中包括 56 个国际政治组织、52 个国际经济组织、48 个科教文卫组织及 50 多个其他类型的国际组织。

二十国集团(G20)是全球具有代表性的国际经济组织,于 1999 年由八国集团财长会议倡议成立。G20 成员(按照首字母排序)包括阿根廷、澳大利亚、巴西、加拿大、中国、法国、德国、印度、印度尼西亚、意大利、日本、韩国、墨西哥、俄罗斯、沙特阿拉伯、南非、土耳其、美国、英国及欧盟,兼顾了欧洲、北美洲、南美洲、非洲、亚洲和大洋洲的代表性国家。

G20 汇聚了当前全球人口、经济、政治的主体部分,人口占全球的 2/3,国土面积占全球的 55%,国内生产总值占全球的 86%,贸易额占全球的 75%[①]。同时 G20 汇聚了联合国常任理事国和绝大部分非常任理事国,兼顾了发达国家和发展中国家,各占 50%。G20 在全球事务中发挥着举足轻重的作用,成为共同应对全球性问题的多边机制。

创业和就业是 G20 领导人峰会的核心议题之一,比如 2009 年伦敦峰会提出"恢复经济信心和经济增长,复苏就业市场",匹兹堡峰会提出"把保证就业质量作为经济复苏的核心";2010 年多伦多峰会提出"实现强有力的就业增长"十分重要。

在 2016 年 G20 杭州峰会公报上明确指出"创业是创造就业机会、推动经济增长的重要动力";G20 劳工就业部长会议宣言以"创新与包容性增长:让就业机会更加充分、就业能力更加适应、就业质量更高"为主题,指出"创业是推动体面就业、创造力、创新和经济增长的重要引擎",并通过了《G20 创业行动计划》。宣言中同时提出,G20 欢迎中国在建立 G20 经济体创业研究方面发挥引领作用,成立研究中心,为落实创业行动计划提供支持。

2017 年 1 月 11 日,中国人力资源和社会保障部与清华大学共同设立的二十国集团创业研究中心成立。中心以推动《G20 创业行动计划》的实施为基点,目标成为全球有学术影响力、政策影响力和以其成果带来创业和就业成效的创业研究中心。中心的研究主要包括跟踪和分析 G20 各成员国《创业行动计划》实施的进展,总结和分享各国具有借鉴意义的创业实践和经验;以 G20 为核心进行全球创业比较研究,从技术、经济、社会、教育、金融和创新等多维度研究 G20 各成员的最佳创业实践和创业政策。

金砖国家包括巴西、俄罗斯、印度、中国、南非等五国,2006 年金砖国家外长举行首次会晤,开启金砖国家合作序幕。

金砖国家国土面积占世界领土总面积 26.46%,人口占世界总人口 41.93%。据估算,2019 年五国经济总量约占世界的 24.16%,贸易总额占世界的 16.27%。五国在世界银行的投票权为 13.39%,在国际货币基金组织的份额总量为 14.84%[②]。目前金砖国家合作的

---

① 二十国集团概况介绍文字来源于中国外交部网站,2020 年 10 月。
② 金砖国家概况介绍文字来源于中国外交部网站,2020 年 10 月。

影响已经超越五国范畴,成为促进世界经济增长、完善全球治理、促进国际关系民主化的建设性力量。

在 2017 年金砖国家领导人第九次峰会上通过的《金砖国家领导人厦门宣言》中指出"支持通过技术转移转化、科技园区和企业合作以及研究人员、企业家、专业人士和学生流动等方式加强创新创业合作。"《金砖国家创新合作行动计划》提出"推动金砖五国设立青年创新创业合作伙伴关系""支持科技创新人才流动,尤其是青年科学家、青年创业者之间的交流,分享创新创业技能培训的最佳实践",这些共识将为五国青年在就业、创新创业等方面创造红利。

七国集团(G7)是一个由世界七大发达国家经济体组成的国际组织,相比 G20 经济体和金砖国家,其成立时间更早,目前成员为美国、加拿大、英国、法国、德国、意大利及日本。这 7 个国家同时也是 G20 经济体的成员。2019 年全球 GDP 前十名包括了 G7 和中国、印度、巴西,因此本章部分内容也会将 G7 集团与 G20 经济体、金砖国家加以对比。

在本章对 G20 经济体、金砖国家的创业活动比较分析中,可以看到尽管金砖国家在创业活跃程度和创业者自我认知方面表现良好,但是在企业创新能力、国际化程度、产业均衡分布等方面与 G20 经济体还存在差距,需要进一步提高创业质量。

全球创业观察研究自 1999 年开始,共有 115 个经济体在不同年份参加研究,这其中就包括了 G20 经济体和金砖五国。本章先从共性和差异两个方面分析比较 G20 经济体、金砖国家的创业活动特征和创业质量;然后对不同集团、不同国家的创业环境进行比较。

14.1　创业活动的共性

14.1.1　机会型创业为主

全球创业观察研究将创业活动按动机分为生存型创业和机会型创业。前者是迫于生存压力不得不选择创业,后者是看到了比目前事业更好的机会而选择去创业。

如图 14-1 所示,对于 G20 经济体、金砖国家、G7 集团,2002—2018 年早期创业活动一直都是以机会型动机为主,而且波动不大。其中,G7 集团机会型动机占比最高,其次是 G20 经济体,再次是金砖国家,历年平均值分别为 76.3%,70.8%和 62%。

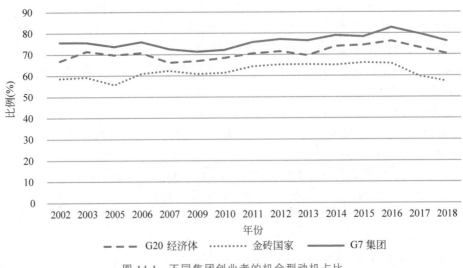

图 14-1　不同集团创业者的机会型动机占比

对比不同发展阶段和不同收入水平的 G20 经济体,从图 14-2 中很明显看出,处于创新驱动阶段和高收入水平的 G20 经济体,其创业者的机会型动机占比更高,分别为 75.9% 和 75.4%。也就是说,在要素驱动阶段和效率驱动阶段的国家,以及中低收入水平的国家,迫于生计选择创业的创业者比例要多一些。

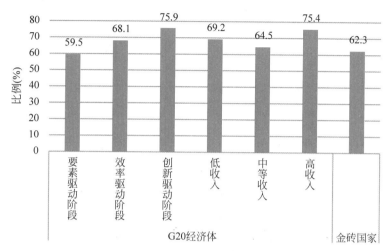

图 14-2　不同发展阶段和收入水平的 G20 经济体和金砖国家创业者的机会型动机占比

图 14-3 显示,G20 经济体创业者机会型动机占比最高的国家为澳大利亚(82.3%);美国排在第 6 位(78.5%);中国这一比例为 60.9%,在 G20 成员国中处于较低水平,仅比排在最后的印度和巴西高出 1.4%。

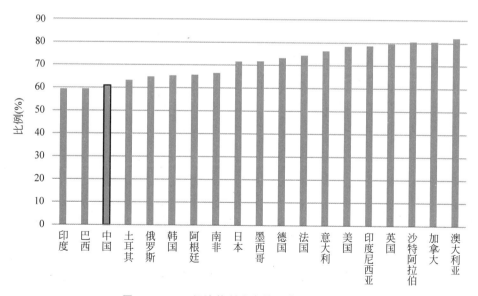

图 14-3　G20 经济体创业者的机会型动机占比

金砖五国中,南非创业者以 66.6% 的机会型动机占比排名第一,俄罗斯紧跟其后(65%),中国排在第三(60.9%),仅比排在最后的印度和巴西高出 1.4%,如图 14-4 所示。

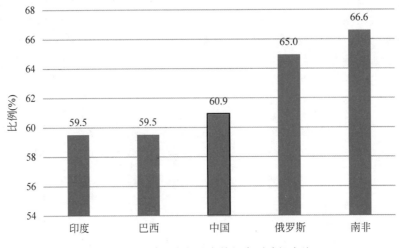

图 14-4　金砖国家创业者的机会型动机占比

14.1.2　超半数创业者未受高等教育

创业者的受教育程度在一定程度上反映了创业者的素质,而创业者素质是决定创业质量的重要因素。

从 2002—2019 年的发展趋势看(图 14-5),G20 经济体、金砖国家和 G7 集团的创业者接受高等教育的比例大致均呈上升趋势。随着创业者素质的不断提高,未来创业活动的质量应该有所提高。

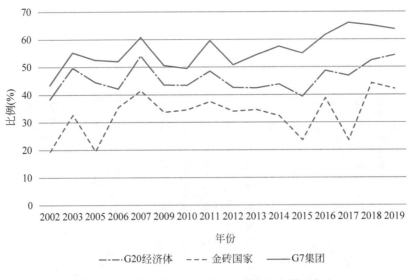

图 14-5　不同集团的创业者中大学及以上学历占比

根据图 14-5 显示,在 G20 经济体和金砖五国中,平均半数以下的创业者接受过高等教育,其中 G20 经济体创业者中大学及以上学历占比为 46.1%,金砖国家这一比例为 33.2%,这也就意味着没有受过高等教育的创业者是这两个集团参与创业活动的主体。而

G7 国家则有超过一半的创业者接受过高等教育,比例为 56.3%。

如图 14-6 所示,超过半数创业者接受过高等教育的 G20 成员国里面,除了俄罗斯和沙特阿拉伯以外其他都是处于创新驱动阶段的国家,其中美国这一比例为 71.8%,而中国这一比例为 34.1%,在效率驱动阶段国家里处于中等水平。

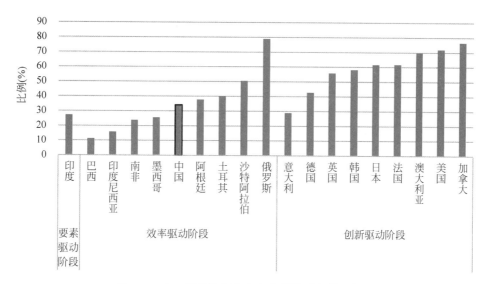

图 14-6　G20 经济体创业者中大学及以上学历占比

无论在 G20 经济体,还是金砖国家,如图 14-6 和图 14-7 所示,俄罗斯的创业者接受过高等教育的比例都排名第一(78.9%)。世界经济合作与发展组织(OECD)2018 年对全球各国接受过高等教育人口比例的统计数据显示在 25~64 岁成年人口中接受过高等教育的人口比例排名前三的国家为加拿大(57.9%)、俄罗斯(56.7%)和日本(51.9%)。中国 2021 年第七次全国人口普查结果显示,相比 2010 年,中国大学文化程度的人口比例由 8.9% 上升为 15.5%。

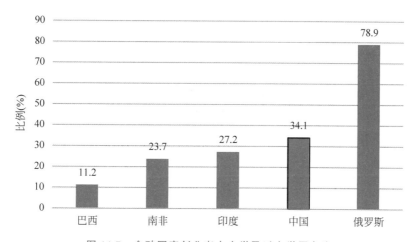

图 14-7　金砖国家创业者中大学及以上学历占比

14.1.3 客户服务业是创业主战场

从图 14-8 可以看出,客户服务业是 G20 经济体、金砖国家、G7 集团创业活动最为密集的行业,金砖国家有 61.1% 的创业企业在客户服务类行业,G20 经济体和 G7 集团的这一比例分别为 52.9% 和 44.6%。其次的两大主要产业是移动转移类和商业服务类,G20 经济体和金砖国家都表现为移动转移类行业创业活动多于商业服务业,而 G7 集团则更多地集中在高附加值的商业服务业(29.5%)创业。此外,G20 经济体和金砖国家相比,G20 经济体在商业服务业的创业比例更高,为 19.3%。

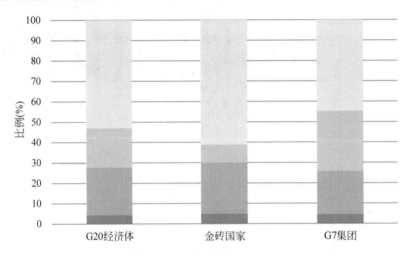

图 14-8　不同集团的创业行业分布

对比不同发展阶段的 G20 经济体和金砖国家,如图 14-9,可以看出 G20 处于创新驱动阶段国家的创业活动在不同产业的分布最为均衡,客户服务类、商业服务类、移动转移类、采集提炼类四类产业的创业比例分别为 45.2%、27.9%、22.2%、4.6%。G20 效率驱动阶段国家与金砖国家的创业产业分布情况比较类似,客户服务业约占六成以上,移动服务业约占两成以上,其次分别是商业服务业(约 10%)和采集提炼业(约 5%)。

从 G20 经济体来看(图 14-10),处于要素驱动和效率驱动阶段的所有国家几乎都要比处于创新驱动阶段国家在客户服务业的创业密集度更高,只有两个国家例外就是同在亚洲的韩国和日本。而从四类产业分布来看,处于创新驱动阶段的国家表现更为均衡,如英国、加拿大、美国、德国,其中美国的四类产业占比分别为客户服务类 43.8%,商业服务类 30.9%,移动转移类 21.5%,采集提炼类 3.8%。

我国创业活动产业分布较为不均衡,客户服务业和移动转移业占比分别为 64% 和 23.1%,处于效率驱动阶段国家的中等水平,而商业服务业占比偏低(7.7%),只比墨西哥和印度尼西亚高 0.7%。

将金砖五国对比来看(图 14-11),印度的客户服务业和采集提炼业创业比例排名最高(分别为 65.6% 和 9.4%),移动转移业和商业服务业占比最低(分别为 19.5% 和 5.5%)。中国的客户服务业创业占比偏多,仅低于印度。而金砖五国中唯一的非洲国家——南非,在高附加值的商业服务业创业比例(11.1%)名列第一。

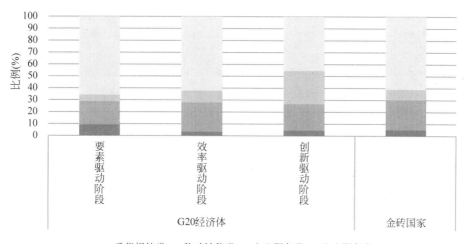

图 14-9 不同发展阶段的 G20 经济体和金砖国家的创业行业分布

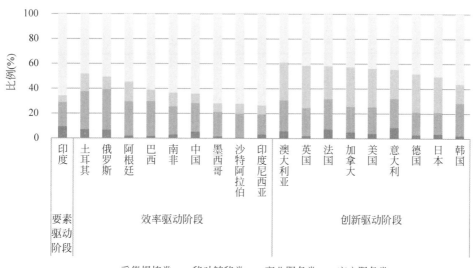

图 14-10 G20 经济体创业行业分布

14.1.4 不足 1/3 的企业有成长潜力

创业者在开办企业的过程中根据企业发展情况和增长潜力需要雇佣更多的员工。在全球创业观察研究中初创企业的成长性主要指企业规模的成长性,如果早期创业企业有望在未来 5 年内雇佣超过 5 个雇员,就认为该企业有成长潜力。

如图 14-12 所示,2002—2019 年 G20 经济体、金砖国家和 G7 集团的早期创业活动未来 5 年可提供超过 5 个就业岗位的企业比例都不足 50%,而且大致均呈下降趋势。G20 经济体有成长潜力的创业企业比例从 2002 年的 33.5% 下降到 2019 年的 32.2%,金砖国家从 32.2% 下降到 26.9%。

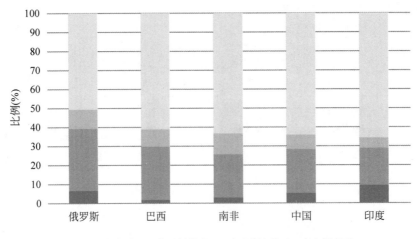

图 14-11　金砖国家创业行业分布

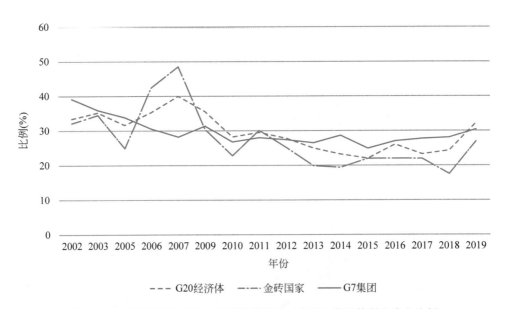

图 14-12　不同集团在未来 5 年可提供超过 5 个就业岗位的创业企业比例

　　从 G20 经济体的不同发展阶段来看(图 14-13),处于效率驱动阶段的国家创业者更为自信和乐观,未来 5 年有 31.1％的创业者打算雇佣 5 人以上,也就是说约三成的创业企业有成长潜力;处于创新驱动阶段的国家与之相比略低,这一比例为 29.4％。

　　根据图 14-14 显示,处于创新驱动阶段的 G20 成员国之间有成长潜力的创业企业比例相差不大,而处于效率驱动阶段的国家之间差距较大。沙特阿拉伯和土耳其的创业企业预期创造就业岗位的能力要明显高于同阶段的其他国家,而且也高于创新驱动阶段的国家。我国创业带动就业的能力(36.6％)优于处于创新驱动阶段的国家,基本与日本(36.9％)持平,高于美国 34.7％的比例。

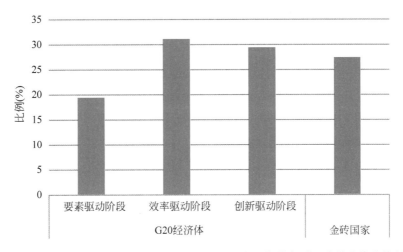

图 14-13 不同发展阶段的 G20 经济体和金砖国家在未来 5 年可提供超过 5 个就业岗位的创业企业比例

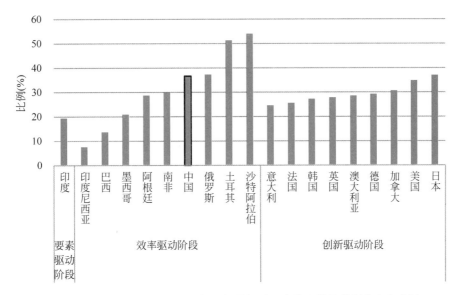

图 14-14 G20 经济体在未来 5 年可提供超过 5 个就业岗位的创业企业比例

根据图 14-15 显示,在金砖五国中,中国有成长潜力的创业企业比例接近于俄罗斯,两国这一比例分别为 36.6％和 37.2％。而巴西有成长潜力的创业企业比例仅为 13.6％,在金砖五国中排名最后,在 G20 成员国里排名倒数第二。而在后面章节的分析中,巴西创业活动却是最为活跃的,可见其创业带动就业能力很低。

14.1.5 创业受到社会广泛认可

全球创业观察研究从创业作为职业选择、创业者的社会地位和媒体对创业的报道三方面来反映社会对待创业活动的态度。创业作为职业选择是指受访者中认为创业是一项理想的职业选择的比例。创业者的社会地位是指受访者中认为成功创业者社会地位高并受尊重的比例。媒体对创业的报道是指受访者认为经常在媒体或网络上看到关于创业成功故事的

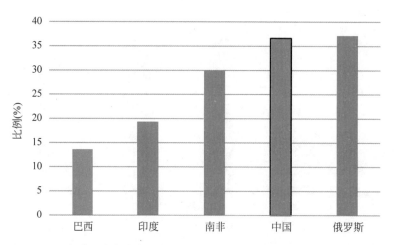

图 14-15　金砖国家在未来 5 年可提供超过 5 个就业岗位的创业企业比例

报道的比例。

从图 14-16 可以看出,创业活动在 G20 经济体、金砖国家、G7 集团都能受到社会大众的普遍认可。金砖国家在 2003—2019 年平均有 68.1％的受访者认为创业是一个理想的职业选择,70.3％的受访者认为成功企业家享有较高的社会地位,66.7％的受访者认为可以经常在媒体上看到成功创业的故事;G20 经济体这三个比例分别为 61.1％、68.8％和 61.5％。相比而言,G7 集团对创业的社会认知程度要低一些,这三个比例分别为 54.6％、68.6％和54.6％。

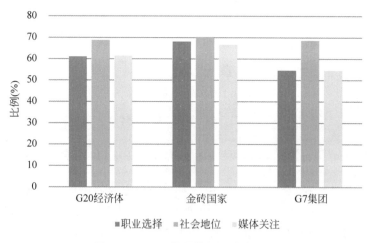

图 14-16　不同集团的创业社会认知

对比不同发展阶段的 G20 经济体和金砖国家,如图 14-17 所示,可以看出 G20 处于效率驱动阶段的国家的创业社会认知水平最高,对创业是理想职业选择、成功创业者拥有较高社会地位和媒体经常报道成功创业故事持肯定态度的比例分别为 69.5％、70.8％和66.9％;金砖国家的创业社会认知水平次之。处于创新驱动阶段的 G20 经济体对创业活动的社会认知水平最低,这三个比例分别为 54.8％、68.1％和 58.7％。

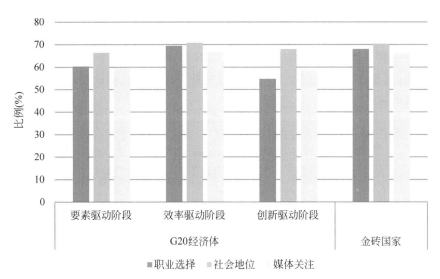

图 14-17　不同发展阶段的 G20 经济体和金砖国家的创业社会认知

　　根据图 14-18 显示，除了日本，其他 G20 经济体有超过五成的创业者认为创业是一项理想的职业选择；巴西这项排名最高（79.2%），日本排名最低（27.8%），我国排名靠前（69.9%），美国排名靠中间（61.6%）。在是否认为成功创业者享有较高社会地位这个问题上，G20 经济体 19 个国家都有超过五成的受访者给出肯定回答；日本这项排名还是最低的（52.4%），沙特阿拉伯和巴西分列第一（79.9%）和第二（79.5%），中国排名靠前（74.2%），美国排名靠中间（68.9%）。社会媒体对创业的宣传力度会影响大众对创业的认知水平，印度尼西亚和中国排名前二，有 79.2% 印度尼西亚受访者、77.2% 的中国受访者认为可以经常在媒体上看到成功创业的故事；而法国和意大利这一比例最低，分别为 43.1% 和 44.3%，美国这项排名靠前（67.6%）。

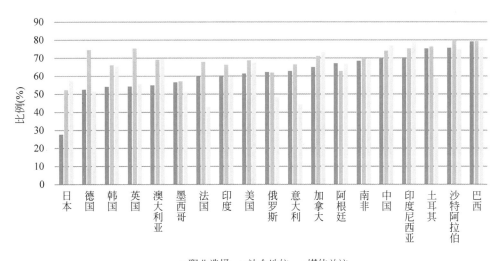

图 14-18　G20 经济体的创业社会认知

对创业积极的社会态度是否能显著促进创业活动,我们将G20经济体中认为创业是理想职业选择的成年人口比例与早期创业活动指数(TEA)做了相关性检验(图14-19),研究发现两者呈较强的正相关关系,体现出社会认知对创业活动的重要影响。早期创业活动指数最高的巴西,其受访者认为创业是一项理想的职业选择的比例也是最高的;而日本这两项数据都是最低的。

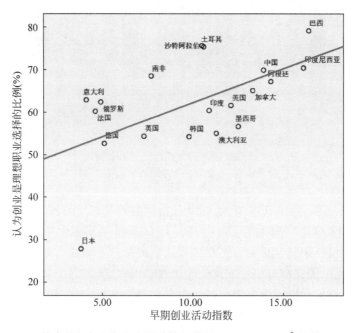

图 14-19　社会认知与早期创业活动的相关性(Sig. $=0.01$, R^2 线性 $=0.330$)

对比金砖五国(图14-20),巴西、中国和南非对创业的社会认知水平最高,其中中国对创业的媒体宣传力度较大。俄罗斯的受访者在认为成功创业者享有较高社会地位和经常在媒体上看到成功创业故事的比例最低,其早期创业活动指数在金砖五国中也是排在最后。

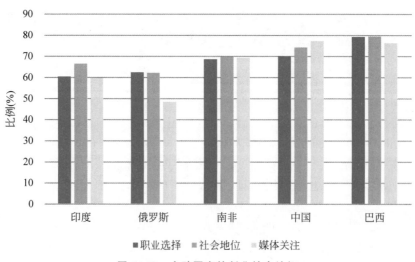

图 14-20　金砖国家的创业社会认知

14.2　创业活动的差异

14.2.1　效率驱动国家

1. 创业活力更强

早期创业活动人员包括初生创业者和新企业所有者。初生创业者是参与到其拥有或共同拥有的运营时间少于 3 个月的企业中的创业者,新企业所有者是拥有并管理一家成立多于 3 个月且少于 42 个月的企业的创业者。

从集团或国家层面看,初生企业和新企业数量多是经济有活力的表现,数量少则是经济衰退的表现。早期创业活动指数反映了一个集团或国家的创业活跃程度。

如图 14-21 所示,2002—2019 年 G20 经济体、金砖国家和 G7 集团的早期创业活动指数大致均呈上升趋势。比起 G7 集团,金砖国家和 G20 经济体这两个集团的早期创业活动更为活跃,18~64 成年岁人口中参与早期创业活动的比例历年平均值分别为 11.1% 和 9.7%。

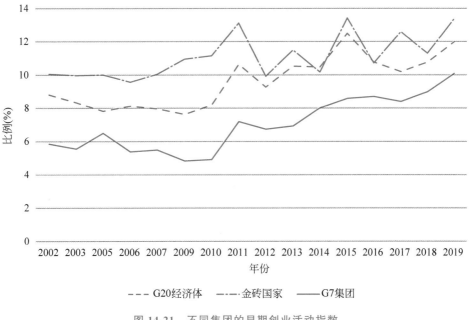

图 14-21　不同集团的早期创业活动指数

进一步分析,可以看出处于效率驱动阶段的国家更有创业活力(如图 14-22 所示),其早期创业活动指数为 11.9%,高于金砖国家(10.7%)和处于创新驱动阶段的国家(7.9%)的比例。

如图 14-23 所示,早期创业活动指数排名前四的国家都处于效率驱动阶段,分别为巴西(16.4%)、印度尼西亚(16.1%)、阿根廷(14.3%)、中国(13.9%),并且这四个国家比处于创新驱动阶段的任何国家都更具有创业活力。加拿大紧跟我国之后,其早期活动创业指数为 13.3%;美国早期活动创业指数为 12.1%,位于处于创新驱动阶段的国家中第二名。

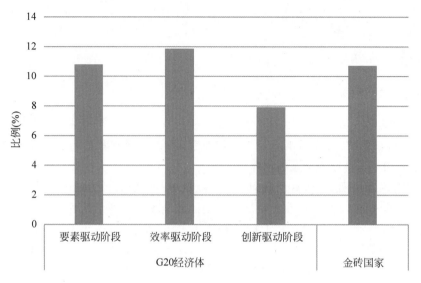

图 14-22 不同发展阶段的 G20 经济体和金砖国家的早期创业活动指数

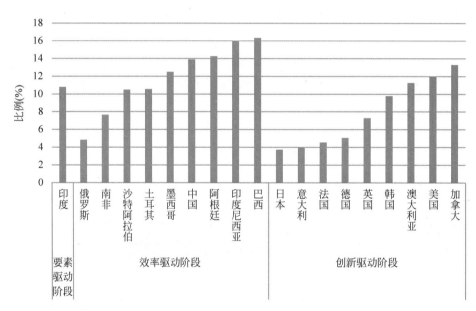

图 14-23　G20 经济体的早期创业活动指数

　　从金砖五国来看(图 14-24)，巴西的早期创业活动最为活跃(16.4%)，中国排名第二，俄罗斯排在最后，其早期创业活动指数仅为 4.9%。俄罗斯的早期创业者接受过高等教育的比例排名第一，这也说明了创业者受教育水平高低与创业活跃程度存在不同的关系类型。

2. 创业者个人认知水平更高

　　全球创业观察研究从个人对待创业活动的机会识别、创业能力和恐惧失败三方面来反映个人对待创业活动的认知和态度。机会识别是指受访者认为在自己居住的地区未来 6 个

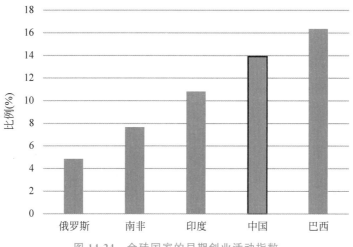

图 14-24　金砖国家的早期创业活动指数

月内会有好的创业机会的比例；创业能力是指受访者认为自己具有创业所需的知识、技能和经验的人的比例；恐惧失败是指对失败的恐惧会阻碍受访者创业活动的比例。

　　从图 14-25 可以看出，G20 经济体和金砖国家创业者在机会识别、创业能力和恐惧失败三方面均高于 G7 集团。G20 经济体在 2003—2019 年平均有 37.7％的受访者认为未来 6个月内具有好的创业机会，44.9％的受访者认为自己具备创业能力，36.6％的受访者因为恐惧失败而放弃创业；金砖国家这三个比例分别为 37.9％、42％和 36.5％；G7 集团这三个比例分别为 32.8％、40.1％和 38.3％。

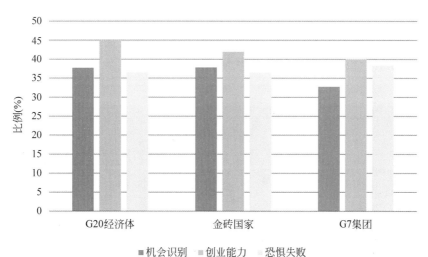

■机会识别　创业能力　恐惧失败

图 14-25　不同集团的创业个人认知

　　从 G20 经济体的不同发展阶段来看（图 14-26），处于要素驱动和效率驱动阶段的国家创业者的个人认知水平更高，分别有 51.5％和 43.9％的受访者认为未来 6 个月内具有好的创业机会，54.4％和 50.9％的受访者认为自己具备创业能力；金砖国家次之；处于创新驱动阶段的国家的这两方面个人认知水平最弱，分别为 33.8％、40.9％。

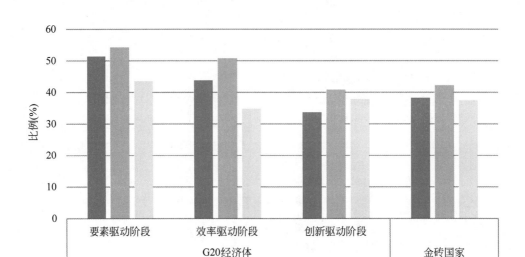

图 14-26　不同发展阶段的 G20 经济体和金砖国家的创业个人认知

在恐惧失败方面,处于要素驱动阶段的国家有高达 43.7% 的受访者因此而放弃创业,处于创新驱动阶段的国家和金砖国家次之;处于效率驱动阶段的国家的这一比例最低,为34.9%。

根据图 14-27 显示,在 G20 经济体里,沙特阿拉伯在机会识别和创业能力方面排名第一,76% 的受访者认为未来 6 个月内具有好的创业机会,75.2% 的受访者认为自己具备创业能力。日本这两方面自我认知最低,分别为 8.5% 和 12.9%;我国处于中等偏低水平,比例分别为 37% 和 36.7%;美国处于中等偏高水平,比例分别为 43.8% 和 55.1%。在恐惧失败方面,意大利有 43.8% 的受访者会因为恐惧失败而放弃创业,土耳其这一比例最低(28.5%),美国次之(28.9%),中国该比例为 35.5%。

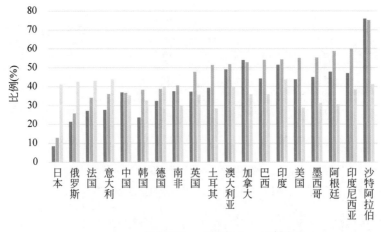

图 14-27　G20 经济体的创业个人认知

为了求证受访者认为自己具备创业技能和经验是否会对创业活跃程度构成重要影响，这里将创业能力感知与早期创业活动指数做了相关性检验（图 14-28），研究表明二者呈现很强的正相关关系。巴西和印度尼西亚早期创业活动指数最高，其创业能力感知比例也很高；而日本这两项比例都是最低的。

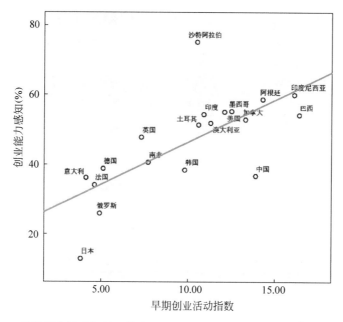

图 14-28　早期创业活动与创业能力感知的相关性（$Sig. = 0.001. R^2$ 线性 $= 0.490$）

对比金砖五国（图 14-29），处于要素驱动阶段的印度，其机会识别和创业能力感知两方面都是最强的，比例分别为 51.5％ 和 54.4％；俄罗斯这两项比例最低（21.4％ 和 25.9％），如前所述其创业活跃程度也是金砖国家里最低的。而在恐惧失败方面，俄罗斯同样表现较差（42.6％），南非比例最低（29.9％）。中国相比于南非、巴西和印度，需要在机会识别和创业能力感知方面加强。

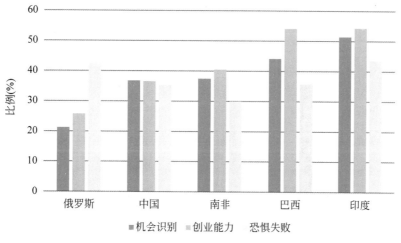

图 14-29　金砖国家的创业个人认知

14.2.2 创新驱动国家

1. 创新能力更强

全球创业观察研究从产品和市场两个方面衡量创业企业的创新能力,如果一个企业提供的产品/服务对全部或部分顾客是新颖的,并且在市场上很少有或没有竞争对手,那么可以认为该企业具有创新能力。

图 14-30 显示,G20 经济体、金砖国家和 G7 集团的早期创业活动的创新指数在 2002—2018 年呈现波动,变化趋势不明显。总的来说,G7 集团创新能力更强,历年平均值为 28.4%,G20 经济体创新能力次之(24.9%),金砖国家创新指数平均不足 20%。

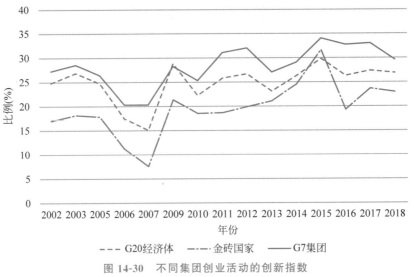

图 14-30 不同集团创业活动的创新指数

数据显示,处于创新驱动阶段的国家的创业企业的产品和市场最具创新性,创新指数达到 28.2%(图 14-31)。而处于要素驱动阶段的印度,以 27.4% 的创新指数,紧随其后。处于效率驱动阶段的国家和金砖五国的创新能力较为落后,其创新指数分别为 21.1% 和 20.2%。

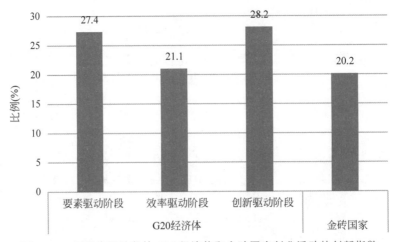

图 14-31 不同发展阶段的 G20 经济体和金砖国家创业活动的创新指数

　　我国创业企业的创新能力在处于效率驱动阶段的国家中排名靠后,其创新指数为18.6%,比处于创新驱动阶段排名末位的日本(19.4%)还略低,如图 14-32 所示。加拿大、法国、美国分列处于创新驱动阶段的国家前三,创新指数分别为 35.2%、33.8% 和 31.5%。值得一提的是,G20 经济体中唯一的非洲国家南非的创新指数为 34.2%,仅比 G20 经济体创新指数排名第一的加拿大低 1%,比美国高出 2.7%。

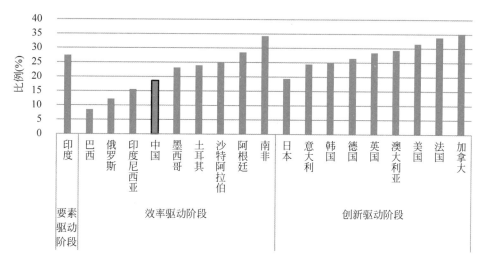

图 14-32　G20 经济体创业活动的创新指数

　　在金砖五国里(图 14-33),中国创新水平居中(18.6%),落后于南非(34.2%)和印度(27.4%)。

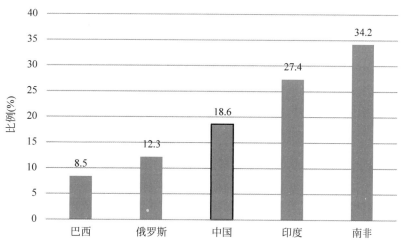

图 14-33　金砖国家创业活动的创新指数

2. 商业服务业占比更高

商业服务业包括信息通信、金融、保险、房地产和专业服务业等,具有更高的附加值。G20 经济体、金砖国家和 G7 集团商业服务业创业比例在 2002—2019 年呈现波动,变化趋势不明显(图 14-34)。总的来说,G7 集团在高附加值产业的创业能力最强,历年平均值为 29.5%,G20 经济体次之(19.3%),金砖国家仅为 8.8%。

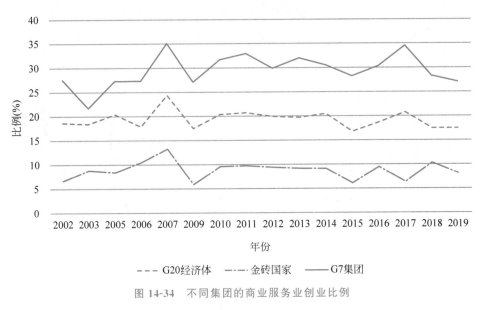

图 14-34 不同集团的商业服务业创业比例

商业服务业的创业比例随着经济发展程度的上升而提高,如图 14-35 所示,处于创新驱动阶段的 G20 经济体在商业服务业的创业比例明显要高,为 27.9%。相比之下,处于效率驱动阶段的国家和金砖国家的商业服务业创业比例要低很多,分别为 10% 和 8.7%,而处于要素驱动阶段的印度这一比例仅为 5.5%。

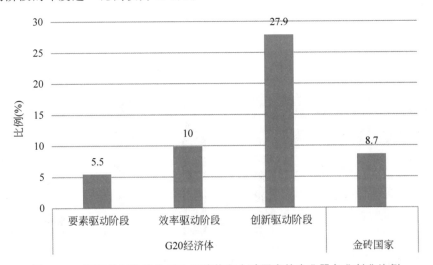

图 14-35 不同发展阶段的 G20 经济体和金砖国家的商业服务业创业比例

从 G20 经济体来说,如图 14-36 所示,英国的商业服务业创业比例最高(33.9%),加拿大次之(31.8%),美国排名第三(30.9%)。我国这一比例为 7.7%,比同在亚洲的韩国(15.3%)几乎低一半,在效率驱动阶段的经济体里处于偏低水平。中国未来应加大在高附加值产业的创业力度。

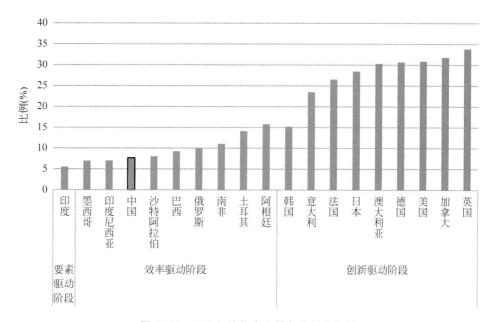

图 14-36 G20 经济体商业服务业创业比例

从金砖五国来看(图 14-37),我国商业服务业创业能力排名倒数第二,仅比排名末位的印度高 2.2%。而金砖五国中唯一的非洲国家——南非的高附加值产业创业比例(11.1%)名列第一。

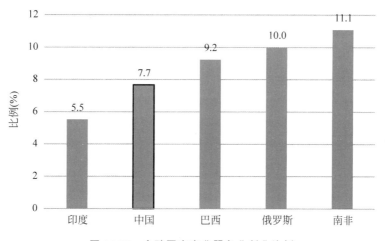

图 14-37 金砖国家商业服务业创业比例

3. 国际化程度更高

全球创业观察研究使用海外客户收入占年度销售收入的比例来衡量创业企业的国际化程度。如果一个企业 25% 以上营业额来自海外客户,那就认为该企业具有国际导向。

2003—2019 年 G20 经济体创业企业的国际导向比例呈现波动,变化趋势不明显;金砖国家有下降趋势,G7 有上升趋势(图 14-38)。总的来说,G7 集团创业企业国际化程度最高,

G20 经济体次之,然后是金砖国家。

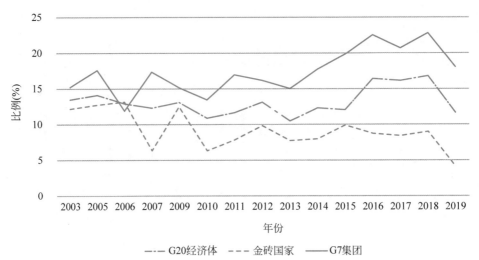

图 14-38　不同集团的创业企业 25% 以上营业额来自海外客户的占比

对比 G20 经济体的不同发展阶段(图 14-39),处于创新驱动阶段国家的国际化创业程度最高,有 16.6% 的创业企业 25% 以上营业额来自海外客户,其次是处于效率驱动阶段的国家,这一比例为 11.2%。处于要素驱动阶段的印度,其国际化程度(9.6%)比金砖国家的平均水平(9.3%)略高。

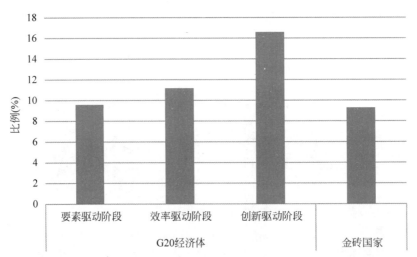

图 14-39　不同发展阶段的 G20 经济体和金砖国家创业企业 25% 以上营业额来自海外客户的占比

从 G20 经济体的不同发展阶段来看(图 14-40),创新驱动国家的国际化平均水平要比处于效率驱动阶段的国家高,加拿大以 25.9% 的比例排在处于创新驱动阶段的国家第一位,美国的国际化程度偏中下水平,为 13.7%。效率驱动阶段国家的国际化创业程度差异非常大,沙特阿拉伯创业企业 25% 以上营业额来自海外客户的占比最高,达到 31.7%,超过了所有处于创新驱动阶段的国家;而 G20 总体排名第三的南非这一比例为 25.6%,仅比第二名加拿大低 0.3%;中国以 4.4% 的比例排在倒数第二,巴西排名最后(1.6%)。

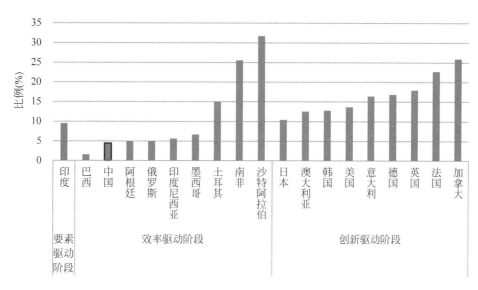

图 14-40　G20 经济体创业企业 25% 以上营业额来自海外客户的占比

图 14-41 显示了金砖五国的国际化程度,南非以 25.6% 的比例占据绝对优势,接近三成的创业企业有 25% 以上营业额来自海外客户,差不多是印度的 2.5 倍、中国的 5 倍。中国创业企业还有待进一步提高国际化创业程度。

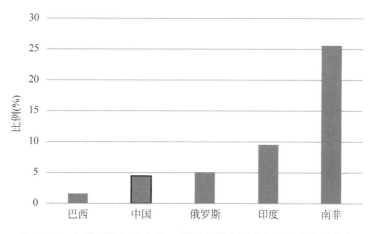

图 14-41　金砖国家创业企业 25% 以上营业额来自海外客户的占比

14.3　创业活动的环境比较

本书第 15 章将全面分析中国创业环境的特点和变化趋势,并与其他国家进行比较分析。本章我们关注不同集团创业环境的总体情况比较,以及在创业环境条件下九个方面的差异。

从创业环境综合指数来看(图 14-42),G7 集团的得分最高(2.84 分),其次是 G20 经济体(得分 2.77),金砖国家得分最低(2.65 分)。

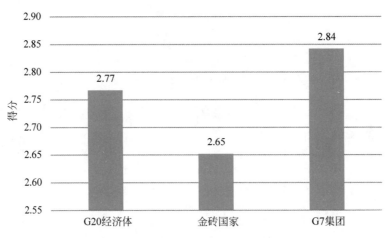

图 14-42　不同集团的创业环境综合指数比较

　　从创业环境条件的九个方面对比来看(图 14-43),G7 集团除了在市场开放程度、社会和文化规范两方面与 G20 经济体相比略差,其他七个方面都更有优势;而金砖国家除了在市场开放程度方面比 G7 集团略好,其他八个方面都要比 G20 经济体和 G7 集团差一些。

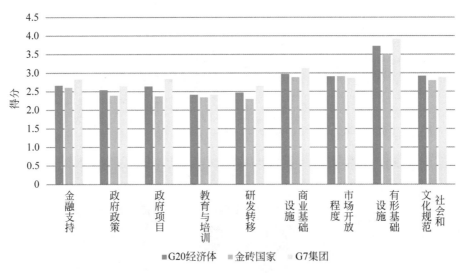

图 14-43　不同集团的创业环境条件比较

14.3.1　G20 经济体创业环境的总体比较

1. 创业环境综合指数

　　从 2002—2019 年创业环境综合指数均值来看(图 14-44),印度尼西亚以 3.18 分位居 G20 经济体首位,比大家通常认为创业环境好的美国高出 0.08 分。

　　另外,可以发现 G20 经济体中创新驱动国家的创业环境普遍要比效率驱动国家更好。美国和加拿大分别以 3.10 分和 3.05 分排在 G20 经济体第二和第三;法国、德国、韩国、英国、澳大利亚、日本排在中间靠前位置;意大利创业环境表现较差,排在倒数第二。

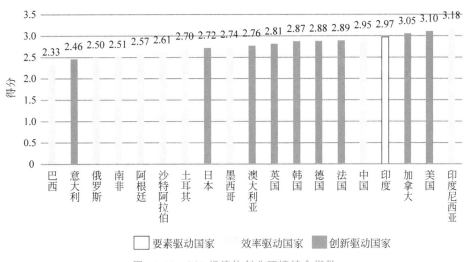

图 14-44　G20 经济体创业环境综合指数

中国（2.95 分）位列效率驱动国家第二名、G20 经济体第五名，紧跟印度（2.97 分）之后。其他效率驱动国家的创业环境水平普遍较低，排名较为靠后，巴西创业环境表现最差，排名最后。

图 14-45 给出了 2002—2019 年 G20 经济体创业环境综合指数排名前十的国家，可以看出整体上还是以创新驱动国家为主。但是从发展趋势来看，以中国、印度尼西亚和印度为代表的效率驱动和要素驱动国家逐渐进入创业环境排名的前列。

排名	2002	2003	2005	2007	2009	2010	2011	2012	2014	2015	2016	2017	2018	2019
1	美国	美国	美国	美国	中国	德国	法国	美国	印度	加拿大	印度	印尼	印尼	中国
2	加拿大	加拿大	加拿大	英国	德国	墨西哥	美国	印尼	印尼	中国	加拿大	印度	印度	印度
3	澳大利亚	澳大利亚	英国	印度	韩国	中国	德国	土耳其	加拿大	印度	法国	中国	美国	印尼
4	法国	德国	中国	俄罗斯	沙特阿拉伯	沙特阿拉伯	韩国	日本	美国	法国	中国	韩国	加拿大	加拿大
5	德国	中国	德国	沙特阿拉伯	英国	韩国	法国	法国	德国	韩国	印度	加拿大	加拿大	韩国
6	英国	法国	澳大利亚	意大利	英国	英国	韩国	美国	英国	加拿大	墨西哥	中国	韩国	英国
7	韩国	英国	南非	美国	美国	土耳其	土耳其	英国	法国	美国	德国	沙特阿拉伯
8	中国	南非	阿根廷	巴西	南非	法国	中国	加拿大	法国	墨西哥	印尼	美国	德国	沙特阿拉伯
9	南非	意大利	意大利	俄罗斯	阿根廷	日本	中国	英国	德国	墨西哥	中国	日本	日本	英国
10	墨西哥	阿根廷	巴西	意大利	土耳其	阿根廷	墨西哥	韩国	土耳其	澳大利亚	韩国	阿根廷	墨西哥

图 14-45　G20 经济体创业环境综合指数排名前十（2002—2019 年）

美国在 2002—2007 年以及 2013 年是创业环境最好的国家，但在 2010 年、2012 年、2015 年分别被德国、法国和加拿大这三个创新驱动国家超过，在 2009 年、2014 年及 2016—2019 年被中国、印度和印度尼西亚取代。

印度的创业环境改善幅度最大，回顾 2002 年印度还几乎是 G20 经济体中创业环境最差的国家之一，在 2014 年和 2016 年两年成为 G20 经济体中创业环境最好的国家，在 2018 和 2019 年排名第二。

中国的创业环境表现比较稳定，一直保持在前十名，G20 经济体的其他成员也只有美国如此。2002 年—2009 年是中国创业环境改善的第一个上升期，2013 年以后是第二个上升期，2019 年成为创业环境最好的国家。

2. 创业环境条件

对比处于不同发展阶段的 G20 经济体(图 14-46),处于创新驱动阶段的国家在有形基础设施、政府项目、政府政策方面要优于处于要素驱动和效率驱动阶段的国家。

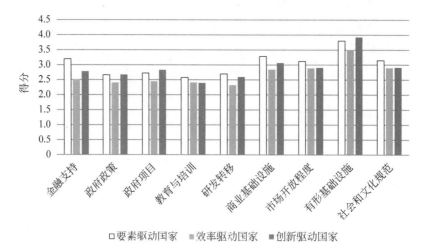

图 14-46　不同发展阶段的 G20 经济体创业环境条件差异

处于效率驱动阶段的国家与处于创新驱动阶段的国家相比,在有形基础设施方面差距最大;在教育与培训、社会和文化规范方面差距最小。

处于要素驱动阶段的印度,在创业环境条件九个方面都优于处于效率驱动阶段的国家的平均水平,仅在政府政策、政府项目、有形基础设施三个方面落后于处于创新驱动阶段的国家平均水平。

从创业环境条件 2002—2019 年平均值来看(图 14-47),有形基础设施以平均 3.72 分位居九个方面首位,是所有 G20 国家表现最好的方面。其中,美国以 4.21 分位居 G20 经济体第一,加拿大和法国紧跟其后;中国排名第四,是处于效率驱动阶段的国家里有形基础设施方面评价最高的;而印度尼西亚这一项名次靠后。从经济发展阶段来说,处于创新驱动阶段的国家要比处于其他发展阶段的国家在有形基础设施方面表现更好。

教育与培训平均分为 2.42 分,是创业环境条件九个方面里的最低分,差不多有一半的 G20 国家都在教育与培训方面表现不佳。其中,印度尼西亚以 3.09 分位居 G20 经济体第一,是教育与培训方面评分最高的国家;加拿大和美国排名第二和第三。中国排名中间,我国需在这一方面做出更多的努力。在处于创新驱动阶段的国家里日本和韩国的教育与培训方面平均分较低,处于效率驱动阶段的国家里巴西和沙特阿拉伯平均分较低。

G20 经济体整体上在商业基础设施、社会和文化规范、市场开放程度这三个方面表现较好,在研发转移、政府政策、政府项目和金融支持方面表现欠佳。各成员国之间在社会和文化规范方面差距最大,在市场开放程度方面差距最小。

从图 14-48 可以看出 G20 经济体各成员国创业环境条件的变化情况,由于我国参与全球创业观察研究的年份是从 2002 年至 2019 年,故这里考虑这两个年份的差值。正值表示得分提高,负值表示得分下降。如果有些国家这两个年份没有参与调查,那么就以相邻年份来计算。

排名	国家	金融支持	政府政策	政府项目	教育与培训	研发转移	商业基础设施	市场开放程度	有形基础设施	社会和文化规范	创业环境综合指数
1	印度尼西亚	3.14	2.90	2.86	3.09	2.80	3.12	3.40	3.46	3.43	3.18
2	美国	3.29	2.77	2.78	2.74	2.75	3.51	2.95	4.21	4.14	3.10
3	加拿大	3.06	2.79	2.98	2.75	2.84	3.59	2.73	4.19	3.38	3.05
4	印度	3.20	2.66	2.72	2.58	2.69	3.29	3.12	3.80	3.15	2.97
5	中国	2.72	2.91	2.70	2.41	2.70	2.66	3.34	4.09	3.26	2.95
6	法国	2.65	3.11	3.22	2.38	2.75	3.16	2.62	4.19	2.33	2.89
7	德国	2.84	2.65	3.47	2.28	2.69	3.34	2.89	3.92	2.62	2.88
8	韩国	2.46	3.01	2.95	2.22	2.43	2.46	3.24	4.00	3.02	2.87
9	英国	2.84	2.70	2.65	2.42	2.46	3.14	2.90	3.75	2.89	2.81
10	澳大利亚	2.75	2.48	2.59	2.47	2.35	3.23	2.84	3.97	3.03	2.76
11	墨西哥	2.44	2.49	2.92	2.60	2.46	2.80	2.59	3.62	3.05	2.74
12	日本	2.71	2.59	2.54	2.06	2.73	2.39	3.25	4.05	2.36	2.72
13	土耳其	2.37	2.36	2.32	2.39	2.42	3.00	2.97	3.55	2.86	2.70
14	沙特阿拉伯	2.64	2.66	2.37	1.95	2.09	2.61	2.81	3.78	3.00	2.61
15	阿根廷	2.02	1.93	2.42	2.54	2.34	2.95	2.80	3.53	2.91	2.57
16	南非	2.64	2.44	2.13	2.26	2.10	2.87	2.58	3.19	2.59	2.51
17	俄罗斯	2.12	2.17	2.11	2.50	2.00	3.02	2.76	3.26	2.54	2.50
18	意大利	2.46	1.98	2.29	2.29	2.38	2.83	2.75	3.07	2.48	2.46
19	巴西	2.41	1.81	2.23	2.00	2.03	2.60	2.77	3.15	2.48	2.33
	平均值	2.67	2.55	2.64	2.42	2.47	2.98	2.91	3.72	2.92	
	标准差	0.33	0.36	0.36	0.27	0.27	0.33	0.24	0.36	0.43	

图 14-47　G20 经济体创业环境条件得分情况（2002—2019 年平均值）

排名	国家	金融支持	政府政策	政府项目	教育与培训	研发转移	商业基础设施	市场开放程度	有形基础设施	社会和文化规范	创业环境综合指数
1	印度尼西亚	0.39	0.91	0.64	0.48	0.92	-0.21	0.29	0.26	0.70	0.49
2	美国	-0.63	-0.16	-0.33	-0.43	-0.34	-0.69	-0.17	-0.39	-0.33	-0.38
3	加拿大	-0.24	0.16	-0.42	-0.28	-0.83	-0.99	0.06	-0.91	0.21	-0.37
4	印度	0.47	1.06	0.92	1.02	0.86	0.12	1.08	0.64	0.97	0.79
5	中国	1.11	0.70	0.68	1.03	0.73	1.02	0.21	0.43	0.76	0.74
6	法国	0.37	0.15	0.38	0.35	-0.07	-0.17	0.06	0.15	0.84	0.23
7	德国	0.02	0.15	0.16	0.19	0.37	0.55	0.51	-0.57	0.31	0.19
8	韩国	0.47	0.66	0.78	0.39	0.20	-0.06	0.12	0.32	-0.12	0.31
9	英国	0.20	0.00	0.16	0.26	0.30	-0.14	0.31	-0.07	0.72	0.19
10	澳大利亚	-0.11	0.24	0.40	0.16	0.22	-0.30	-0.09	-0.63	0.17	0.01
11	墨西哥	0.06	0.06	0.37	0.33	0.57	0.02	0.24	0.91	0.87	0.38
12	日本	0.43	0.44	0.58	0.65	0.35	0.56	0.08	0.94	0.59	0.51
13	土耳其	1.09	0.52	0.46	0.04	0.57	0.43	0.15	0.29	0.21	0.42
14	沙特阿拉伯	-0.01	0.58	1.17	0.43	0.63	0.08	0.15	-0.12	0.87	0.42
15	阿根廷	0.24	1.59	1.58	-0.09	0.82	-0.16	0.14	-0.54	0.65	0.47
16	南非	-0.17	-0.36	0.08	-0.46	0.10	-0.29	0.01	-0.70	-0.16	-0.22
17	俄罗斯	0.26	0.21	0.48	-0.27	0.11	-0.25	-0.13	0.19	0.15	0.08
18	意大利	0.40	0.44	0.23	0.15	0.94	0.03	0.13	-0.14	-0.33	0.20
19	巴西	0.60	0.35	0.01	0.02	0.06	0.09	0.33	-0.12	-0.07	0.14

图 14-48　G20 经济体创业环境条件得分变化（2002 年和 2019 年）

注：印度尼西亚、土耳其、俄罗斯在 2002—2005 年无数据，用其 2006 年数据代替；法国、阿根廷在 2019 年无数据，用其 2018 年数据代替；沙特阿拉伯在 2002—2008 年无数据，用其 2009 年数据代替；意大利在 2002 年无数据，用其 2003 年数据代替。

从创业环境综合指数来看，印度得分提高最多，2019 年比 2002 年提高 0.79 分；而且印度在创业环境条件九个方面都有不同程度的提高，尤其在市场开放程度、社会和文化规范方面与其他 G20 国家相比提高最多，2019 年比 2002 年分别提高 1.08 分和 0.97 分。

而美国是创业环境综合指数下降最多的国家，2019 年比 2002 年下降 0.38 分；与印度恰恰相反，美国在创业环境条件九个方面都有不同程度的下降，尤其在金融支持、市场开放程度方面与其他 G20 国家相比下降最多，2019 年比 2002 年分别下降 0.63 分和

0.17 分。

在创业环境提升方面,中国表现优秀,紧跟印度之后,2019 年比 2002 年提高 0.74 分;中国在创业环境条件九个方面都有不同程度的提高,尤其在金融支持、教育与培训、商业基础设施三个方面与其他 G20 国家相比提高最多,2019 年比 2002 年分别提高 1.11 分、1.03 分、1.02 分,而这三个方面正是中国创业环境比较薄弱的方面,可见中国在补创业环境短板方面取得了一定成效。

印度尼西亚作为创业环境综合指数排名第一的国家,2019 年与 2006 年相比得分提高一般,在商业基础设施方面还下降了 0.21 分,在创业环境条件其他八个方面的分数提高幅度与其他 G20 国家相比并不突出,说明印度尼西亚创业环境改善的后劲不足。

阿根廷在政府政策和政府项目方面的改善幅度是 G20 国家里最大的,2018 年比 2002 年分别提高 1.59 分和 1.58 分;日本在有形基础设施方面改善最大(2019 年比 2002 年提高 0.94 分);意大利在研发转移方面改善最大(2019 年比 2003 年提高 0.94 分)。

14.3.2　G20 经济体创业环境条件的九个方面比较

1.金融支持

根据图 14-49 显示,G20 经济体中处于创新驱动阶段的国家的金融支持普遍要更好些。但是也有例外,处于要素驱动阶段的印度和处于效率驱动阶段的印度尼西亚,就分别以 3.20 分和 3.14 分位列第二和第三,仅次于美国(3.29 分)。而我国属于中间水平,可见虽然我国创业金融体系近些年有所改善,但是与国际水平相比仍存在差距,对创业企业尚不能提供足够有效的金融支持。

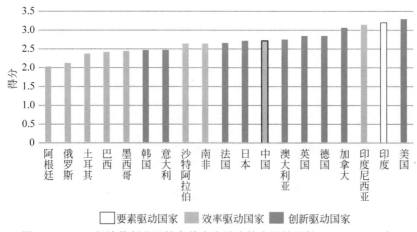

图 14-49　G20 经济体创业环境条件在金融支持方面的比较(2002—2019 年)

2.政府政策

从图 14-50 可以看出,G20 经济体中处于创新驱动阶段的国家在政府政策方面普遍优于处于其他发展阶段的国家。法国和韩国分别以 3.11 分和 3.01 分排名第一和第二。中国排名第三(2.91 分),在效率驱动阶段的国家里处于领先地位,说明在政府政策尚未对创业活动发挥有效作用的国际大环境下,我国政府政策对创业的作用相对而言效果较好;印度尼西亚以 2.90 分紧追其后,并且印度尼西亚近些年在政府政策方面提升很快,2017 年和 2018 年都位居 G20 经济体首位。

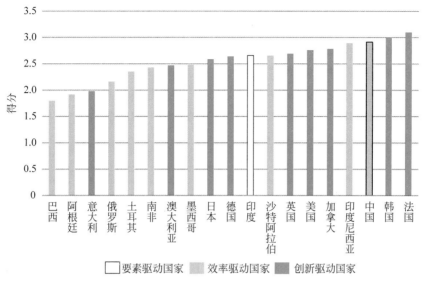

图 14-50　G20 经济体创业环境条件在政府政策方面的比较(2002—2019 年)

3. 政府项目

根据图 14-51 显示,G20 经济体中处于创新驱动阶段的国家政府项目对创业的支持作用普遍要比处于效率驱动阶段的国家更好。德国、法国、加拿大这三个 G7 集团的国家分别以 3.47 分、3.22 分和 2.98 分位列前三名,韩国紧跟其后;处于效率驱动阶段的墨西哥和印度尼西亚,分别以 2.92 分和 2.86 分排名第五和第六名,而美国排在其后。金砖国家的印度

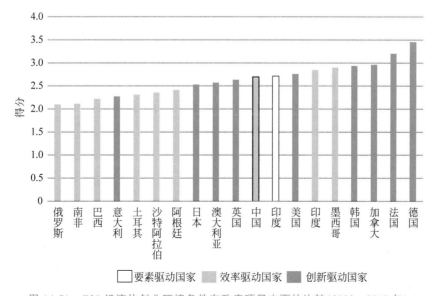

图 14-51　G20 经济体创业环境条件在政府项目方面的比较(2002—2019 年)

和中国得分分别为 2.72 分和 2.70 分,排名第八和第九,巴西、南非和俄罗斯排名末位。

4. 教育与培训

在教育与培训方面(图 14-52),印度尼西亚以 3.09 分位居 G20 经济体第一;加拿大和美国排名第二和第三,得分为 2.75 分和 2.74 分。中国排名中间,得分为 2.41 分,在教育与培训方面墨西哥、印度、阿根廷、俄罗斯、澳大利亚、英国都比中国表现更好,中国尚需在这一方面做出更多的努力。在处于创新驱动阶段的国家里,日本和韩国的教育与培训方面平均分较低,处于效率驱动阶段的国家里巴西和沙特阿拉伯平均分较低。

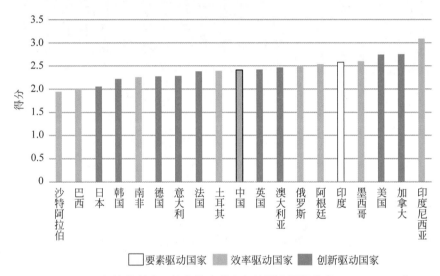

图 14-52 G20 经济体创业环境条件在教育与培训方面的比较(2002—2019 年)

5. 研发转移

根据图 14-53 显示,G20 经济体中处于创新驱动阶段的国家的研发转移情况普遍要比处于效率驱动阶段的国家更好。加拿大、美国、法国和日本这四个 G7 集团的国家分别以 2.84 分、2.75 分、2.75 分和 2.73 分排名第一、第三、第四和第五;印度尼西亚位列第二,得分为 2.80 分;金砖国家里的中国排名第六(2.70 分),印度紧跟其后,两者得分基本持平,其他三国南非、巴西和俄罗斯的研发转移情况排名末位。

6. 商业基础设施

商业基础设施是中国创业环境条件表现较差的方面,得分 2.66 分,低于 G20 经济体平均水平,仅比沙特阿拉伯、巴西、韩国和日本好一些(如图 14-54 所示)。排在前面的主要是处于创新驱动阶段的国家,前七名里有加拿大、美国、德国、澳大利亚、法国和英国,除了澳大利亚以外,都是 G7 集团的国家。印度在商业基础设施方面表现较好(得分 3.29 分),排名第四,是金砖五国里排名唯一靠前的国家。

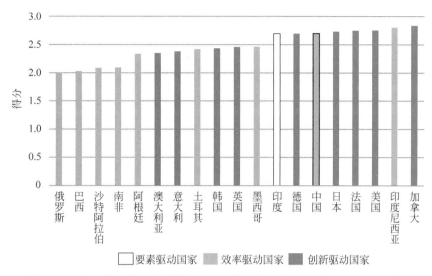

图 14-53　G20 经济体创业环境条件在研发转移方面的比较(2002—2019 年)

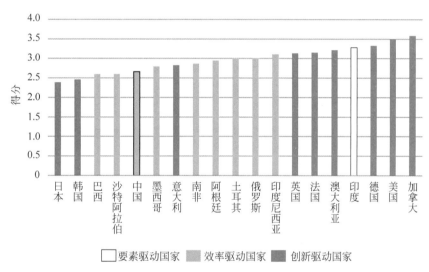

图 14-54　G20 经济体创业环境条件在商业基础设施方面的比较(2002—2019 年)

7. 市场开放程度

根据图 14-55 显示,市场开放程度是中国创业环境条件中表现较好的方面,得分 3.34 分,排名第二;印度尼西亚以 3.40 分位居首位;其他几个亚洲国家也表现不错,比如日本、韩国和印度分别以 3.25 分、3.24 分和 3.12 分排名第三、第四和第五。G7 国家的市场开放程度并不占优势,除了日本排名靠前以外,美国、英国和德国排名中间,意大利、加拿大和法国排名靠后,整体上比金砖国家要逊色一些。

8. 有形基础设施

根据图 14-56 显示,在有形基础设施方面,处于创新驱动阶段的国家普遍要优于处于效

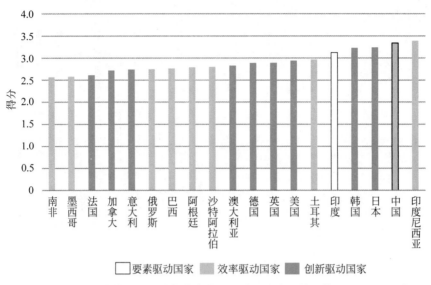

图 14-55　G20 经济体创业环境条件在市场开放程度方面的比较（2002—2019 年）

率驱动阶段的国家，美国以 4.21 分位居 G20 经济体第一，加拿大和法国紧跟其后；中国得分 4.09，排名第四，是处于效率驱动阶段的国家里有形基础设施方面评价最高的；印度这一项排名中间，而印度尼西亚排名较为靠后。金砖五国里的其他三个国家巴西、南非和俄罗斯排名末位，而 G7 集团的意大利排名最后。

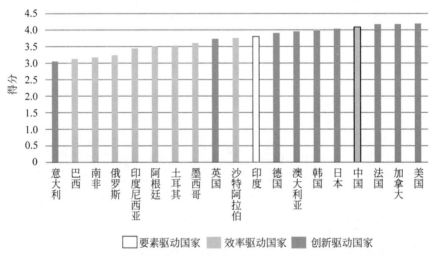

图 14-56　G20 经济体创业环境条件在有形基础设施方面的比较（2002—2019 年）

9. 社会和文化规范

社会和文化规范是中国创业环境条件中表现较好的方面，得分 3.26，排名第四（如图 14-57 所示）。美国以 4.14 分的绝对优势，位居 G20 经济体首位；印度尼西亚和加拿大紧跟其后，得分分别为 3.43 分和 3.38 分；金砖五国里的印度得分 3.15 分，排名第五，南非、俄罗斯和巴西则排名较为靠后；而 G7 国家的英国和德国排名中间，而意大利、日本和法国排名末位。

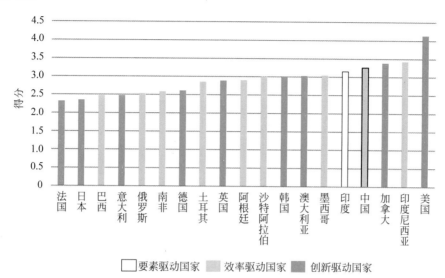

图 14-57　G20 经济体创业环境条件在社会与文化规范方面的比较(2002—2019 年)

14.4　小　　结

　　本章比较和分析了二十国集团和金砖国家的创业活动和创业环境,得出以下结论:第一,二十国集团创业活动以机会型创业为主,50%以上的创业者未受过高等教育;第二,创业活动主要集中于客户服务类行业,半数以下企业有成长潜力;第三,效率驱动国家创业活力更强,创业者个人认知水平更高;第四,创新驱动国家的创业活动更具创新性,国际化程度更高,商业服务业的创业比例也更高;第五,G7 集团的创业环境评分最高,金砖国家得分最低;第六,创新驱动国家的创业环境优于效率驱动国家。

第6篇

生态环境结构

第 15 章

创业环境

　　创业环境在本质的意义上是一种制度环境(Desai et al.,2003)。制度环境由规范的制度(normative institution)、认知的制度(cognitive institution)和规制的制度(regulatory institution)三个维度组成(Scott,1995)。规范的制度反映社会对创业者和创业活动的尊敬程度,与文化、社会规范有关;认知的制度与人们的知识、技能和信息获取有关;而规制的制度则包括法律、制度、规定和政府政策等促进和限制行为的方面(Spencer and Gomez,2003)。Spencer 和 Gomez 利用 Scott 提出的分析制度环境的三个维度研究了国家的制度结构与创业活动的关系,分析不同的制度环境维度与创业活动类型之间的关系。

　　全球创业观察提出了一套创业环境分析框架,认为可以从九个方面刻画一个国家的创业环境,分别是金融支持、政府政策、政府项目、教育与培训、研发转移、商业基础设施、市场开放程度、有形基础设施、文化和社会规范;根据这九个方面分别设计了若干具体的问卷问题,然后至少要对 36 名本国专家以访谈的形式来进行评价打分。

　　本章首先分析了我国 2002—2019 年间创业环境总体情况以及创业环境条件的九个方面,并与 G20 经济体其他国家加以比较,最后分析了我国创业环境的多年变化,给出了我国创业环境在哪些方面占有优势,哪些方面得到了显著改善,还有哪些方面改进缓慢以及如何进一步提升。

15.1　创业环境综合指数

　　为了对创业环境的总体状况作出判断,我们将创业环境条件的九个方面评分进行算术平均,得出创业环境综合指数。图 15-1 显示 2002—2019 年我国创业环境综合指数比较稳定(在 3 分上下浮动),整体变化不大。在 2016 年之后一直保持 3 分以上,2019 年达到 3.4 分,2019 年成为 G20 经济体创业环境最好的国家。

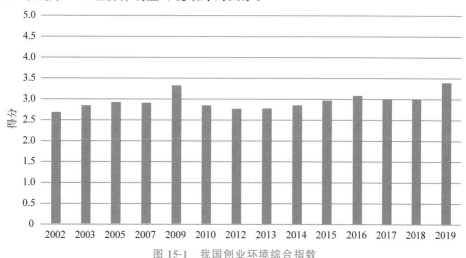

图 15-1　我国创业环境综合指数

我国创业环境在 G20 经济体中的表现如图 15-2 所示。从 2002—2019 年创业环境均值来看,我国得分 2.95 分,位居 G20 经济体创业环境第 5 名。排在我国前面的 4 个国家分别是印度尼西亚(3.18 分)、美国(3.10 分)、加拿大(3.05 分)、印度(2.97 分)。

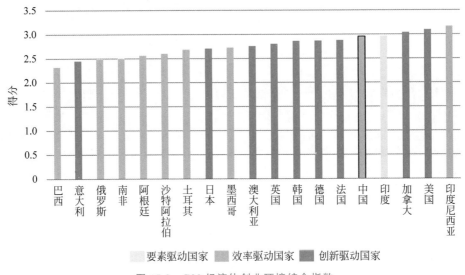

图 15-2　G20 经济体创业环境综合指数

按经济发展三个阶段来划分 G20 经济体,可以发现处于创新驱动阶段的国家的创业环境普遍要比处于效率驱动阶段的国家更好。除了日本和意大利,其他 7 个处于创新驱动阶段的国家都在前 10 名以内。我国的创业环境要好于法国、德国、韩国、英国、澳大利亚这些处于创新驱动阶段的国家。在处于效率驱动和要素驱动阶段的国家里,印度尼西亚和印度是个例外,得分分别为 3.18 分和 2.97 分,排名第 1 和第 4。

15.2　创业环境条件

全球创业观察研究的创业环境分析框架从九个方面反映了一个国家的创业环境条件,具体含义如表 15-1 所示。

表 15-1　创业环境条件九个方面

创业环境条件	含　义
金融支持	新企业和成长型企业所需资金来源的可得性
政府政策	政府对新企业或成长型企业在政策制定和规制方面的扶持
政府项目	各级政府对于新企业和成长型企业的具体支持
教育与培训	与创业相关的各个层次教育和培训体系
研发转移	研发体系对于创业企业的影响
商业基础设施	创业企业能够得到的商业、会计和法律服务
市场开放程度	市场每年变化情况以及创业企业进入现有市场的机会
有形基础设施	能够得到基础设施以及价格的可接受性
社会和文化规范	现有的社会和文化对于创业的鼓励

15.2.1 我国的创业环境条件

图 15-3 给出了我国创业环境条件九个方面在 2002—2019 年的得分均值,表现最好的方面是有形基础设施(4.09 分),表现较好的三个方面是市场开放程度(3.34 分)、社会和文化规范(3.26 分)、政府政策(2.91 分),表现一般的三个方面是金融支持(2.72 分)、政府项目(2.70 分)和研发转移(2.70 分),表现较差的两个方面是教育与培训(2.41 分)和商业基础设施(2.66 分)。

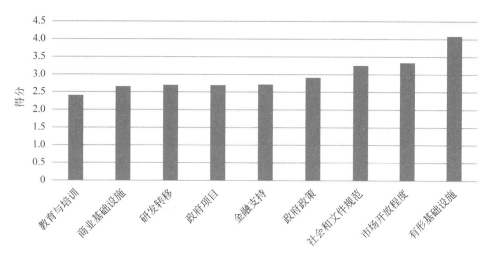

图 15-3 我国创业环境条件得分

1. 金融支持

为了考察创业企业在各种金融渠道获取资金的可得性,专家调查问卷设置了如下 8 个问题,分别对应 8 种资金来源,分别是权益资金、债务资金、政府补助、个人(非创始人)资金支持、天使投资、创业投资、首次公开发行(IPOs)融资、私人借贷融资(众筹)。

问题 1	在我国,有充足的权益资金提供给新成立的和成长型的企业。
问题 2	在我国,有充足的债务资金提供给新成立的和成长型的企业。
问题 3	在我国,有充足的政府补助提供给新成立的和成长型的企业。
问题 4	在我国,有充足的个人(非创始人)资金支持提供给新成立的和成长型的企业。
问题 5	在我国,有充足的天使投资提供给新成立的和成长型的企业。
问题 6	在我国,有充足的风险投资提供给新成立的和成长型的企业。
问题 7	在我国,有充足的首次公开发行融资提供给新成立的和成长型的企业。
问题 8	在我国,有充足的私人借贷融资(众筹)提供给新成立的和成长型的企业。

根据图 15-4 数据显示,天使投资和创业投资的得分最高,分别为 3.84 分和 3.15 分,成为我国新成立的和成长型的企业的主要资金来源;其次是个人资金、私人借贷、权益资金和政府补贴;而债务资金和首次公开发行融资还处于较低水平。另外,从发展趋势来看,2002—2019 年这 8 种资金来源都得到了不同程度的改善,尤其权益资金、首次公开发行融资和债务资金的提高幅度最大。

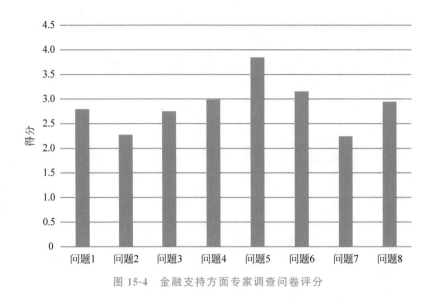

图 15-4　金融支持方面专家调查问卷评分

2. 政府政策

政府政策作为创业环境条件的一个方面,主要是为了考察政策对创业的支持程度,包括政府采购、市场准入、各级政府扶持、税收等方面,分别在专家调查问卷中设置了如下 7 个问题。

问题 1	在我国,政府政策(如公开采购)一直对新成立公司优惠。
问题 2	在我国,对新成立的和成长型企业的扶持是中央政府在制定政策时优先考虑的。
问题 3	在我国,对新成立的和成长型企业的扶持是地方政府在制定政策时优先考虑的。
问题 4	在我国,新成立的企业可以在一周内获得所需要的许可证和执照。
问题 5	在我国,税收不构成新成立的和成长型企业的负担。
问题 6	在我国,政府对新成立和成长型企业的税收和其他管制是可预见的和稳定的。
问题 7	在我国,新成立的和成长型企业在应付政府官僚、规章制度及许可需求方面不是特别难。

根据图 15-5 数据显示,问题 6 税收和政府管制方面得分最高(3.34 分),而且有逐年提

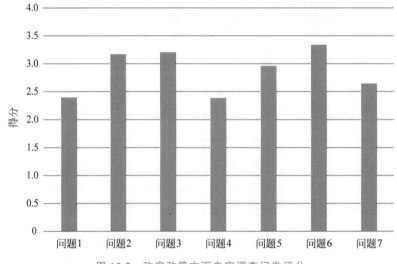

图 15-5　政府政策方面专家调查问卷评分

高的趋势;其次是问题 2 和问题 3 得分较高(分别是 3.17 分和 3.21 分),而且变化不大,说明政府在制定政策时一直比较重视对创业企业的优先考虑;问题 1 政府采购对新创企业的优惠力度不够,需要进一步通过政府直接扶持来促进创业;问题 4 的得分虽然最低,但这些年创业企业在易于获得许可方面得到的改善幅度是最大的。

3. 政府项目

政府项目作为创业环境条件的一个方面,是政府政策的具体化。政府项目不仅包括政府提供的资金和政策支持的项目,而且包括政府为创业提供服务、支持和帮助的组织项目。具体包括如下 6 个问题。

问题 1	在我国,新成立的和成长型的企业可以通过单一代理机构获得广泛的政府支持。
问题 2	在我国,科技园和企业孵化器给新成立的和成长型的企业提供了有效的支持。
问题 3	在我国,有足够数量的政府项目提供给新成立的和成长型的企业。
问题 4	在我国,政府机构工作人员对支持新成立的和成长型的企业的工作是能胜任和有效的。
问题 5	在我国,几乎所有想从政府项目中获得帮助的新成立的和成长型的企业都可以找到他们所需要的帮助。
问题 6	在我国,政府对新成立的和成长型的企业的支持项目是有效的。

根据图 15-6 显示,在涉及政府项目的四个方面:从有效的单一代理机构获得政府支持(问题 1)、有足够数量的政府项目(问题 3)、政府机构的工作人员的工作效率和胜任能力(问题 4)、都能从政府项目获取帮助(问题 5),得分都在 3 分以下,说明这四个方面是政府项目亟待改进的地方。而在问题 2 科技园和企业孵化器对创业活动的效果方面,专家评价非常高,达到 3.88 分。

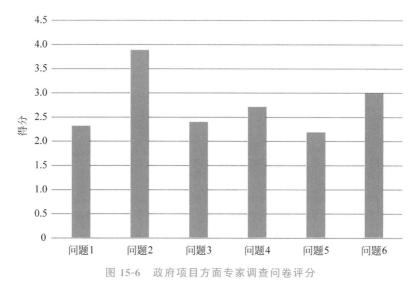

图 15-6　政府项目方面专家调查问卷评分

4. 教育与培训

教育和培训是创业活动得以开展的必要条件,也是创业者将潜在商业机会变为现实的基础,受到良好教育和拥有高技能的创业者是创业取得成功的必要保证。

全球创业观察研究将创业教育列为创业环境条件的一个不可或缺的方面,为了考察各级教育和培训系统对创业教育的纳入程度,专家调查问卷设置了如下 6 个问题,区分了基础教育(中小学)和高等教育(大学、商学院、职业教育、继续教育)。

问题 1	在我国,中小学教育鼓励创造性、自立性和原创性。
问题 2	在我国,中小学教育提供了充分的市场经济原理的指导。
问题 3	在我国,中小学教育充分关注创业和创办新企业的相关活动。
问题 4	在我国,高等院校为新成立的和成长型的企业提供了很好的、充分的准备。
问题 5	在我国,商业和管理教育水平能够为新成立的和成长型的企业提供很好的、充分的准备。
问题 6	在我国,职业教育、专业教育和继续教育体系为新成立的和成长型的企业提供很好的、充分的准备。

具体来看(图 15-7),中小学的教育与培训在鼓励创造性和自立性方面、提供市场经济原理指导以及关注创业活动方面还处于很低的水平。但是高等院校提供的创业教育、商业和管理教育以及职业教育体系在近年来得到了很快的发展,已经越来越得到社会的认可。但尽管如此,我国目前的创业教育培训的整体水平还比较低,需要进一步加强。

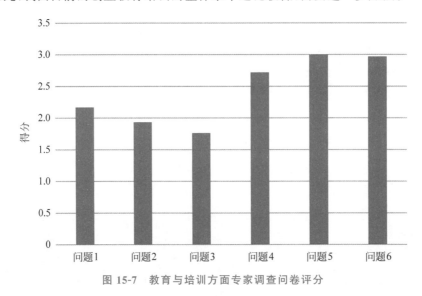

图 15-7　教育与培训方面专家调查问卷评分

5. 研发转移

研究开发的转移过程是否顺利,从结果上看是研究开发成果能否实现商业化;从过程上看,创业是否具有效率,创业者能否抓住技术和商业机会,实现从知识的创造源向市场进行成功转化。

全球创业观察研究为了考量一个国家的研究和开发在多大程度上能够带来新的商业机会并可供中小企业使用,设置了如下 6 个问题。

问题 1	在我国,新技术、新科学和其他知识迅速从高校、公共研究机构向新成立的和成长型的企业转移。
问题 2	在我国,新成立的和成长型的企业拥有和大型、成熟企业同样多的机会接触新技术、新研究成果。
问题 3	在我国,新成立的和成长型的企业可以负担得起购买最新技术。
问题 4	在我国,政府提供给新成立的和成长型的企业足够的资助用于获得新技术。
问题 5	在我国,科技基础至少在某一领域能够有效地为世界水平的新技术创业提供支持。
问题 6	在我国,工程师和科学工作者通过新成立的和成长型的企业对其研究成果进行商业化,能够得到良好的支持。

根据图 15-8 显示,科技基础支持新技术创业(问题 5)和科技工作者通过创业企业将研究成果商业化(问题 6)得分较高,分别为 3.32 分和 3.17 分;其他 4 个问题得分都低于 3分。可以看出研发转移的整体情况并不乐观,研发成果从其发源地开始到通过创业企业向市场转化的过程还存在障碍,研发转移的条件并不理想。

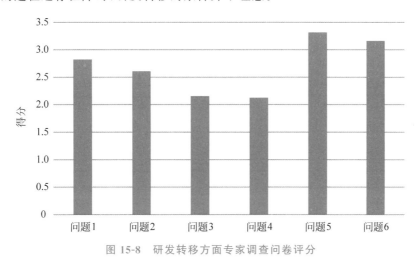

图 15-8　研发转移方面专家调查问卷评分

6. 商业基础设施

商业基础设施方面涉及四个方面的内容。问题 1:创业企业能够获得哪些资源,如分包商、供应商、咨询机构;问题 2:创业企业是否能够负担得起这些资源的费用;问题 3:创业企业获得资源的便利性;问题 4 和 5:创业企业是否容易获得法律服务、会计服务和银行服务。

问题 1	在我国,有足够多的分包商、供应商和咨询机构为新成立的和成长型的企业提供帮助。
问题 2	在我国,新成立的和成长型的企业可以负担得起分包商、供应商和咨询机构的费用。
问题 3	在我国,新成立的和成长型的企业容易找到好的分包商、供应商和咨询机构。
问题 4	在我国,新成立的和成长型的企业容易得到好的、专业的法律和会计服务。
问题 5	在我国,新成立的和成长型的企业容易得到好的银行服务(会计核准、外汇汇兑、信用证和其他金融服务)。

根据图 15-9 显示,除了获得资源方面(3.03 分),得分相对高一些,其他四个方面得分都较低,尤其是问题 2(得分 2.48 分),创业企业在资源和服务获取方面存在较大的负担。

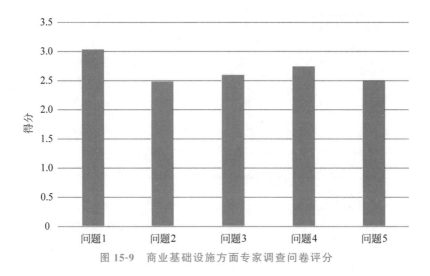

图 15-9　商业基础设施方面专家调查问卷评分

7. 市场开放程度

市场开放程度首先体现在市场的变化水平(问题 1 和问题 2),正是在市场的变化中孕育着创业的机会,大的市场变化往往潜藏着大的创业机会;其次要看创业企业能够自由进入现有市场的程度,是否存在一个公平竞争的市场环境,具体包括进入市场时是否存在行业壁垒(问题 3),能否负担得起市场进入成本(问题 4),是否存在成熟公司设置的不公平壁垒妨碍了新企业的进入(问题 5),以及反垄断法律是否有效执行(问题 6)。

问题 1	在我国,消费品和服务的市场每年的变化很显著。
问题 2	在我国,B2B(企业对企业)的产品和服务市场每年变化很大。
问题 3	在我国,新成立的和成长型的企业能够很容易地进入新市场。
问题 4	在我国,新成立的和成长型的企业负担得起市场进入成本。
问题 5	在我国,新成立的和成长型的企业进入市场,不会受到成熟公司不公平的阻挠。
问题 6	在我国,反垄断法律是有效的并得到了有力的执行。

根据图 15-10 显示,我国的市场开放程度在市场变化方面得分较高,问题 1 为 4.12 分,

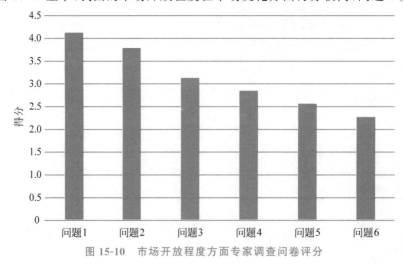

图 15-10　市场开放程度方面专家调查问卷评分

问题 2 为 3.78 分；在营造公平竞争的市场环境方面，得分相对较低，尤其是在成熟公司设置的不公平壁垒和反垄断法有效执行方面，得分分别为 2.56 分和 2.26 分。

8. 有形基础设施

有形资源包括基础设施（比如道路、公共设施、通信设施等）和基础服务（通信服务、水电气等）。为了考察创业企业是否能够轻松获得企业经营必须的有形资源，专家调查问卷设置了如下 5 个问题。

问题 1	在我国，基础设施（道路、公共设施、通信设施、废物处理）为新成立的和成长型的企业提供了良好支持。
问题 2	在我国，新成立的和成长型的企业可以比较廉价地获得通信（电话、互联网等）服务。
问题 3	在我国，新成立的和成长型的企业可以在一周内开通通信（电话、互联网等）服务。
问题 4	在我国，新成立的和成长型的企业可以负担得起水、电、气等基础服务费用。
问题 5	在我国，新成立的和成长型的企业可以在一个月内获得水、电、气、排污等基本服务。

从图 15-11 可以看出，在水电气这些基础服务方面，能否很快获取（问题 5）和负担费用（问题 5）的评分都比较高；在通信服务方面，问题 3 得分最高，创业企业能够在一周内开通通信服务，但是对通信服务费用的评分很低，比如电话费、上网费用（问题 2）。

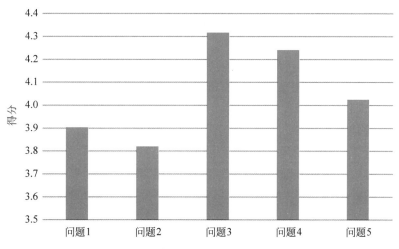

图 15-11　有形基础设施方面专家调查问卷评分

9. 社会和文化规范

社会和文化规范也是影响创业环境的重要方面，专家调查问卷设置了如下 5 个问题来考察一个国家的社会和文化规范在多大程度上鼓励或允许创新创业。

问题 1	在我国，民族文化非常鼓励通过个人努力获得成功。
问题 2	在我国，民族文化提倡自立、自治和原创。
问题 3	在我国，民族文化鼓励创业冒险。
问题 4	在我国，民族文化鼓励创造和创新。
问题 5	在我国，民族文化强调个人自我管理中的责任意识。

根据图 15-12 数据显示,社会和文化规范方面关注的 5 个问题,评分情况差异不大。我国文化鼓励自立,鼓励人们通过个人努力获得成功,也鼓励创造和创新精神,鼓励创业者的责任意识。因此我国的社会和文化规范对鼓励个人创业具有积极作用,此外我们还需要鼓励创业精神,构建良好的个人与集体的责任关系,提倡个人的责任心和团队精神。

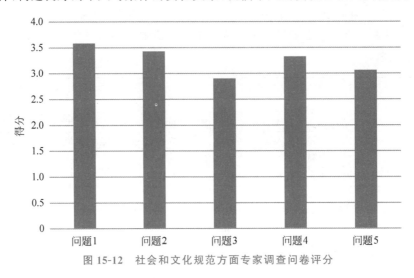

图 15-12 社会和文化规范方面专家调查问卷评分

15.2.2 我国与 G20 经济体创业环境条件的比较

与 G20 经济体和处于创新驱动阶段的国家的创业环境条件平均得分相比(图 15-13),我国创业环境条件总体表现比较均衡。在市场开放程度、社会和文化规范、政府政策、有形基础设施方面表现较好,在研发转移、金融支持、政府项目方面接近平均水平,在商业基础设施、教育与培训方面表现较差。

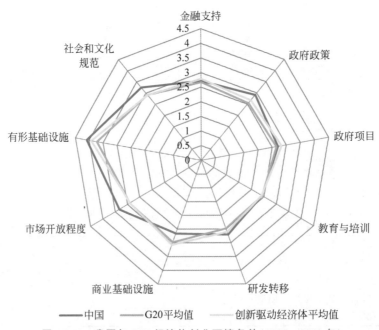

图 15-13 我国与 G20 经济体创业环境条件(2002—2019 年)

　　图 15-14 给出了我国创业环境条件九个方面在 G20 经济体的排名情况。其中,排名靠前的方面是市场开放程度、政府政策、社会和文化规范、有形基础设施。其中,市场开放程度(排名第 2,仅次于印度尼西亚)与社会和文化规范(排名第 4,排在美国、印度尼西亚、加拿大后面)这两个方面既是我国创业环境条件得分较高的方面,也是与 G20 经济体对比中表现较好的方面;而政府政策方面虽然我国得分不高,但 G20 所有国家这项得分都较低,相对而言我国属于政府政策方面表现较好的国家(排名第 3,仅次于法国和韩国);有形基础设施是G20 所有国家的创业环境条件中表现最好的方面,也是我国创业环境得分最高的方面,在G20 经济体中排名第 4,落后于美国、加拿大和法国。

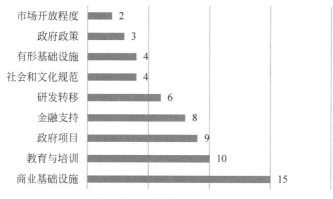

图 15-14　我国创业环境条件在 G20 经济体的排名

　　排在中间水平的方面为研发转移(排名第 6)、金融支持(排名第 8)、政府项目(排名第9),从得分来看正好也是我国表现一般的三个方面。其中,政府项目这个方面是 G20 所有国家的创业环境条件中表现较差的方面。

　　我国创业环境条件排名较差的方面是教育与培训(排名第 10)和商业基础设施(排名15)。其中,教育与培训是我国创业环境条件得分最低的方面,而且低于 G20 经济体平均水平,不仅低于加拿大、美国、澳大利亚、英国这些处于创新驱动阶段的国家,在其他发展阶段的国家里也不占优势(低于印度尼西亚、墨西哥、印度、阿根廷、俄罗斯);同样的,我国的商业基础设施得分也低于 G20 经济体平均水平,仅仅高于日本、韩国、巴西和沙特阿拉伯。

15.2.3　创业环境与创业活动的关系

　　全球创业观察研究认为一个国家的经济、政治、文化、社会的总体条件影响着创业环境的各个因素,而创业环境各因素对国家的创业活动起着积极的作用,促进更多创业机会的产生和创业能力的提升。而一旦创业机会和创业能力有效结合,就会产生大量的创业活动,不断有新公司诞生和成长,创造大量的就业机会,为社会积累财富,最终促进经济增长。

　　从 2002—2019 多年均值来看,我国的创业环境综合指数排名 G20 经济体第 5,早期创业活动指数排名第 4,表明我国的创业环境经过多年的努力得到了较大的改善,创业活动也呈现较为活跃的态势。

　　改善创业环境条件有助于产生更多的创业机会,也有助于提高创业者的创业能力,比如改善创业教育与培训方面就可以直接提高创业者的创业知识和技能,而创业环境条件其他方面的改善也都可以从不同角度给创业活动正向支持。比如金融支持方面是从创业资金角度支持创业活动,研发转移方面是从技术角度支持创业企业,市场开放程度是从创业企业自由进入市场的角度支持创业活动,有形基础设施和商业基础设施是从基础设施和商业服务的可得性、便利性以及费用负担角度支持创业活动,政府政策和项目是从政府对创业扶持的角度支持创业活动,社会和文化规范是从社会文化对创业的认可和鼓励的角度支持创业活动。

总之,创业活动面临许多不确定性,我们需要持续积极地改善创业环境,重点改进薄弱环节,减少创业障碍,催生更多的创业机会,提高创业活动主体的能力,促进整个社会的创业活力。

15.3 我国创业环境的变化

15.3.1 变化

从 2002—2019 年的变化来看(图 15-15),我国在有形基础设施、市场开放程度、社会和文化规范三方面的表现稳定,专家评分几乎保持在 3 分以上;在金融支持、教育与培训两方面,早期表现较弱,后期得到了较为明显的改善;在政府政策、政府项目、研发转移、商业基础设施四个方面绝大多数年份专家评价都在 3 分以下,而且改善进度缓慢。

	金融支持	政府政策	政府项目	教育与培训	研发转移	商业基础设施	市场开放程度	有形基础设施	社会和文化规范
2002	2.30	2.75	2.50	1.91	2.55	2.18	3.26	3.73	3.05
2003	2.16	2.99	2.67	2.06	2.82	2.56	3.41	3.99	2.97
2005	2.61	2.81	2.70	2.40	2.96	2.55	3.37	4.11	2.94
2007	2.60	2.97	2.78	2.41	2.81	2.74	3.18	3.76	3.07
2009	2.68	3.35	2.90	2.91	3.12	3.01	3.52	4.30	4.24
2010	2.54	2.66	2.55	2.38	2.65	2.54	3.27	3.90	3.35
2012	2.37	2.59	2.51	2.25	2.67	2.79	3.14	3.93	2.97
2013	2.48	2.63	2.62	2.17	2.50	2.63	3.24	4.00	3.00
2014	2.59	2.92	2.54	2.29	2.48	2.69	3.23	4.19	2.89
2015	2.93	3.12	2.63	2.35	2.47	2.63	3.45	4.16	2.98
2016	3.32	3.02	2.66	2.61	2.49	2.58	3.45	4.33	3.47
2017	3.31	2.72	2.82	2.47	2.56	2.61	3.42	4.30	3.23
2018	2.75	2.83	2.72	2.60	2.43	2.51	3.34	4.37	3.62
2019	3.41	3.44	3.18	2.94	3.28	3.20	3.47	4.16	3.81

图 15-15 我国创业环境条件的变化

下面我们以大概十年为间隔,选取 2002 年、2010 年、2019 年三个年份制作了变化图解(图 15-16),以便更为细致和直观地展现我国创业环境的变化。图中具体列出了每个年份我国创业环境条件九个方面以及具体细分问题的专家调查问卷评分,并按照 3 分以下、3～4分、4 分以上划分出了三档,以不同颜色加以区分。

从调查问卷的问题设计来看,与 2019 年相比,2002 年在金融支持方面少了天使投资和众筹两个问题,在政府政策方面少了规范行政,在政府项目少了有效支持,在教育与培训方面少了职业教育,在研发转移方面少了商业转化;2010 年在金融支持方面少了天使投资和众筹两个问题。

从专家评分来看,2002—2010 年这些年变化不大,而 2010—2019 这十年变化很大。其中,2002—2010 年主要在市场开放程度、有形基础设施、社会和文化规范三方面有改善,而2010—2019 年几乎所有九个方面都得到了不同程度的提升。

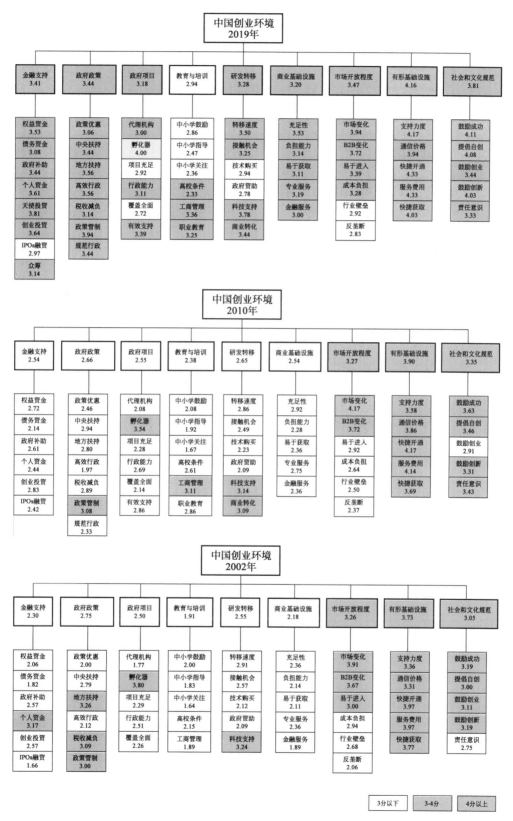

图 15-16 我国创业环境变化图解

　　具体来看 2019 年,我国创业环境条件中表现最好的方面是有形基础设施(4.16 分),其次是社会和文化规范(3.81 分);表现较好的是市场开放程度(3.47 分)、政府政策(3.44 分)和金融支持(3.41 分);表现一般的是研发转移(3.28 分)、商业基础设施(3.20 分)和政府项目(3.18 分);我国创业环境条件表现较差的方面是教育与培训(2.94 分)。

　　从 2019 年调查问卷的具体问题评分来看,专家对以下问题持更多的肯定(得分在 4 分以上):在政府项目方面,科技园和企业孵化器为新创企业提供了有效支持;在有形基础设施方面,我国基础设施及服务为新创企业提供了良好支持,企业可以快捷开通通信及网络服务,可以便捷获取水电气及排污等基础服务并能够负担得起其费用;在社会和文化规范方面,我国民族文化鼓励通过个人努力获得成功,提倡自立、自治和原创,鼓励创造和创新。

　　另外,2019 年专家评分较低(3 分以下)的问题是:在金融支持方面,没有充足的首次公开发行(IPOs)融资提供给新创企业;在政府项目方面,没有足够数量的政府项目提供给新创企业,政府项目覆盖面不广;在教育与培训方面,中小学教育在鼓励创造性和自立性方面、提供市场经济原理指导以及关注创业活动方面还处于很低的水平;在研发转移方面,新创企业自身很难负担得起购买新技术,政府也没有为新创企业提供足够的资金资助用于获得新技术;在市场开放程度方面,存在成熟公司设置的不公平壁垒妨碍了新企业的进入,反垄断法律没有得到有效执行。

15.3.2　优势创业环境条件

　　如图 15-17 所示,有形基础设施是我国创业环境条件中表现最好的方面,在很多年份都超过 4 分,2018 年达到得分最高点(4.37 分),2019 年排名 G20 经济体第一。考虑到我国存在区域发展、城乡发展不平衡的现象,基础设施和基础服务仍存在着不同程度的差异,进一步改善落后地区的有形基础设施仍然是十分必要的。

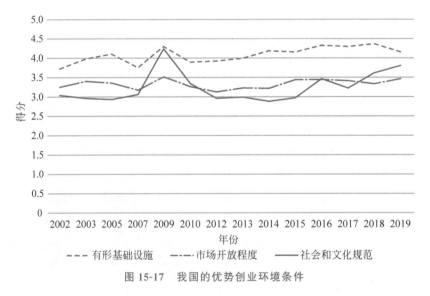

图 15-17　我国的优势创业环境条件

　　市场开放程度得分一直稳定在 3.1～3.5 分之间,G20 经济体排名也保持在前 3 名。但是在反垄断法的有效执行以及存在行业壁垒方面专家评分偏低,应该成为今后重点改进的方向,为创业企业营造一个公平竞争的市场环境。

　　社会和文化规范也是我国创业环境条件中表现较好的方面,根据近几年的专家评分还有逐步上升的趋势。我国社会文化鼓励创新和创业,但在冒险精神方面表现较弱,很多人虽然有好的创新想法,也遇到了好的创业机会,但却畏手畏脚、瞻前顾后,始终不敢冒险一搏。

15.3.3　改进显著的创业环境条件

　　从 2002—2019 年的变化来看(图 15-18),在金融支持、教育与培训两方面,早期表现较弱,后期得到了较为明显的改善。

图 15-18　我国改进显著的创业环境条件

　　金融支持的得分早期较低,但从 2012 年以后我国逐渐加大对创业金融支持体系的改善力度,2016 年和 2017 年专家评分超过 3.3 分,均排名 G20 经济体第二,2019 年得分再创新高(3.41 分),仅次于排在首位的美国。随着天使投资和创业投资的活跃,以及互联网金融和众筹等新形式融资渠道的出现,我国创业活动的金融支持得到了明显的改善。今后我们要继续拓宽融资渠道,支持多元化融资模式,适度降低融资市场门槛。

　　教育与培训在我国创业环境条件九个方面中得分几乎一直是最低的,近些年能看到较为明显的改善,但与其他国家相比还有较大差距,迫切需要加快改进。首先需要建立科学、系统的创业教育课程体系,让教学内容和模式不再局限于理论,增加实践机会和技能训练,重视实用性和时效性;建设高水平高质量的创业教育师资队伍,广泛吸纳兼职教师(企业家、创业者),针对学生的创业实操问题加以指导,还可以尝试让高校专职教师到企业挂职,积累实践经验。

15.3.4　需要改进的创业环境条件

　　如图 15-19 所示,商业基础设施是我国创业环境条件表现较差的方面,低于 G20 经济体平均水平,我国中小企业在获得商业资源和服务,比如咨询机构、法律和会计服务的便利性和费用负担方面一直存在困难。国家应该加大力度完善和优化政府公共服务、市场化服务、社会化公益服务相结合的中小企业服务体系;在信息服务方面,政府应主导并发挥关键作用,统一规划和部署,打破区域、部门、行业、领域的分割和限制,建立公共信息资源共享机制,搭建公共信息服务平台;在会计和法律服务方面,应多方引导社会力量参与,增加供给,加强行业监管,规范市场行为,制定合理的中小企业收费标准,地方政府根据实际情况给以补贴或减免税。

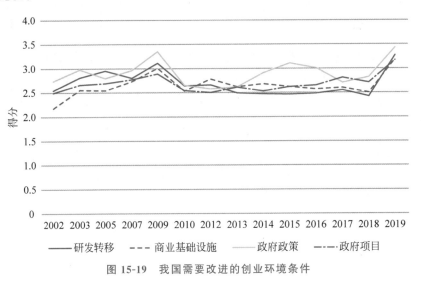

图 15-19　我国需要改进的创业环境条件

　　研发转移也是我国创业环境面临的重要难题,研究成果和新技术从高校和实验室转化成商业成果的过程中始终存在障碍,没有得到有效的改善,原因主要在于缺少有应用价值的科技成果,科技转化机会少、效率不高。建议高校和科研院所的研发工作以应用为导向,结合市场,与实体产业有效对接;发挥政府作用,通过多种形式的平台、展会和交易会,为技术供需双方提供互相了解的机会;培育专业的科技转化机构和服务人员,在科技转化的一系列环节中提供指导,促成科技成果转化。

　　通过政府政策和政府项目来鼓励创业活动是政府和学术界关注的一个重要问题,从参与全球创业观察研究的经济体来看,绝大多数经济体的受访专家都对本国经济体的政府政策和政府项目评价打分较低,认为政府对新创企业和成长型企业的政策和项目是低效的,未能发挥有效作用。在我国,中央政府可以设计更多的创业政策和项目,全面引导我国的经济形态更具有创业特征,使整个社会的创业活动更具活力;地方政府可以结合自身区域经济特色和创业活动特点以及创业带动就业的作用,设计推动地方经济发展的创业政策。

15.4　小　　结

　　我国创业环境综合指数比较稳定,排名 G20 经济体前列。在我国创业环境条件的九个方面中,有形基础设施表现最好,市场开放程度、社会和文化规范以及政府政策表现较好,金融支持、政府项目和研发转移表现一般,教育与培训和商业基础设施表现较差。

　　从我国创业环境在 2002—2019 年的变化来看,有形基础设施、市场开放程度、社会和文化规范表现稳定,有较大优势;在金融支持、教育与培训两方面早期表现较弱,后期得到了较为明显的改善;在政府政策、政府项目、研发转移、商业基础设施四个方面改善进度缓慢,需要进一步提升。

参 考 文 献

［1］　DESAI M A，GOMPERS P A，LERNER J. Institutions，Capital Constraints and Entrepreneurial Firm Dynamics：Evidence from Europe［C］. NBER Working Paper No. w10165，2003.

［2］　SCOTT W R. Institutions and Organizations［M］. Thousand Oaks：Sage publications，1995.

［3］　SPENCER J W，GOME Z C. The relationship among national institutional structures，economic factors and domestic entrepreneurial activity：a multicountry study［J］. Journal of Business Research，2003，57(10)：1098-1107.

第16章

创业文化

文化对经济活动的影响已经得到了共识。从社会资本的角度看,外部环境对个人创业精神有着重要作用(Kwon and Arenius,2010)。在创业准备初期,潜在的创业者并不知道创业是否能够成功,因此在决定是否投入精力和时间从事结果不确定的创业活动之前,他们需要作出对创业前景的判断和创业结果的预期。这些判断和预期会受到多种因素的影响,比如社会对创业的看法、近期有没有合适的创业机会、自己是否具备创业能力等,这些都会在一定程度上影响创业雄心。

通过全球创业观察概念框架,我们可以发现创业活动是一个复杂的创业生态系统的其中一部分,一个国家的社会、文化、政治、经济环境可以影响创业的社会价值观(social values)和个体属性(personal attributes),从而进一步影响创业活动的产生和发展,而且创业活动的活跃程度反过来也能对创业文化产生影响。

社会价值观体现了社会对创业的看法、态度及对创业的重视程度,比如,创业是否是良好的职业选择,企业家是否有较高的社会地位,媒体是否关注创业,这些都是本章社会认知要关注的几个方面。积极的社会价值观将对整个社会的创业活动有着正向的影响。

个体属性包括心理因素(机会识别、能力感知、恐惧失败)、人口因素(性别、年龄、地域)和动机因素(机会型、生存型),其中心理因素就是本章所要分析的个人认知。全球创业观察认为那些能感知到好的创业机会并相信自己具备所需能力的潜在创业者,更有可能开始创业活动。

全球创业观察研究一直在跟踪社会对创业的态度以及人们对创业的认知,因为创业者依赖于广泛的利益相关者,包括投资者、供应商、客户、员工、家人和朋友,社会需要那些准备创业的人,也需要那些愿意支持创业的人。全球创业观察在成人问卷中调查了人们对创业的看法和感知,这具有广泛的意义,有助于我们了解一个国家的创业文化。此外,全球创业观察通过专家访谈问卷从创业环境条件的方面了解社会对创业精神的认可。

本章将从创业文化的个人认知、社会认知及创业环境的社会和文化规范三个方面,分析我国创业文化的整体情况、变化趋势及不同特征群体之间的差异,研究创业文化与创业活动的关系,寻找促进创业活动的关键因素。

16.1 个 人 认 知

为了解人们对创业的个人认知,全球创业观察研究项目在成人问卷调查中询问了以下五个方面的问题。

- 创业网络:您是否认识在过去两年内创业的人?
- 机会识别:在未来六个月内,您所居住的地区是否将有很好的创业机会?

- 创业能力：您是否具备创办一个新企业所需的知识、技能和经验？
- 恐惧失败：对失败的恐惧是否会影响您尝试创办新的企业？
- 创业意愿：在未来三年内，您是否打算创业？

2002—2018 年[①]我国调查数据显示，有 50.4％的受访者表示认识在过去两年内创办了自己企业的创业者，30.8％的受访者表示未来 6 个月内在其所居住的地区有创业的好机会，31.6％的受访者表示自己具备创办企业所需的知识、技能和经验，26.1％的受访者表示未来 3 年内打算创办自己的企业，32％的受访者表示对失败的恐惧会影响其尝试创业。

16.1.1　特点

1. 机会识别和创业能力较差

我国在机会识别和创业能力这两项个人认知上都低于 G20 经济体平均水平，机会识别能力排名靠后，仅高于德国、意大利、法国、韩国、俄罗斯和日本；人们对自身创业能力的评估也不太乐观，仅高于俄罗斯和日本。

另外，从经济发展的不同阶段来看（图 16-1 和图 16-2），处于要素驱动和效率驱动阶段的国家在机会识别和创业能力的整体水平上都要比处于创新驱动阶段的国家表现更好。

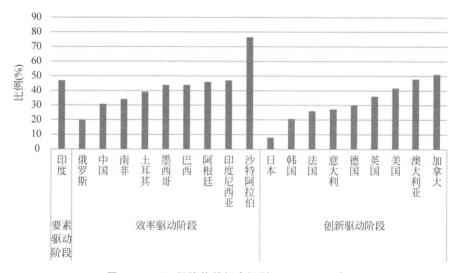

图 16-1　G20 经济体的机会识别（2002—2018 年）

2. 创业意愿很强

我国有 26.1％的受访者表示自己将在未来 3 年内创业，这一比例仅次于排名第一的印度尼西亚（27.5％）。

[①]　2002—2018 年调查问卷中对于创业的个人认知问题，受访者只被给出是或否两个选择；而在 2019 年调查问卷中进一步细化了受访者的选项，包括非常同意、比较同意、既不同意也不反对、比较反对、非常反对。这就在一定程度上导致 2019 年数据与往年不能直接比较，因此分析中使用的是 2002—2018 年数据。

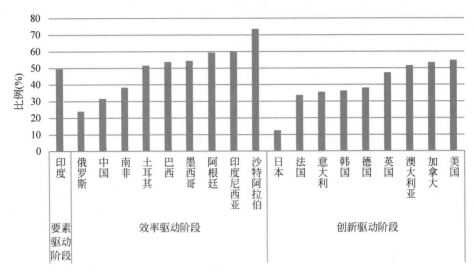

图 16-2　G20 经济体的创业能力（2002—2018 年）

　　根据图 16-3 显示，处于创新驱动阶段的国家的创业意愿明显要低于处于要素驱动和效率驱动阶段的国家，加拿大和美国的创业意愿均低于 G20 经济体平均水平，意大利、英国、德国和日本排名最后。

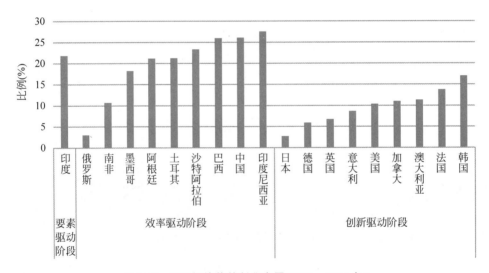

图 16-3　G20 经济体的创业意愿（2002—2018 年）

3. 创业网络和创业能力是催生创业意愿的主要因素

　　究竟是什么因素促使人们产生创业意愿呢？我们以创业意愿为被解释变量，以个人认知四个方面（创业网络、机会识别、创业能力、恐惧失败）为解释变量，建立二元 Logistic 回归模型进行分析。模型系数的 Omnibus 检验显示，显著性 $p < 0.001$，表明模型有意义，R 平方值接近 1，回归模型拟合好。

表 16-1 展现了各影响因素的回归系数（β）、标准误差、沃尔德（Wald）、显著性以及优势比（OR 值）[$Exp(\beta)$]。其中，显著性表示不同变量沃尔德检验的显著性水平；优势比（OR值）[$Exp(\beta)$]表示解释变量对创业意愿的影响。

表 16-1　创业意愿与个人认知 logistic 回归分析结果

	回归系数（β）	标 准 误 差	沃尔德（Wald）	显 著 性	OR[$Exp(\beta)$]
创业网络	0.675	0.024	814.401	0.000	1.964
机会识别	0.457	0.025	346.568	0.000	1.579
创业能力	0.668	0.024	775.982	0.000	1.951
不恐惧失败	0.167	0.024	49.325	0.000	1.182

创业网络、机会识别、创业能力、恐惧失败这四个方面都是影响创业意愿的显著因素。从优势比（OR 值）来看，创业网络和创业能力是影响创业意愿的主要因素，拥有创业网络的人产生创业意愿的可能性，是没有创业网络人群的 1.964 倍；具备创业能力的人产生创业意愿的可能性，是没有创业能力人群的 1.951 倍。

相对于创业网络和创业能力，机会识别对创业意愿的影响略低，对创业机会有识别能力的人产生创业意愿的可能性，是没有机会识别能力人群的 1.579 倍。恐惧失败对创业意愿的影响最低，对失败的恐惧不影响尝试创业的人是那些会影响创业的人群的 1.182 倍。

4. 机会识别与创业能力正相关

G20 经济体在创业能力与机会识别方面表现出很强的正相关性（图 16-4），几乎没有出现机会识别很强而创业能力很弱的情况。沙特阿拉伯的创业能力最强，其机会识别的能力也最强；另一个极端是日本，其创业能力最差，机会识别也最差。

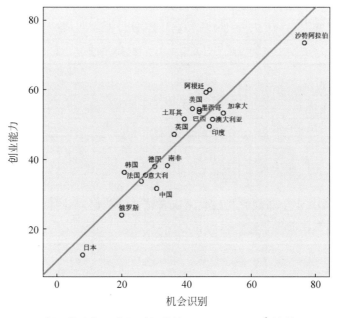

图 16-4　创业能力与机会识别相关性（Sig. $= 0.000, R^2$ 线性$= 0.884$）

其实识别和发现创业机会也是创业能力的一种体现,通常创业能力更在于自身具备的创办一个新企业所需的知识、技能和经验,有利于把握创业机会和实现创业机会。

5. 创业活动是机会识别与创业能力合成的结果

在全球创业观察的概念模型中,创业活动是机会识别与创业能力合成的结果。图 16-5 是全球创业观察根据学者 Sander Wennekers(2006)提出的模型而改编的,反映了个人认知与创业活动之间的关联关系。机会型创业者的创业步骤是:①在创业框架条件下判断机会;②在创业框架条件下判断自我能力,然后在①和②的基础上形成潜在的创业行动;③进行机会成本评估;④考虑到对失败的承受力后形成创业意图,并可能开始创业活动。

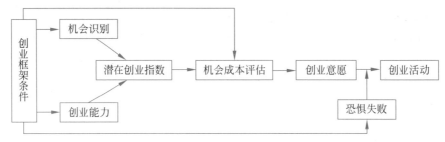

图 16-5　个人认知与创业活动的关联模型

从该模型可知,就创业活动的产生而言,单独关注机会识别或者单独关注创业能力是不够的,需要把两者结合起来分析,这就引入了潜在创业指数,即创业者具备创业所需的知识、技能和经验并且认为未来 6 个月有很好的创业机会。

通过对 2002—2018 年我国成人调查数据进行相关性检验(表 16-2),我们可以发现三者与早期创业活动在 0.01 显著性水平(双边检验)下相关,并且从相关系数来看,相比单独考虑机会识别和创业能力,二者合成的潜在创业指数对早期创业活动会产生更为显著的影响。

表 16-2　机会识别、创业能力以及潜在创业指数与创业活动之间的相关系数

	早期创业活动
机会识别	0.116[**]
创业能力	0.144[**]
潜在创业指数	0.195[**]

16.1.2　不同特征人群的个人认知

分析 2002—2018 年全球创业观察我国成人调查的数据,不同特征的人群对于创业的个人认知存在着不同程度的差异。

1. 年龄

我们将人群按年龄划分为青年(18～34 岁)和非青年(35～64 岁),然后与个人认知的五个方面分别进行了卡方检验,结果如表 16-3 所示,可知不同年龄的人群在个人认知水平上具有显著性差异,年龄与创业意愿的相关性非常强,与创业网络和机会识别也有较强的相关性。

表 16-3 不同年龄人群的个人认知显著性检验

	皮尔逊卡方值	自由度 df	精确显著性（双侧）
创业网络	138.119	1	0.000
机会识别	95.679	1	0.000
创业能力	33.297	1	0.000
恐惧失败	36.262	1	0.000
创业意愿	1 251.628	1	0.000

图 16-6 比较了青年（18～34 岁）与非青年人群对创业的个人认知程度，可知青年人群的个人认知水平优于非青年人群。尤其在创业意愿方面，37％的青年人群表示在未来 3 年内打算创业，而只有 20.4％的非青年人群有同样想法；在创业网络和机会识别方面，青年人群不仅受周围其他创业者的影响更大（54.5％），而且对近期创业机会的估计更为乐观（34.3％）；青年人群对自身创业能力也更有信心（33.7％），对创业失败的恐惧（29.8％）要低于非青年人群。

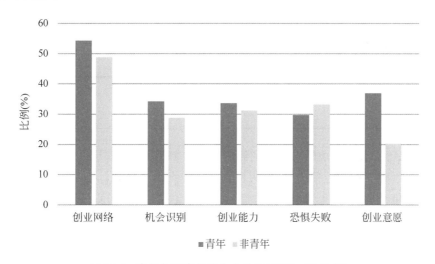

图 16-6 青年与非青年的个人认知（2002—2018 年）

下面我们进一步比较了 18～24 岁与 25～34 岁两个年龄段的青年对创业的个人认知差异（图 16-7），可见由于人生阅历的增加和经验技能的积累，年龄稍长者在创业网络和创业能力方面都要明显占优。25～34 岁青年中有 57.8％表示身边有良好的创业人脉关系，37.1％对自身创业能力富有信心；而相比之下 18～24 岁青年的这两个比例分别为 49％和 28.6％；在发现创业机会方面，二者表现差不多；25～34 岁青年对创业失败的恐惧表现更为强烈（比例为 31％），有 35.9％计划在未来 3 年内创业，这一比例略低于 18～24 岁青年。

2. 性别

我们将性别与个人认知的五个方面分别进行了卡方检验，结果如表 16-4 所示，可知不同性别的人群在个人认知水平上具有显著性差异。性别与创业能力的相关性非常强，与创业意愿也有较强的相关性。

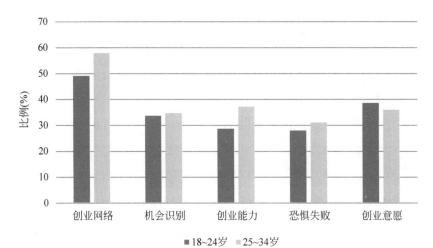

图 16-7   不同年龄段青年的个人认知(2002—2018 年)

表 16-4   不同性别人群的个人认知显著性检验

	皮尔逊卡方值	自由度 df	精确显著性(双侧)
创业网络	63.584	1	0.000
机会识别	50.848	1	0.000
创业能力	340.037	1	0.000
恐惧失败	37.928	1	0.000
创业意愿	141.771	1	0.000

图 16-8 比较了不同性别的人群对创业的个人认知程度,可知男性的个人认知水平相比女性表现更好。尤其在创业能力方面,男性表现出更大的自信心,认为自己具备创办企业所需知识、技能和经验的男性比例(36.2%)远高于女性(27.1%);男性在创业意愿方面(29.1%)比女性(23.1%)表现更为积极;男性对周围其他创业者的关注程度更高(52.4%),对创业机会的识别能力也更强(32.3%);相比而言,因担忧失败而影响创业或开创新业务的女性比例(33.3%)高于男性(30.7%)。

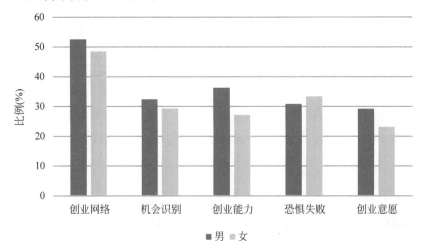

图 16-8   男性与女性的个人认知(2002—2018 年)

3. 受教育程度

我们将受教育程度与个人认知的五个方面分别进行了卡方检验,结果如表 16-5 所示,可知不同学历的人群在个人认知的四个方面(创业网络、机会识别、创业能力、创业意愿)都具有显著性差异。受教育程度与创业意愿的相关性非常强,不同学历的人群在对创业失败的恐惧方面没有显著性差异。

表 16-5　不同受教育程度人群的个人认知显著性检验

	皮尔逊卡方值	自由度 df	精确显著性(双侧)
创业网络	205.600	1	0.000
机会识别	234.909	1	0.000
创业能力	109.660	1	0.000
恐惧失败	0.228	1	0.640
创业意愿	327.446	1	0.000

图 16-9 比较了不同受教育程度的人群对创业的个人认知水平,可知受教育程度越高,个人认知水平表现更好。大学及以上学历者有更强的开启创业活动的意愿,有 33.5% 的比例计划在未来 3 年内创业,而高中及以下学历者的这一比例仅为 24.2%;大学及以上学历者对其他创业者的创业情况了解更多(56.5%),对创业机会的预期更加乐观(37.7%),对自己的创业能力也更有信心(35.8%);在恐惧失败方面,不同学历的人群都同样大约有 32% 的比例会对创业失败怀有恐惧。

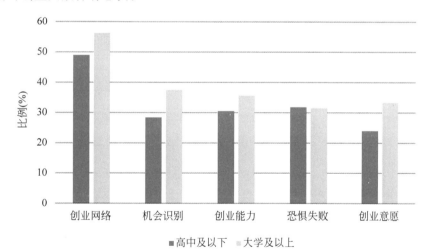

图 16-9　不同受教育程度人群的个人认知(2002—2018 年)

我们将不同年龄段的青年与受教育程度两个特征结合起来分析(图 16-10),可以发现无论学历高低,24~34 岁青年相比 18~24 岁青年在创业网络、机会识别和创业能力三个方面有更高的个人认知水平,但是更为恐惧失败,创业意愿更低。

如果是同样的年龄段,大学及以上学历者要比高中及以下学历者在创业网络和机会识别方面表现更好,对失败的担心更多,未来创业的意愿更为强烈。但在创业能力方面,18~24 岁的高中及以下学历者要比同年龄段的大学及以上学历者对自身技能和经验的评价更

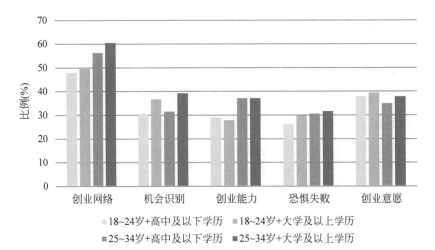

图 16-10　不同年龄段和不同受教育程度的青年的个人认知（2002—2018 年）

为乐观。

4. 创业动机

我们将创业动机与个人认知的五个方面分别进行了卡方检验，结果如表 16-6 所示。不同动机的人群在个人认知的四个方面（创业网络、机会识别、创业能力、创业意愿）都具有显著性差异，在对创业失败的恐惧方面没有显著性差异。

表 16-6　不同创业动机人群的个人认知显著性检验

	皮尔逊卡方值	自由度 df	精确显著性（双侧）
创业网络	59.716	1	0.000
机会识别	94.626	1	0.000
创业能力	55.766	1	0.000
恐惧失败	4.346	1	0.038
创业意愿	20.564	1	0.000

从图 16-11 可以发现机会型动机创业者的个人认知水平普遍高于生存型创业者。尤其是对创业机会的察觉和识别能力，机会型创业者（51％）要优于生存型创业者（36.3％）；机会型创业者对身边创业者的了解（73％）以及对自己创业能力的判断（61.3％）都比生存型创业者表现出更加肯定的态度；在创业意愿方面，有 50.2％的机会型创业者表示在未来 3 年内有创业的计划，而生存型创业者的这一比例为 43％；不同动机的创业者对创业都表现出同样的担忧和恐惧，比例都差不多为 30％。

5. 收入水平

我们将个人收入与个人认知的五个方面分别进行了卡方检验，结果如表 16-7 所示，可知不同收入的人群在个人认知的四个方面（创业网络、机会识别、创业能力、创业意愿）都具有显著性差异。收入水平与创业能力的相关性非常强，与创业网络和机会识别能力也表现出很强的相关性；不同收入水平的人群在对创业失败的恐惧方面没有显著性差异。

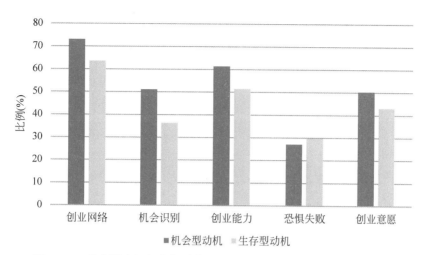

图 16-11　机会型动机与生存型动机创业者的个人认知（2002—2018 年）

表 16-7　不同收入人群的个人认知显著性检验

	皮尔逊卡方值	自由度 df	精确显著性（双侧）
创业网络	541.668	1	0.000
机会识别	419.516	1	0.000
创业能力	708.053	1	0.000
恐惧失败	8.476	1	0.004
创业意愿	100.988	1	0.000

图 16-12 显示了不同收入水平的人群对创业的个人认知存在着比较大的差异，有 40.2％高收入者对自己的创业能力表现出很大的信心，相比之下中低收入者这一比例仅为 26.6％；高收入者对周围创业者的关注程度（58.7％）以及对创业机会的识别能力（38.1％）也都高于中低收入者；在创业意愿方面，有 29.7％的高收入者计划在未来 3 年内开始创业，而中低收入者这一比例为 23.4％；在对创业失败的恐惧方面，两者表现差不多，都有超过 30％的比例表示因担心创业失败而可能会放弃对创业的尝试。

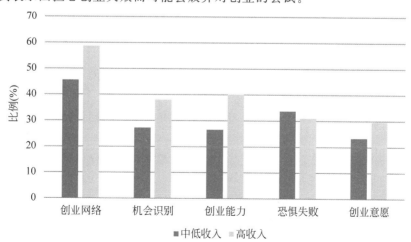

图 16-12　中低收入与高收入人群的个人认知（2002—2018 年）

6. 受教育程度与创业动机

我们将受教育程度与创业动机两个特征结合起来分析,如图 16-13 所示,可以发现在创业网络、机会识别和创业能力三个方面,机会型创业者要比生存型创业者有更高的个人认知水平;如果是同样的创业动机,则大学及以上学历创业者要比高中及以下学历创业者的个人认知水平更高。

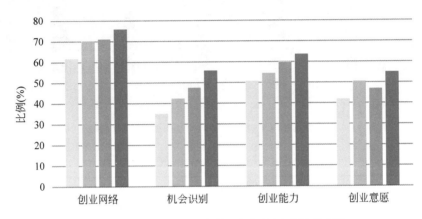

图 16-13 受教育程度和创业动机对个人认知水平的影响(2002—2018 年)

在创业意愿方面,创业者的受教育程度要比创业动机的影响更大,也就是说大学及以上学历创业者要比高中及以下学历创业者的创业意愿更强;当然如果具有同等的学历水平,则机会型创业者要比生存型创业者有更强的创业意愿。

16.2 社 会 认 知

人们在选择是否进行创业活动时会考虑社会文化环境对创业的接受程度,当一个国家对创业的社会价值观及创业文化氛围倾向是积极的,创业选择会被更多人接受;但是如果整个社会对创业的价值观倾向是消极的,即多数人对创业不认可、不鼓励,那么人们可能会选择放弃创业。

创业文化氛围和大众对创业的态度等非正式制度因素对创业是有影响的(Turro et al.,2014)。媒体对成功创业者事迹的宣传力度与一个国家创业企业数量增长有正向关系(Hindle and Klyver,2007),社会对创业者的尊重也有利于产生创业动机和创业行为(张玉利和杨俊,2003)。

全球创业观察研究调查问卷从以下 4 个问题来考察社会大众对待创业活动的态度,受访者只被给出是或否两个选择。

- 认为大家应该有差不多的生活水平。
- 认为创业是一项理想的职业选择。
- 认为成功创业的人会经常受到媒体关注。

· 认为成功创业的人享有较高的社会地位。

我国具有鼓励创业的历史文化底蕴和社会基础,创业被认为是一种合理的致富途径,因而也就成为许多人追求的目标。成功的创业者成为人们崇敬的对象,享有较高的社会声望,成功的创业故事也就成为媒体所追逐的热点,人们都相信成功的创业者都是富有能力的,这也激励着人们进一步创业的热情。

2003—2018 年[①]全球创业观察我国成人调查数据显示,有 45.7% 的人认为大家应该有差不多的生活水平,63.4% 的人认为创业是一项理想的职业选择,68.7% 的人认为成功创业的人会经常受到媒体关注,69.7% 的人认为成功创业的人享有较高的社会地位。

16.2.1 特点

1. 社会认知接近 G20 经济体平均水平

我国在职业选择和社会地位这两项社会认知的比例分别为 63.4% 和 69.7%,接近 G20 经济体平均值(分别为 61.5% 和 68.9%)。图 16-14 显示,对于认为创业是理想职业选择这一项社会认知,要素驱动国家的平均比例为 56.7%,效率驱动国家的平均比例为 68.4%,创新驱动国家的平均比例为 55.1%,日本这一比例最低,只有 28.5%。图 16-15 显示,对于认为成功创业者享有较高社会地位这一项社会认知,处于经济发展不同阶段的要素驱动、效率驱动和创新驱动国家的平均比例分别为 63.8%、72.2% 和 68.3%,日本这一比例仍然最低(51.2%)。

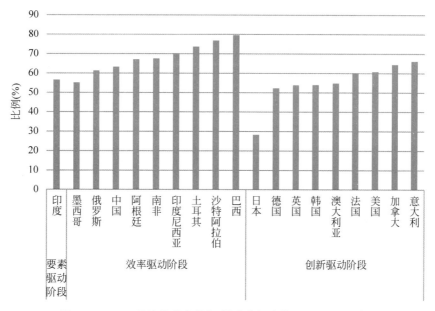

图 16-14　G20 经济体社会认知-职业选择比较(2003—2018 年)

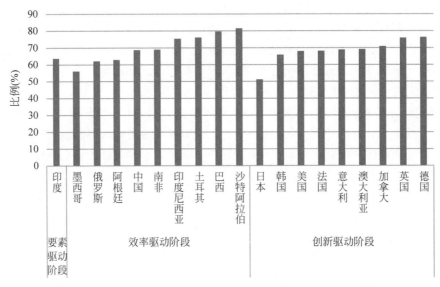

图 16-15　G20 经济体社会认知-社会地位比较(2003—2018 年)

2. 将创业视为理想职业选择的认同度下降

我国对创业的社会认知四个方面在 2010 年之后变化相对平稳,能够呈现出一定的趋势(图 16-16)。

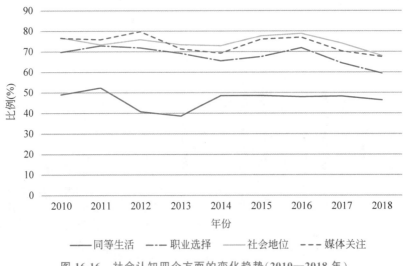

图 16-16　社会认知四个方面的变化趋势(2010—2018 年)

职业选择可以认为是一种内生认知,近些年呈比较明显的下降趋势,2010 年有 69.9% 的人认为创业是一项理想的职业选择,到 2018 年这一比例为 59.6%,下降了约 10 个百分点;在追求同等生活水平方面,一直维持在 50% 上下浮动;在成功创业者享有较高的社会地位并受到更多媒体关注方面,持认同态度的人群比例一直比较稳定,基本保持在 70%~80% 之间。

3．社会认知对创业活动产生影响

对创业积极的社会态度能显著促进创业活动。也就是说,创业文化越好的国家,创业活跃程度越高。我们将认同创业是理想职业选择的成年人口比例与早期创业活动指数做了相关性检验(图 16-17),研究发现两者呈较强的正相关关系,体现出社会认知对创业活动的重要影响。创业活跃程度最高的巴西,其受访者认为创业是一项理想的职业选择的比例也是最高的;而日本这两项数据都是最低的。

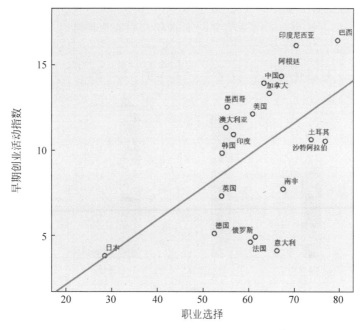

图 16-17　职业选择与创业活动相关性($\text{Sig.} = 0.022,R^2$ 线性 $= 0.270$)

不过也有例外,意大利的早期创业活动指数很低,但是对创业的社会认知却较高,这从另一个角度也说明了创业活动的产生是一个复杂的过程,不仅受到社会价值观的影响,也取决于个人对创业的认知能力。结合 16.1 节的分析我们发现意大利的受访者在机会识别、创业能力、创业意愿三个方面的表现都较弱,而且在恐惧失败问题上更是整个 G20 经济体中最严重的。

16.2.2　不同特征人群的社会认知

分析 2003—2018 年全球创业观察我国成人调查的数据可知,不同特征的人群对于创业的社会认知存在差异,但总体上差异不大。

1．年龄

我们将年龄与社会认知的四个方面分别进行了卡方检验,结果如表 16-8 所示,可知不同年龄的人群在社会认知水平上具有显著性差异,年龄与媒体关注、同等生活有较强的相关性。

表 16-8　不同年龄人群的社会认知显著性检验

	皮尔逊卡方值	自由度 df	精确显著性（双侧）
同等生活	76.572	4	0.000
职业选择	40.097	4	0.000
社会地位	40.187	4	0.000
媒体关注	102.793	4	0.000

如图 16-18 所示比较了青年与非青年人群对创业的社会认知程度，可见 34 岁以上的非青年人群对稳定的生活水平更加关注，占比为 47.1%，而 18～34 岁的青年则更加关注媒体中报道的创业故事，占比为 71.8%；青年与非青年在职业选择和社会地位的认同程度上基本一样。

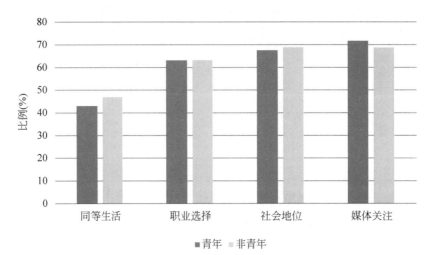

图 16-18　青年与非青年的社会认知（2003—2018 年）

2. 性别

我们将性别与社会认知的四个方面分别进行了卡方检验，结果如表 16-9 所示，可知不同性别的人群在社会认知水平上具有显著性差异，但差异水平不大。

表 16-9　不同性别人群的社会认知显著性检验

	皮尔逊卡方值	自由度 df	精确显著性（双侧）
同等生活	30.333	4	0.000
职业选择	23.847	4	0.000
社会地位	21.995	4	0.000
媒体关注	25.157	4	0.000

如图 16-19 所示比较了不同性别的人群对创业的社会认知程度，可见男性与女性差异不大。相对而言，女性比男性在同等生活方面更加关注基本的生活保障和生活水平。

3. 受教育程度

我们将受教育程度与社会认知的四个方面分别进行了卡方检验，结果如表 16-10 所示，

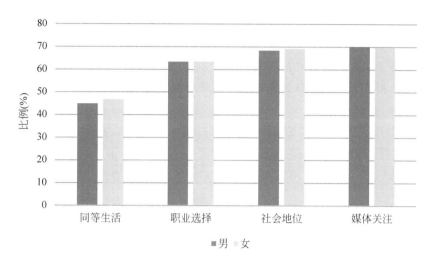

图 16-19　男性与女性的社会认知（2003—2018 年）

可知不同学历的人群在社会认知水平上具有显著性差异,受教育程度与同等生活有较强的相关性。

表 16-10　不同受教育程度人群的社会认知显著性检验

	皮尔逊卡方值	自由度 df	精确显著性（双侧）
同等生活	214.063	4	0.000
职业选择	70.467	4	0.000
社会地位	39.548	4	0.000
媒体关注	74.140	4	0.000

如图 16-20 比较了不同学历人群对创业的社会认知程度,有 47.8% 的高中及以下学历受访者认为大家应该有差不多的生活水平,这一点要高于受过高等教育的受访者（41%）;高中及以下学历者对创业是一项理想的职业选择这一点更为认同,而大学及以上学历者较为关注媒体宣传的创业故事并认同创业者的社会地位。

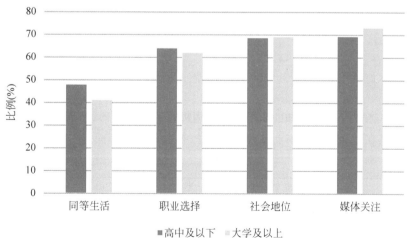

图 16-20　不同受教育程度人群的社会认知（2003—2018 年）

4. 创业动机

我们将创业动机与社会认知的四个方面分别进行了卡方检验,结果如表 16-11 所示,可知不同动机的人群在同等生活认知水平上具有显著性差异,而在社会认知的其他三个方面没有显著性差异。

表 16-11　不同创业动机人群的社会认知显著性检验

	皮尔逊卡方值	自由度 df	精确显著性(双侧)
同等生活	29.824	4	0.000
职业选择	10.877	4	0.028
社会地位	11.222	4	0.023
媒体关注	9.578	4	0.046

根据图 16-21 数据显示,生存型创业者更加关注同等生活,有 45.7% 的人认同应该追求更多财富和更好的生活水平,而机会型创业者这一比例为 41.8%;不同动机的创业者将创业视为理想的职业选择的比例差不多,关注媒体的创业报道和认可创业者的社会地位的比例也大致相同。

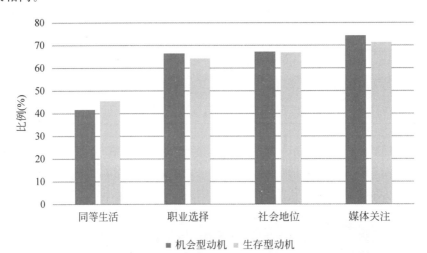

图 16-21　机会型动机与生存型动机创业者的社会认知(2003—2018 年)

5. 收入水平

我们将收入水平与社会认知的四个方面分别进行了卡方检验,结果如表 16-12 所示,可知不同收入的人群在社会认知水平上具有显著性差异,收入水平与同等生活有较强的相关性。

表 16-12　不同收入水平人群的社会认知显著性检验

	皮尔逊卡方值	自由度 df	精确显著性(双侧)
同等生活	76.352	4	0.000
职业选择	4.425	4	0.000
社会地位	13.190	4	0.000
媒体关注	40.586	4	0.000

比较不同收入阶层群体对创业的社会认知（图 16-22），中低收入群体中有 47.8％追求
更好的生活水平，而高收入群体这一比例为 43％；中低收入者更加认同创业是一项比较理
想的事业，而高收入者比较关注媒体中报道的创业故事并认可创业者的社会地位。

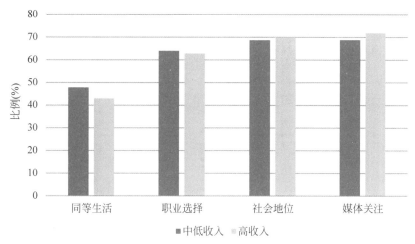

图 16-22　中低收入与高收入人群的社会认知（2003—2018 年）

16.3　社会和文化规范

关于创业文化，全球创业观察除了涉及上述的个人认知和社会认知两方面，还在创业环
境分析框架的"社会和文化规范"中，通过专家调查问卷评分的方式来加以研究，以考量一个
国家的社会文化与创业之间的关系。

相比创业环境里的其他八个方面，社会和文化规范是一种软环境，它是一种通过民族文
化多年传承的精神，对社会主体会发生潜移默化的影响，而且这种影响往往是深远的和根深
蒂固的。

文化环境体现着一个民族的文化特性，包括价值观念、理想情操、道德规范、文化教育、
风俗习惯、态度取向、行为准则、生活方式。社会和文化规范不仅为个体行动提供了指南和
标准，而且也为人们提供了判断他人行为的标准。

创业需要创业精神。而创业精神是在一定的创业文化氛围中得以孕育和强化的，不同
的文化氛围决定着人们对创业行为的不同态度以及对创业成功价值的不同评价。一般来
说，在一个鼓励创业、创新、冒险、竞争以及容忍失败，以成就、公平、公正为取向的文化氛围
中，人们往往具有比较强烈的创业精神；而在一个轻视创业价值，贪图安逸、惧怕风险、不求
进取，对创业行为不鼓励，对创业失败不宽容的文化氛围中，人们的创业精神必然会很弱。

16.3.1　专家对我国创业文化评价较高

社会和文化规范是我国创业环境条件九个方面中表现较好的方面，专家评分较高，多年
平均分值为 3.26 分。

从 2002—2019 年社会和文化规范的得分情况来看（图 16-23），整体上比较稳定，基本保
持在 3 分左右。近年来有持续走高的趋势，2019 年得分达到 3.81 分，体现了我国社会对创

业的重视和持续关注。

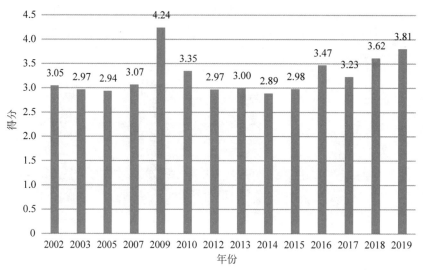

图 16-23　我国创业环境—社会和文化规范评分（2002—2019 年）

从 G20 经济体排名情况来看（图 16-24），我国排名靠前，名列第四。美国得分 4.14 分，位居 G20 经济体首位；印度尼西亚和加拿大紧跟其后，得分分别为 3.43 分和 3.38 分；我国排名第四，得分为 3.26 分，高于印度。

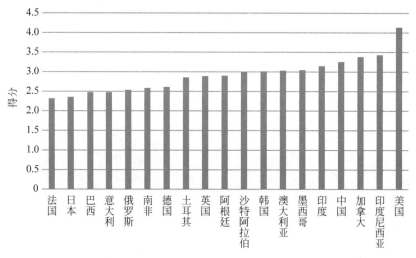

图 16-24　G20 经济体的社会和文化规范评分（2002—2019 年）

我国传统文化中自强不息的民族精神，深深影响了中华民族的生命力、创造力和凝聚力，也是创业精神得以生生不息的强大支撑力。民族精神激励着人们不畏困难，挖掘自身潜能，勇于进取，通过个人努力实现人生价值。

改革开放以后，人们迫切渴望创造财富、合法致富，掀起了创业热潮；党的十六大指出"让一切创造社会财富的源泉充分涌流"；十七大提出实施扩大就业的发展战略，促进以创业带动就业的总体部署；十八大再次强调，引导劳动者转变就业观念，鼓励多渠道、多形式就业，促进创业带动就业，推动实现更高质量的就业；十九大报告提出加快建设创新型国家,激发和保护企业家精神,鼓励更多社会主体投身创新创业。时至今日,崇尚致富的价值观成为促进创业的一种内在动力,人们认可创业是一种合理的致富途径。

16.3.2　冒险精神有待加强

全球创业观察创业环境条件框架下的社会和文化规范关注 5 个问题,图 16-25 给出了相应的专家评分,其中在冒险精神方面评价较低。

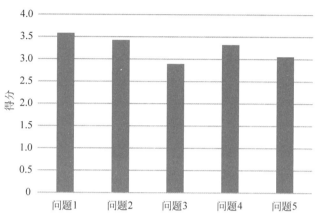

问题 1	在我国,民族文化非常鼓励通过个人努力获得成功。
问题 2	在我国,民族文化提倡自立、自治和原创。
问题 3	在我国,民族文化鼓励创业冒险。
问题 4	在我国,民族文化鼓励创造和创新。
问题 5	在我国,民族文化强调个人自我管理中的责任意识。

图 16-25　社会和文化规范——专家调查问卷评分

有利于创业的社会和文化规范能够对创业活动起到促进作用,反之则起到阻碍作用。

近年来,求稳心态在很多大学生中普遍存在,在求职择业中他们往往更看重工作单位的稳定性,考取公务员成为热门选择。追求稳定工作的人一般不会产生创业的念头,没有勇气迎接挑战,更无法接受创业失败带来的打击。但从另一个方面来说,由于我国社会就业形势日趋严峻,社会竞争压力加大,人们倾向于稳定而有保障的职业也是现实之下的一种无奈选择。因此积极创建有利于创业的社会文化环境以推动创业活动的蓬勃发展成为当务之急。

第一,要深化教育教学改革,适应社会和企业实用需求,提高学生职业化专业技能水平。让学生确定适合的个人职业规划,更有准备地迎接未来充满竞争与挑战的工作环境。

第二,把创新创业教育融入高校人才培养全过程,以培养具有创业基本素质和开创型个性的人才为目标,树立创业意识和创新精神,提高创新创业能力。而且还要面向全社会,针对那些打算创业、已经创业、成功创业的创业群体,分阶段分层次地进行创新思维培养和创业能力锻炼。

第三,加强就业指导和服务,引导学生转变就业观念,为毕业生就业、择业、创业提供帮助。拓宽毕业生就业渠道,鼓励毕业生到中小企业、小城镇、农村就业或自主创业。

总之,创业文化的核心是要求创业者锐意创新、敢于冒险、不惧失败,同时要求社会给予创业者自由发展的创业氛围,形成以追求卓越、鼓励冒险、宽容失败、重视创新为代表的开放价值观,激发全社会的创新精神和创业激情。

16.4 小　结

对创业的个人认知、社会认知以及社会和文化规范会影响创业活动的产生和发展。本章分析了我国创业文化的整体情况、变化趋势以及不同特征群体之间的差异,有以下认识:第一,我国在机会识别和创业能力两项个人认知上都低于 G20 经济体平均水平,但是创业意愿很强;第二,青年的创业意愿更强,创业网络和机会识别能力也表现更好;第三,受过高等教育的人群其创业意愿更强;第四,机会型动机创业者的个人认知水平普遍高于生存型创业者;第五,高收入人群的创业能力更强,创业网络和机会识别表现也越好;第六,我国在职业选择和社会地位两项社会认知上接近 G20 经济体平均水平;第七,我国对创业环境中的社会和文化规范条件评价较高,在 G20 经济体排名靠前。

参 考 文 献

[1] KWON S W,ARENIUS P. Nations of entrepreneurs:a social capital perspective[J]. Journal of Business Venturing,2010,25(3):315-330.

[2] WENEKERS S. Entrepreneurship at Country Level:Economic and Non-Economic Determinants[M]. Rotterdam:ERIM Ph.D. Series Research in Management,Erasmus University Rotterdam,2006.

[3] TURROA,URBANO M,PERIS-ORTIZ M. Culture and innovation:the moderating effect of cultural values on corporate entrepreneurship[J]. Technological Forecasting and Social Change,2014,88:360-369.

[4] HINDLE K,KLYVER K. Exploring the relationship between media coverage and participation in entrepreneurship:initial global evidence and research implications[J]. International Entrepreneurship Management Journal,2007,3(2):217-242.

[5] 张玉利,杨俊. 企业家创业行为调查[J],经济理论与经济管理,2003(9):61-66.

附录 1
全球创业观察的方法论概述

全球创业观察研究的数据主要是来自两个互补的问卷调查。第一个且最重要的问卷调查是成年人口调查（APS），问卷旨在了解创业者的人口统计特征、创业活动的阶段、类型和影响力，以及创业者的自我认知和社会对待创业的态度。全球创业观察研究要求每个参与经济体每年至少随机抽取 2 000 名受访者以使得数据具有代表性。为了保证样本的代表性，包括中国在内的多个国家抽样样本都在 3 000 个以上。

在抽样方案的设计中，各国团队通常会对国家的人口、区域和经济发展水平等指标分档，确保样本能够覆盖不同区域和发展水平的城市，增加样本的代表性。在确定了调查城市之后，各国团队采用入户、拦截、在线、电话等不同方式进行随机访问。为了确保数据质量，全球创业观察研究要求各国团队安排一定比例的回访。

数据收集完成并提交后，全球创业观察数据团队会对各国的数据进行质量控制和协调处理，包括数据的清洗、编码和赋权。其中，赋权是根据各国官方统计数据中人口的年龄、性别、受教育程度、城乡和地区分布对抽样结果赋予一定的权重，使其更具代表性和全球可比性。截至 2021 年，全球创业观察研究已收集了 120 个经济体不同年份超过 300 万份成年人口调查问卷。

全球创业观察研究的另一个数据来源是国家专家访谈（NES）。全球创业观察将创业环境条件分为九个方面，每年各国团队在每个方面至少邀请四位专家，共 36 位专家进行访谈，要求他们填写国家专家访谈标准问卷并回答部分半开放式问题。

在执行过程中各国团队首先会确定访谈名单，保证受访专家在对应的创业环境条件方面具有良好的声誉和深入的理解。为了确保数据的稳定性，每年的受访专家有大约一半是固定的。国家专家访谈问卷调查的专家包括国家和地方政府的创业政策制定者，政府创业项目或基础设施的管理者，不同行业的成功企业家、投资人，开展创业教育和培训的教师，孵化器、加速器、科技转化平台等不同类型创业服务机构的管理者以及律师、会计师等创业生态的利益相关方。

国家专家访谈问卷采用李克特量表评价创业环境条件的不同方面。同样，全球创业观察数据团队也会对国家专家访谈数据进行质量检查和协调处理，在生成可靠性报告和主成分分析总结的基础上，将各国数据进行汇总，并计算每项数据的中位数、平均值、标准差和汇总变量的平均值与标准差，以及对开放性问题进行编码转换。

附录 2
历年全球创业观察中国报告发布稿辑要

全球创业观察中国报告在每年发布的时候,均是采用召开发布会的形式,把报告发布与论坛活动结合起来,通过宣讲研究报告和与会嘉宾的主题发言、圆桌对话等形式传播对我国创业活动相关问题的认识并扩大关注我国创业活动、创业研究和创业政策的人群。

我国在 2001 年开始参与全球创业观察,2002 年开始全球创业观察研究中的成年人口调查和国家专家访谈,2003 年发布了第一份全球创业观察中国报告。到 2020 年发布最后一份全球创业观察中国报告,期间共举办过 16 次全球创业观察中国报告的发布会。

虽然每年的发布会上,我们都向媒体提供了书面的发布会新闻稿。但是 20 年过去了,读者从互联网和媒体资料里已经难以看到当年发布会新闻稿的完整内容。每年的全球创业观察中国报告发布会的新闻稿是对当年报告的摘要,说明了当年研究的主要发现和观点。

这些发布稿是了解中国创业活动的有益素材。因此,我们按照发布会的年份排列,汇集了全球创业观察中国报告发布新闻稿,记录了当年全球创业观察中国报告的主要发现,供读者需要时查阅。

2002 年全球创业观察中国报告

全球创业观察(Global Entrepreneurship Monitor)2002 中国报告于 2003 年 2 月 28 日在北京发布。2002 年的全球创业观察项目有 37 个来自亚洲、欧洲、非洲、北美洲和拉丁美洲的国家和地区的 150 名学者参加。参加该项目的国家和地区人口占世界总人口的 62%，占世界各国 GDP 总和的 92%。

2002 年的中国创业观察报告研究经费由清华大学中国创业研究中心和美国巴布森学院的亚洲学院提供。清华大学出版社提供出版经费。

中国的创业观察报告是在全球创业观察项目的研究框架和方法下完成的。和全球创业观察项目一样，中国创业观察报告关注同样的四个基本问题。全球创业观察研究的基本问题是：不同国家的创业活动水平存在的差异及其程度；创业活动与经济增长的系统关系；什么是影响创业活动水平的因素；政府的创业政策评价及改进。

2002 年的中国创业观察报告提供了下列问题的答案。

一、2002 年中国创业活动的排名

中国在全球的创业活动中处于活跃状态，但是在亚洲地区属于中间水平。具体排名是：中国的全员创业活动指数在 37 个全球创业观察参与国家和地区中排名第 9 位。在全球创业观察中的亚洲发展中国家里，中国的创业活动水平低于韩国、印度和泰国，处于最不活跃的水平。但是，和亚洲发达国家日本和新加坡相比，中国创业活动水平高于它们。

二、创业行为类型

2002 年，18~64 岁的积极参与创业的中国人中，有 60% 是因为没有其他适合他们的工作而创业，即属于生存型创业。创业者为了生存而进行创业，这是中国创业活动的主导类型。另外 40% 的创业者是因为有吸引力的机会而选择创业，即属于机会型创业。全球创业观察的主导类型是机会型创业。全球创业观察的调查结果是，三分之二的创业者属于机会型创业，另外的三分之一属于生存型创业。

三、创业者

从年龄上看，中国男性创业者的创业年龄集中在 18~34 岁，女性创业者的创业年龄集中在 25~44 岁。中国的男性创业者比全球创业观察的平均集中创业年龄提前了 10 岁。中国男性创业者多于女性创业者，男女创业者的比率是 1.24，仅高于泰国，排名第 36 位。全球创业观察男女创业者比率的平均水平是 1.80，排名第 1 位的是日本，男女创业者比率是 5。

男性创业者的受教育程度与创业活动之间没有明显对应关系。女性创业活动与受教育程度有关。受过教育的女性创业活动更活跃。

四、创业捕捉的市场机会

中国的创业活动以生存型为主导。96% 的创业活动没有创造新市场，只有很少的创业者(4%)认为其创业创造出一定的或大的新市场。全球创业观察的研究结果分别是 93% 的

创业活动没有创造新市场和 7% 的创业活动创造出一定的或大的新市场。中国的创业者主要在现有市场中找机会,没有能够创造出新的市场机会。

五、创业环境

总体上讲,中国的创业环境在全球创业观察的 37 个参与国家和地区中排在 23 位,属于中下水平,不容乐观,急需改进。衡量创业环境的九个方面,中国的评分多数在平均水平以下。

中国创业环境中的优势很少,只在有形基础设施和进入壁垒(市场变化大、进入市场的成本相对较低)上比全球创业观察的平均水平高,在文化和社会规范方面只有局部优势。

创业环境中接近于全球创业观察水平的方面是:政府政策(地方政府对创业的积极政策、税收优惠)、政府项目(政府项目中的资金和政策类支持项目)和研究开发转移(新技术从发源地的转移)等,但也都是部分接近。

创业环境中的弱势方面很多,在金融支持、政府政策(政府直接支持、中央政府的创业政策、新企业审批)、政府项目(政府项目中的服务型组织)、教育与培训(创业与工商管理教育)、研究开发转移(研究开发转移的条件、知识产权保护)、商务环境(商务环境中为创业企业提供的金融和非金融服务)和文化与社会规范(社会文化中个人与集体的责任关系)等方面均处于劣势。

按照创业环境和创业活跃程度对全球创业观察亚洲参与国家和地区分类,中国属于创业环境差、但是创业活动较为活跃的国家。

中国的创业机会多,创业动机强,但创业能力不足。亟需通过创业教育和实践智慧的积累提高创业能力。

六、创业与经济增长的关系

创业与经济增长之间存在促进关系。中国创业活动对经济增长的贡献并没有达到全球创业观察成员的平均贡献水平。创业对经济增长的潜力尚未充分发挥出来。

中国的创业活跃程度存在明显的区域特征。中国创业活动活跃的地区,也是经济增长快的地区;创业活动欠活跃的地区,也是经济增长一般的地区;创业活动不活跃的地区,其经济增长也是最慢的地区。

创业促进了就业。1997—2001 年,创业不活跃的国有单位、城镇集体单位和联营单位净减少 5 343 万个工作机会,而创业活跃的公司、股份合作单位和私营企业(这项统计不包含农村私营企业所提供的净增就业机会)共提供了 1 407 万个新增就业机会。其中,公司制企业创造的新增就业机会为 477 万个,私营企业创造的新增就业机会达到 907 万个。

七、对创业政策的思考

政府创业政策的基本目标是减少创业障碍,促进创业活动,推动经济增长。中国创业政策应该着重考虑四个突出问题:提高对创业企业的金融支持;增加对创业企业的政府服务型组织;发展创业教育和改善研究开发转移的条件。

政府的创业政策需要一个系统化的体系,其核心是把促进创业作为实现经济增长的一项重要策略,其关键是提供越来越好的创业环境和保护创业者的利益。

2003 年全球创业观察中国报告

2004 年 5 月 19 日,《全球创业观察 2003 中国报告》由清华大学中国创业研究中心发布。清华大学中国创业研究中心与清华创业园为此召开了报告的发布会。国家发展和改革委员会中小企业司、科技部火炬中心、劳动与社会保障部培训与就业司、教育部、中关村科技园区管理委员会、清华科技园的领导到会。

全球创业观察 2003 中国报告是建立在全球创业观察项目的数据平台和中国专家调查及成人调查数据基础上的原创型研究成果。全球创业观察项目是当今最有影响的全球创业研究项目。2003 年有 31 个国家和地区参加了该研究项目。全球创业观察 2003 中国报告也是清华大学中国创业研究中心完成的第二份全球创业观察(Global Entrepreneurship Monitor)中国报告。

2003 年中国创业观察报告的主要结论如下。

一、中国的排名与变化

中国的创业活动在 2003 年依然保持活跃状态。2003 年,中国的全员创业活动指数为 11.6%,即每 100 位年龄在 18～64 岁的成年人中,有 11.6 人参与创业活动。2002 年,我国全员创业活动指数为 12.3%。相对于 2002 年,我国 2003 年的创业活跃程度略有下降,但是没有明显变化,在 2003 年的全球创业观察成员中仍然处于前列。

从 2002—2003 年全员创业活动指数的平均水平看,去掉 2003 年新参与的国家和创业活动异常活跃的美国和澳大利亚,中国的创业活动活跃程度排名依然是第 9 位,保持稳定。但是,加上美国和澳大利亚后,则下降到第 11 位。去掉 2003 年新参加的国家和 2002 年参加、但没有参加 2003 年的国家后,中国的排名仍然发生了变化。这个变化是:中国的排名没有提前,即没有超过 2002 年和 2003 年均参加、在 2002 年排名中排在中国之前的国家。换句话说,原来那些比中国创业活动活跃的国家,2003 年依然比中国活跃。相反,由于澳大利亚和美国创业活跃程度的提高,中国的排名比 2002 年实际上是落后 2 位。

二、创业行为类型

2003 年与 2002 年相比,中国的创业活动依然是以生存型为主导。生存型创业活动占到整个创业活动的 53%,机会型创业占 47%。2003 年有更多的机会型创业发生。全球创业观察的总体创业性质仍然是以机会型创业为主,机会型创业占到 70% 以上,生存型创业不到 30%。

中国创业活动对市场扩大的影响小于全球创业观察的平均水平。中国的创业活动是以生存型创业为主导的,这样的创业活动对市场扩大没有多少影响,创业活动体现为在现有市场中获得市场份额和发展机会。中国"没有创造新市场"的全员创业活动指数是全球创业观察平均水平的 1.56 倍。然而,其他 3 个指数("创造很小的新市场""创造不大的新市场"和"创造很大的新市场")均低于全球创业观察的平均水平。尤其"创造很大的新市场"的全员创业活动指数与全球创业观察的平均水平差距最大,仅为其 0.26 倍。

三、性别与创业活动

总体上男性参与创业活动的人数会更多一些。例如,全球创业观察的男性全员创业活动指数为 11.84%,女性的该指数仅为 6.90%。中国男性全员创业活动指数为 12%,女性全员创业活动指数为 11.16%。同时,中国的男性全员创业活动指数位居 11 位,女性的全员创业活动指数则排在第 6 位。中国属于女性创业很活跃的国家。

在创业类型上,男女的创业活动也不相同。在生存型创业中,我国男性的全员创业活动指数为 5.00%,全球创业观察的水平为 2.85%,女性的全员创业活动指数为 7.29%,全球创业观察的水平是 2.23%。在机会型创业中,我国男性的全员创业活动指数是 6.98%,全球创业观察的水平是 8.79%,女性的全员创业活动指数是 3.83%,全球创业观察的水平是 4.51%。区分创业活动类型后,我们可以发现,我国的创业活动在性别上的特征是:①相对于女性创业者而言,男性创业者更多地从事机会型创业活动;②相对于男性创业者而言,女性创业者更多地从事生存型创业活动;③女性创业活动活跃的主要贡献因素来自生存型创业,女性的生存型创业活动指数远远高于全球创业观察的平均水平,而机会型创业活动指数则低于全球创业观察的平均水平;④男性创业活动是机会型多于生存型。

四、创业者

2003 年我国参与创业活动的人员年龄集中于 25～44 岁之间。男性创业活动最多的 3 个年龄段从高到低依次是 25～34 岁、35～44 岁和 18～24 岁;女性创业活动最多的 3 个年龄段从高到低依次是 35～44 岁、25～34 岁和 45～54 岁。男女创业活动的年龄分布是有区别的。2003 年,我国男性创业活动最多的年龄段在 25～34 岁,女性则在 35～44 岁;女性在 18～24 岁参与创业的人少,而在 45～54 岁却较多,男性则相反。从整个年龄分布看,男性参与创业的年龄早于女性,这与 2002 年报告的发现是一样的。创业并没有明显的年龄限制。无论是男性还是女性,45 岁以上仍然是可以创业的年龄。

参与创业活动的创业者绝大多数受到过初等以上的教育。但是,随着受教育程度的提高,参与创业活动的人数减少。

创业的行业分布包括采掘业、制造业、企业服务业和消费服务业。我国创业者的行业分布集中程度依次为消费服务业、制造业、采掘业和企业服务业。

创业者的类型可以分成独立创业和内部创业。中国的创业者更多地选择独立创业,而不是公司内部的创业形式。

五、创业环境

2003 年,中国的创业环境在改善。2003 年创业环境评分为 2.95,2002 年的创业环境评分为 2.65。只有综合评分超过 3 时,创业环境才进入良好和很好的状态。因此,中国创业环境目前仍然属于非良好状态,即属于接近中等的水平。

与 2002 年的情况相比,在衡量创业环境的九个方面中,创业环境相对于去年有改进的方面是:金融支持、政府项目、教育与培训、知识产权保护和文化与社会规范。创业环境相对于去年没有变化的方面是:政府政策、研究开发转移、商业基础设施、市场变化;创业环境相对于去年更差的方面是:对地方政府扶持力度的认同感有所下降。

以多数大于 3 为较好、3 左右为中等、多数低于 3 为较差为标准,创业环境相对较好的方面是:有形基础设施、创业文化;创业环境处于中等水平的方面有:商务基础设施、政府项目、教育与培训、市场开放程度、知识产权保护等;创业环境相对较差的方面是:金融支持、政府政策、政府项目、研究开发转移。

从创业机会和创业能力的关系来看,中国创业机会多,仍然是一个突出特点,创业技能在局部方面虽然有所提高,但是仍然低于中位数的水平。中国的创业企业关闭率较高。2003 年的关闭率为 8.04%,相对于全球创业观察的平均水平 4.5% 高出许多。

从成人调查结果看,中国的创业者并不惧怕失败,今后三年期望创业的比例达到37.42%,但是缺乏创业需要的技能和经验。只有不到四成的创业者认为自己拥有创业所需要的技能和经验。因此,通过创业教育和实践积累提高创业技能的问题亟待解决。

六、区域创业活动[①]

与 2002 年的研究相比,2003 年的研究发现:私营企业创业最活跃的地区是上海,其次是北京,最不活跃的地区是河北。私营创业企业活跃程度得到提升的区域为:山西、辽宁、吉林、上海、江苏、福建、江西、山东、河南、湖北、湖南、广东、广西、重庆、四川、云南、青海、宁夏、新疆。私营创业企业活跃程度变化不大的区域为:天津、浙江、安徽、贵州、西藏、陕西、甘肃。私营创业企业活跃程度下降明显的区域为:北京、河北、内蒙古、黑龙江、海南。

中国创业活动按照 CPEA 指数高低衡量活跃程度,可划分为四部分区域。高活跃地区(CPEA 指数高于全国平均水平 10.43)有四块:长三角地区(上海,江苏,浙江),京津地区(北京、天津),珠三角地区(广东)和西部地区(陕西,青海,宁夏)。

一般活跃地区(CPEA 指数高于 5)包括辽宁、内蒙古、安徽、福建、山东、重庆、四川、云南和新疆。

不活跃地区(CPEA 指数高于 2.5)包括山西、吉林、河南、江西、湖北、湖南、广西、贵州和甘肃。沉寂地区(CPEA 指数低于 2.5)包括河北、黑龙江、海南和西藏。

七、创业政策

促进创业的金融支持政策仍然是改善创业政策的重点。发展面向创业企业的权益融资机构。发展向创业企业的债务融资机构和工具。有效地推进创业资本市场的发展。

在促进创业的政府政策,开发促进创业的政府项目方面,需要从重视高新技术创业向兼顾高新技术产业和一般产业中的创业活动转变。从单纯提供资金支持向提供创业帮助和创业环境的项目和政策转变。

继续推进全面的创业教育和工商管理教育及培训,帮助创业者掌握创业知识和技能。

---

　①　我们使用的是 2003 年相关统计年鉴数据。但是,由于统计数据的滞后,本部分的数据是 2002 年的数据。去年的中国报告为 2001 年的数据(2002 年的相关统计年鉴数据)。

2005 年全球创业观察中国报告

为了深入研讨中国创业环境和政策的新变化,加强有关城市创业活动的研究和学术交流,北京市科学技术委员会和清华大学经济管理学院主办、清华大学中国创业研究中心和清华科技园承办的"全球创业观察(GEM)2005 中国报告发布会暨论坛",2006 年 5 月 27 日在清华大学经济管理学院成功举办。

全球创业观察中国报告自 2002 年推出以来,对中国的创业研究和实践产生了重要而深刻的影响,得到了政府、专家学者和创业者的认可。本次会议是清华大学中国创业研究中心发布的第三个报告,也是最丰富和最有创新的报告。该报告得到北京市科学技术委员会软科学项目的支持。

本次会议的特色是:①阐释中国最新的创业态势、创业特性、驱动因素,比较评判创业环境优劣、考察创业政策得失;②首次完成了覆盖我国中东西部的 16 座城市的创业环境及政策,发布城市的创业环境状况、评价城市创业机会和创业能力,分析城市创业环境的差异及关键影响因素;③以 16 座城市的创业环境调查为背景,就城市创业环境、创业机会和能力、创业政策进行了深入研讨。

该研究报告有如下发现。

一、中国在全球的创业活动中处于活跃状态

中国的创业活动在 2005 年更为活跃。2005 年,中国的全员创业活动指数为 13.7%,即每 100 位年龄在 18~64 岁的成年人中,有 13.7 人参与创业活动。在 2005 年的全球创业观察成员中处于前列,排名第 5 位。在 2002 年和 2003 年排名均为第 9 位。全员创业活动指数在 2003 年是 11.6%,排在美国的后面,2005 年中国全员创业活动指数排在美国的前面。而且,在顺序上排在 35 个国家中的第 5 位。

二、生存型创业仍然是主导的创业类型

中国的机会型创业活动指数在 35 个国家中排在第 12 位,属于较为活跃的状态。这里有两个含义:第一,机会型创业在中国不是主导的创业类型,所以按照创业类型计算的全员创业活动指数中,中国排名相对靠后;第二,其他国家与中国的主导创业类型有所不同,因此在按照创业类型计算机会型创业指数时,一些国家的排名会提前。

生存型创业是中国的主导创业类型,而对于其他国家而言,尽管也存在生存型创业形态,但不论是发达国家,还是其他的发展中国家,生存型创业的比重都小于中国。因此,中国的生存型创业活动指数排在了第二位。这里也有两个含义:第一,中国的生存型创业多于其他国家。第二,中国的创业活动比较活跃。两者的共同作用导致中国的创业活动相对于其他国家而言是典型以生存型创业为主导类型的创业活动。这种状况自 2002 年中国首次参加全球创业观察项目以来并没有发生类型转变,但是已经出现生存型创业比重有所降低和机会型创业比重有所上升的趋势。

生存型创业和机会型创业产生的社会经济效应是不同的。机会型创业比生存型创业创

造更多的就业机会、出口和市场。在金融、保险、房地产等商业服务业中,创业的主导类型是机会型创业。而在零售、汽车、租赁、个人服务、保健、教育服务、社会服务和娱乐业中,生存型创业相对多一些。而且,创业活动也主要发生在这些生存型创业的产业部门。

三、中国创业者的特性

我国创业活动最多的年龄段在 25～34 岁;男性比女性更多地参与创业活动。绝大多数创业者是有就业经历的人,创业者的学历以高中学历为主。

四、创业环境总体仍处于非良好状况

创业环境在创业环境条件框架的九个方面的综合评分中仍然处于一般水平,排在第 17 位,没有达到良好状况。相对于发达国家,中国的创业环境是较差的;但是,相对于发展中国家,中国的创业环境较好。在创业环境条件框架的九个方面中:中国相对较好的方面是市场开放程度、研究开发转移、政府政策和政府项目以及有形基础设施;相对较差方面是金融支持、教育和培训以及知识产权保护;最差的方面是商务环境,即为创业提供服务的环境条件。如下图。

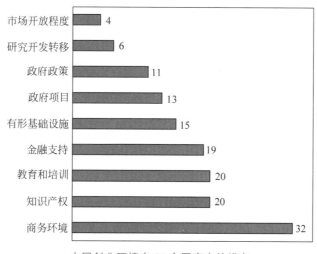

中国创业环境在 35 个国家中的排名

五、创业动机、能力和机会

中国的创业属于创业意愿强、创业机会多、创业精神强、创业能力弱的状况。创业意愿强和创业机会多表现在:期望在三年内创业的人的比重排在第一位,远远高于第二位的水平;创业精神强表现在:中国的创业者不惧失败,在“对失败的恐惧会妨碍创业”一项中与美国一样,排在前面。创业能力弱表现在:在过去 12 个月内关闭企业的比重高,排在对比国家的第一位;具备创办企业的技能和经验的比重排在倒数第二位。如下表。

创业机会和创业能力的比较

	所有全球创业观察成员平均值	美国	澳大利亚	新西兰	新加坡	中国
期望在 3 年内创办企业	12.25	16.37	14.99	18.72	16.97	28.51
在过去 12 个月内关闭企业	2.68	3.63	3.80	3.05	2.26	5.18
个人认识在过去两年中创办企业的创业者	37.28	41.40	42.76	43.65	31.30	47.02
认为在随后六个月中存在创办企业的良好机会	36.30	32.32	49.74	56.76	17.48	25.49
本人具备创办企业的技能和经验	45.30	52.13	56.26	59.81	29.00	32.73
认为对失败的恐惧会妨碍创业	37.64	22.88	34.33	25.32	38.51	23.73

六、中国的创业活跃程度存在明显的区域特征

创业活跃的地区也是经济增长快的地区。高活跃地区包括：京津地区（北京、天津）、长三角地区（上海、江苏、浙江）、珠三角地区（广东）。上海从 2002 年至 2004 年连续 3 年居于榜首，而北京连续 3 年居于其次，并且上海与北京之间的差距有扩大的趋势；北京、上海、天津这 3 个直辖市一直保持着较快的增长速度；江苏、浙江和广东 3 省的增长速度比较缓慢，近 3 年当中每年只表现出了微量的增长势态。

一般活跃地区包括：辽宁、福建、山东、湖北、重庆、四川、宁夏、新疆等 8 个地区。这些区域历年的增长速度比较稳定；如果将这些地区再进一步区分的话，东部沿海的几个省（辽宁、福建、山东）明显高于内陆的几个省区市。

不活跃地区包括：河北、内蒙古、山西、吉林、安徽、江西、河南、湖南、海南、云南、甘肃、青海等 12 个地区。整体上，这些省、自治区增长速度比较缓慢，但是有些省份起伏不定，甚至有些下降的趋势。其中山西、吉林、江西、河南、湖南 5 省一直保持着增长趋势；河北、内蒙古、安徽、海南、云南、甘肃、青海这些省区的创业活动没有呈现出稳定的增长趋势，有些年份呈现出下降的势态。

沉寂地区包括：黑龙江、广西、贵州、西藏、陕西等 5 个地区。其中陕西从 2000 年以来一直呈现下降的趋势。

2006 全球创业观察中国报告

2007 年 7 月 19 日下午,由北京市科学技术委员会和清华大学经济管理学院主办、清华大学经济管理学院中国创业研究中心和清华科技园承办的"2006 全球创业观察(GEM)中国报告发布会暨论坛"在清华科技园二层多功能厅隆重举行。

2006 全球创业观察中国报告主要内容包括"中国的创业观察研究""2006 年的中国创业活动"和"创业环境的历年比较"。

本次会议上发布的是清华大学经济管理学院中国创业研究中心完成的第四份年度报告,也是第一次从比较的视角审视中国创业的研究报告。

全球创业观察在全球进入了第 8 年,对中国来说进入了第 5 年。2006 年全球创业观察参与的国家和地区有 42 个。全球创业观察关注四个方面的问题:第一,国家间创业活动水平是否存在差异? 第二,经济增长和创业活动之间有什么关系? 第三,如何进一步提升创业活动的水平? 第四,如何制定一些促进国家创业活动水平的政策?

2006 年中国创业观察的研究有以下几个方面。

一、2006 年中国的创业活动

早期创业活动指数在 2006 年达到 16.2%,相对于 2002 年的 12.3%、2003 年的 11.6%,表明创业活动程度有了进一步的提高。中国的创业活动在全球创业活动中是一个活跃的状态,在亚洲也是很活跃的,中国比日本、新加坡、泰国、印度这些国家的创业活动更活跃一些。

机会型创业活动指数排在第 10 位,生存型创业活动指数排在第 5 位。尽管中国的创业活动比较活跃,但是生存型创业活动相对机会型是排在前面的。就创业活动类型而言,中国的机会型创业相对弱一些,生存型创业强一些。

虽然中国的生存型创业相对于机会型创业在全球来说依然比较明显,但是从国内来看,中国的创业形态正在从生存型创业向机会型创业转变。

二、创业者特征

把参与全球创业观察研究的国家和地区区分为中等收入和高收入的话,中国处于中等收入水平国家中水平偏低的位置。中等收入水平的国家和高收入水平的国家中,早期企业、初创企业和 42 个月以内的企业创业者的年龄主要是在 25~44 岁。我国 18~24 岁的创业者比重比全球的比重要高,表明我国创业者中有相当一部分是年轻人。

从性别来看,中等收入国家的创业者中,男性和女性的创业比例差异比高收入国家低,在中等收入的国家,女性创业要比高收入国家的女性创业活跃。中国男性在全球创业活动中,排在第 4 位,中国女性排在第 7 位,男女创业的活跃程度在全球是非常明显的。从 2002 年以来,男性创业的动机逐步往机会型发展,女性是以生存型创业为主体的,但是比重在下降。

从年龄来看,男性创业者的低龄化、年轻化情况依然存在。从年龄构成对比过去 5 年的变化,中国创业者的主体是 25~34 岁的人,这个群体是稳定的。

从受教育程度来看,创业者受教育程度以中等教育为主。有变化的是,受过高等教育的创业者比重在上升,2006 年已经超过 20％。

三、创业机会和能力

如果没有机会,再有能力也无法进行创业活动,但是如果有机会却没有能力也抓不住。中国创业机会 2006 年高于"3"的水平,表明现在有良好的创业机会。从发展历程来看,从 2002—2006 年,中国创业机会更多、更好。

过去 5 年,中国创业技能在提高,可是创业者应有的技能在五个方面还不尽人意,没有达到我们的预期,比如管理公司的能力、经验,能够对机会作出反映的能力,以及资源的获取能力。

当关注机会、能力的时候,需要强调三点。第一,知识产权保护。总的来看,我们国家的知识产权在创业中还没有达到正面作用,目前还存在弱项。但是,在我国社会广泛认为发明者的发明应该得到尊重。在知识产权保护方面也是接近于"3"的水平。第二,在中国,女性创业有很好的发展空间。第三,高成长型创业。目前高成长型创业中,我们面临最大的不足是缺少为创业活动提供支持的人,具有足够知识和能力支持高成长型公司。高成长型企业的成长需要支持,而外部支持中很重要的是人的支持,这是我们的弱项。

四、创业活动与经济增长

通过提供新颖的产品、新颖的工艺、更多的出口、更多的机会,创业活动能够成为经济增长的主要推动力。2006 年数据显示,50％的新企业有了新工艺,69％的新企业能够提供 20 个及以上的工作岗位。机会型创业的增加,有利于经济活动的稳定和经济繁荣,也有助于减少就业压力,增加就业。

五、创业融资

从对中国的创业者调查中可以看到,60％以上的创业者对资金需求是很低的,5 万元以下就可以起步,1 万元以下的占 18.2％。

家庭成员、亲属、朋友、邻居、同事是获取创业资金的重要来源,然后是金融机构,其次才是政府支持。创业融资的主要来源是亲人融资或者熟人融资,从创业者周围认识的人中去获取资金。

六、2002—2006 年创业活动的四个趋势

第一,创业活动持续活跃。2006 年达到 16.2％,在全球创业观察成员国中处于前列,活跃程度从 2002 年第 9 位上升到 2006 年第 6 位。

第二,创业类型在转变。2002 年生存型和机会型创业的比例是 60％和 40％,2006 年基本反了过来,这预示着中国创业活动的性质发生了变化,可以带动更多的就业机会、更多的出口和创造新的市场。

第三,创业机会在增加,创业技能在改善。2002—2006 年间,中国的创业机会越来越多,创业者的创业技能在不断改善,创业机会已经达到良好状况。

第四,创业环境状况也向良好转变。

2007 年全球创业观察中国报告

由清华大学经济管理学院主办、清华大学中国创业研究中心和清华科技园承办的中国创业观察报告发布会暨论坛于 2008 年 7 月 16 日在清华大学科技园举行。中国就业促进会和中国中央电视台著名创业栏目《致富经》给予本次发布会和论坛大力支持。

由清华大学中国创业研究中心完成的这份中国创业观察报告是该中心继 2002 年参加全球创业观察项目以来,完成的第五份中国创业观察报告。今年的报告主题是创业转型和就业效应。

在此主题下,2007 年的研究关注四个问题:①中国的创业活动是怎样活跃的? ②中国的创业活动在向何处发展? ③为什么区域间的创业差距在拉大? ④创业是如何带动就业的?

我们的研究有以下发现。

一、中国的创业活动是怎样活跃的?

一个明显的现实是中国的创业活动一直保持活跃状态。从 2002 年中国参加全球创业观察有调查数据以来,中国的全员创业活动指数从 2002 年的 12.3% 逐步上升到 2007 年的 16.4%。放在国际视野下观察,中国的全员创业活动指数一直名列前茅,2007 年在参加全球创业观察的 42 个国家中排在第 6 位,与去年处于相同的位置。

中国的创业活动是怎样活跃的呢? 从性别看,男性和女性参与创业活动都很积极。男性创业活动指数在 42 个国家和地区中排在第 5 位,女性创业活动指数在 42 个国家和地区中排在第 6 位。从创业年龄分布看,中国参与创业活动的主要年段是 25～34 岁,但是在 35～44 岁仍然积极和活跃。25 岁以下参与创业活动的比重在 2007 年有所下降,这是在经历了之前 5 年的上升后的首次下降。但是,这种变化目前还不能确认,需要等待未来的数据做进一步的检验,以确定趋势。

不过,随着受教育程度的普遍提高,这个年龄段参与创业的比重不会是一个上升趋势。从参与创业人员的受教育程度分布看,高等教育以下学历人员是参与创业的主体,这个性质没有改变。但是,从过去 6 年的趋势看,大学及以上学历的创业人数在增加,这种趋势性的变化应该还会持续。

因此,我们认为我国的创业活动近年正在经历着参与人员素质不断提高下的逐步活跃,这是一种有质量的创业发展趋势,预示着对未来的创业有更多值得的期待。

二、中国的创业活动在向何处发展?

中国创业者的创业动机已经完成了从生存型向机会型创业的转变。2002 年,中国的创业类型结构是生存型创业占 60%,机会型创业占 40%。从 2005 年起这种构成发生了逆转,之后一直保持逆转的势头。到 2007 年,即本报告的数据测算表明,目前的生存型创业约占 40%(具体数据是 39.6%),机会型创业约占 60%(具体数据是 60.4%)。这种转变标志着中国的创业活动在向机会型创业发展,而且这样的转变基本得到确立。

中国机会型创业指数在全球创业观察的 42 个国家和地区中排在第 7 位,生存型创业指数排在第 5 位。

这种变化发生的背后有下列影响因素的变化：女性创业者的机会型创业增加，而且机会型创业超过了生存型创业；男性创业者的机会型创业比重上升。我国对知识产权保护的重视程度在不断改善。高成长型创业活动受到重视。与其他国家相比，尤其突出的因素是我国政策制定者知道高成长性创业活动的重要性和把潜在高成长性创业活动作为选择创业支持对象的标准。

在创业中注意创新，对产品创新给予较高的重视。无论是早期企业还是已有企业，有70％的企业的产品有部分的创新。但是，2007年的数据显示，使用比较新和非常新的新工艺（5年内的技术）的企业比重较低，早期企业约为30％，已有企业不到12％。

三、为什么区域间的创业差距在拉大？

根据我们设计的中国私营企业创业活动指数，即 CPEA，中国的区域创业活动以该指数的一定划分为界限，可以区分为高活跃地区、活跃地区、不活跃地区和沉寂地区。一个重要发现是，最活跃的地区从2000年至今，绝大多数一直是最活跃的地区，它们是上海、北京、天津、江苏、浙江、广东。较长时间属于沉寂地区的包括广西、黑龙江、贵州等。更为重要的是，以每万人在过去3年的新增私营企业数衡量，发达地区和不发达地区的 CPEA 指数差距在拉大。

分析发现，这种现象的主要原因是私人财富、技术发展、人力资本水平和市场需求的不同造成的。这4项因素越高的地方，创业越活跃。其他的影响因素包括产业结构变化、失业水平、人口增长和创业文化等。

当我们把私人财富、技术发展、人力资本水平、市场需求、产业结构变化和人口增长作为创业资源的话，我们可以看到基本上中国的区域创业活跃程度与创业资源的富足程度有正相关性。组团上的差异是最活跃的地区同时创业资源也是最丰富的。

四、创业是如何带动就业的？

不同的创业者其特性是不同的，创业动机差异明显。我们可以看看机会型创业者和生存型创业者的个性差异。

首先，机会型创业者的年龄平均低于生存型创业者。而且，年龄越大机会型创业越少，生存型创业越多。其次，机会型创业者的受教育程度平均高于生存型创业者。最后，城市创业者更多是机会型创业，农村创业者更多是生存性创业。

由于个性差异导致的不同创业行为，使得生存型创业和机会型创业对就业的带动作用存在显著差异。

把创业对就业的贡献分为当前贡献和未来5年的贡献。机会型创业与生存型创业对就业的当前贡献并不是在各种情况下（年龄、受到教育程度、行业、城市和农村等）都显著。但是，对于未来5年而言，在各种情况下都存在差异。这表明不同的创业类型对于就业的贡献是不同的。

使用调查数据进行的测算表明，每增加一个机会型创业者，当年带动的就业数量平均为2.77人，未来5年带动的就业数量平均为5.99人。因此，让更多的机会型创业产生更有助于提高创业带动就业的效应。

五、对中国创业环境、机会和能力的研究有下列发现。

1. 近 5 年来中国创业环境逐渐好转

2007 年相比 2002 年和 2003 年创业环境有明显提高。2007 年创业环境评分为 3.03，2002 年的创业环境评分为 2.65。相比 2006 年评分持平，只有综合评分超过 3 时，创业环境才进入良好和很好的状态。因此，中国创业环境目前属于良好状态，考虑到全球整体创业环境的改善，我国属于中等的水平。

从全球创业观察参与国家和地区的横向比较来看，2007 年中国创业环境综合指数处于第 16 位，比 2002 年的第 23 位在位次上有明显提高，但是比 2006 年的位次略有降低。

与往年的情况相比，在衡量创业环境的九个方面中，有改进的方面是：金融支持、教育与培训、商务环境。金融支持方面，在新创企业的权益资金、债务资金、政府补助、他人资金支持方面都有提高；教育与培训方面，中国的商业和管理教育取得了很大的发展，中小学对于创造性、市场经济规则和创业的教育有所提高；商务环境方面总体趋好，创业企业可以得到咨询、法律和会计服务及银行服务等所需的帮助。创业环境相对于往年没有出现明显变化的方面是：政府项目，基础设施和创业文化。创业环境相对于往年更差的方面是：研发转移和市场变化。研发转移方面新创企业获得新技术的成本很大，得到的扶持有限，市场变化表现在市场变化速度减缓。

以多数大于 3 为较好，以 3 左右为中等，以多数低于 3 为较差为标准，创业环境相对较好的方面是：有形基础设施、商务环境；创业环境处于中等水平的方面有：创业文化、市场开放程度等；创业环境相对较差的方面是：金融支持、政府项目、教育与培训、研发转移。

2. 创业机会和创业能力的关系

中国创业机会多，仍然是一个突出特点，创业技能在局部方面虽然有所提高，但是仍然低于全球平均水平。中国的创业企业关闭率较高，2007 年的关闭率为 10.30%，相对于2006 年的 6.34% 有所提高，关闭率呈现总体上升趋势。

从成人调查结果看，中国的创业者并不惧怕失败，今后三年期望创业的比例达到34.8%，有 42.9% 的创业者认为自己拥有创业所需要的技能和经验。创业技能提高明显，比例首次超过了期望创业的比例，但是关闭率仍然较高，通过创业教育和实践积累提高创业技能的问题亟待解决。

通过创业带动就业，进而促进经济增长是我国政府创业政策的基本目标。为此，我们需要做到：第一，改善总体创业环境，降低创业风险，创业环境改善的重点需要放在我国创业环境处于劣势的方面，为创业提供良好的土壤；第二，加强创业教育、大力提高创业能力，扩大机会型创业者的基数，因为机会型创业对就业的拉动作用最为明显，对经济增长的贡献也更大；第三，改善能够增加机会型创业机会的政策，通过创业环境因素的改善来促使更多的机会型创业机会的产生；第四，中期内建设好的创业政策体系，创业政策体系的建设是一个系统工程，包括个人、企业、经济和社会政策等方面，只有这样才能在中长期内带动我国创业的发展。

2009 全球创业观察中国报告

2010 年 7 月 8 日,"青年创业中国梦"主题研讨会暨"全球创业观察中国报告"发布会在清华科技园二层多功能厅举行。清华大学校党委副书记史宗恺,国家人力资源与社会保障部就业促进司副司长王亚栋,教育部就业指导中心副主任韩呼生,清华大学校长助理、启迪控股股份有限公司总裁徐井宏,以及清华科技园一些优秀企业家代表纷纷到会并致辞。会议由清华大学科技园主任梅萌主持。清华大学经济管理学院中国创业研究中心副主任高建教授作了"中国创业结构分析"主题报告,清华经济管理学院技术经济与管理系程源教授作了"女性创业和高成长型创业"专题报告,与会嘉宾对报告内容进行交流和讨论。高建教授和程源教授在"全球创业观察中国报告"中总结了以下几点。

第一,中国在全球的创业活动中仍然位居前列,中国的创业活动十分活跃。中国创业活动指数由 2002 年的 12.3% 上升到 2009 年的 18.8%。同时,在中国活跃的创业活动背后,女性创业已经成为一个非常明显的结构性的特征。

第二,中国的高学历创业活动是落后的,在参加全球创业观察的国家中排在第 41 位。但中国受过高等教育的女性创业者比例在提升。

第三,中国青年是创业中最活跃的力量,创业活动产生广泛的社会和经济效益。

第四,中国的城市和乡村创业有明显差异,城市创业更活跃,机会型更高,创业环境更好。但是农村对创业文化的认同更高。

第五,中国女性的创业类型正在发生变化,会出现越来越多的机会型创业,呈现出从生存型向机会型的转变。这种转变形成之后,预示着中国女性创业未来会带来更多的出口和就业机会,以及其他促进经济活动的因素。

第六,中国的创业活动排在处于效率驱动阶段的国家的首位,但是否能够衍生出高成长的创业活动,可能会成为下一步关注的焦点。

报告发布完毕,国家人力资源与社会保障部就业促进司王亚栋副司长和清华大学校党委史宗恺副书记对其给予了高度肯定。王亚栋表示:"全球创业观察中国报告是一个很好的窗口,在国内还没有如此全面研究中国创业的报告,它有助于政府、学校、企业从中吸取营养。"王亚栋副司长还从政策层面就当前就业和创业状况、创建创业型城市工作,以及大学生创业引领计划等三方面做了详细解说。

下午的"青年创业中国梦"论坛环节中,清华大学校长助理、启迪控股股份有限公司总裁徐井宏首先作了题为"清华科技园搭建创业平台的探索与实践"的主题演讲。徐井宏就清华科技园的发展定位、如何为企业打造创业服务平台,以及已推出并已取得绩效的扶持计划做了全面介绍。随后,来自清华科技园的一些优秀企业代表、创办企业并成功上市的清华校友——北京海兰信数据科技股份有限公司申万秋董事长、北京数码视讯科技股份有限公司郑海涛董事长和 SBTI 大中国区杨承路总裁,也纷纷就青年创业和企业发展等问题发表各自见解,并与在座听众进行交流和互动。

全球创业观察(GEM)2010 年中国报告

由清华大学经济管理学院中国创业研究中心完成的全球创业观察中国报告于 12 月 16 日上午在清华大学科技园发布。本次活动由清华大学经济管理学院中国创业研究中心和清华科技园主办,得到了中央电视台著名创业栏目《致富经》和清华大学校团委的支持。

今年发布的报告重点关注两个问题:一是从国际视角看,中国的创业活动有哪些不同于自我比较的特点;二是近年来我国对大学生创业活动日益关注,我国大学生创业的主要特性是什么。

在创业活动特性研究上有以下发现。

第一,中国的创业活动在全球仍然属于活跃状态。在全球创业观察的 60 个参与成员中排名第 15 位。不仅高于像美国、英国、法国、德国等这些发达国家,还高于日本、韩国、我国台湾地区等亚洲地区的发达经济体,也高于南非、俄罗斯等新兴国家。只有巴西与我国的创业活跃程度相当。

第二,创业的动机依然保持机会型创业和生存型创业并存的状态。机会型创业的比重尽管高于生存型创业,但机会型创业的比重并没有显著提高。这表明,我国创业者中具备机会型创业者素质的人员比重只能是一个逐步上升的过程,不会在短期内形成以机会型创业为主导的格局。帮助生存型创业者仍然是我国促进创业活动中应着力的地方。

第三,高学历创业者(指获得大学及以上学历的创业者)的创业活跃程度排在全球创业观察的 60 个参与成员中的第 22 位,低于总体创业活动比较中中国在全球的排名。在总体创业活动中,排名在我国之后的法国、澳大利亚等国家在高学历创业者的创业活跃程度上排在我国之前。这个数据也是第一次让我们看到我国高学历创业者在全球创业观察中的相对状态。

在创业环境的差异上体现为两点。

第一,中国创业环境总体上处于有待改善的状态。在全球创业观察的 60 个成员中,排在 13 位,高于我国创业活动指数的排名。但这不是创业环境改善速度加快的结果,而是创业活动受到整个经济大环境,特别是金融危机影响而短暂下滑的结果。从专家评价看,中国的创业环境与美国、英国、法国等发达国家以及韩国处于相当的状态,但不如以色列、德国和芬兰等国家。

第二,中国与美国创业环境比较的最大弱项在商务环境、文化与社会规范方面。分单项与美国的创业环境比较,中国在市场变化和开放程度、基础设施、政府政策上优于美国,即在以硬件、规制的环境为主的方面中国的创业环境优于美国;但是在商务环境、文化与社会规范和政府项目上则是美国优于中国,即表现在软件、规范的环境方面。这种差异很值得我们反思文化因素在创业中所起的作用。中国作为创业活跃的国家,其可持续的基础应该来自于文化、商务环境的支撑。

在我国大学生创业的特征研究上,有以下观察。

第一,我国大学生的创业活动以机会型创业为主导。其机会型创业指数在 2005—2010 年是生存型创业指数的 4.7 倍。男性大学生的创业活动高于女性大学生。

第二,2005—2010 年间,我国大学生认为创业机会有所增加。2005 年,大学生认为"在随后 6 个月中存在创办新企业的良好机会"的比重是 32.43%;到 2010 年,该比重上升到

44.13%。但我国大学生创业能力存在不足。尽管有50%的大学生认为自己"具备创办企业的技能和经验",其实这是一种没有创业的"事前主观评价",是对自身创业能力的一种高估。创业更需要具备的实践知识,在学习教科书中是难以获得的。这可以从另外一个问题的回答中看到端倪:有35%的大学生认为"对失败的恐惧妨碍创业"。因为"恐惧"在很大程度上来自于对实践缺乏感知。

第三,大学生创业能创造更多的创业贡献,包括对就业的贡献、对创新的贡献和对企业成长的贡献。有95%的大学生认为其创业能够创造新的就业岗位,预期能创造6个以上工作岗位的大学生达到47%。预期能提供全新产品和服务的大学生占24.14%。预期未来5年能创造20个以上工作岗位(对成长的贡献)的大学生占35%。大学生的创业贡献远远高于一般的创业活动的预期就业贡献、创新贡献和企业成长贡献。

第四,大学生创业的资金需求不高。10万元以下的比重为49.75%。其中,5万元以下的比重是34.63%。大学生创业偏好的行业是顾客服务类的行业,有近90%的学生选择这类行业。

全球创业观察(GEM)2012 年中国报告

清华大学中国创业研究中心自 2001 年参加全球创业观察研究以来,已先后发布了 2002、2003、2005、2006、2007、2009、2010 年度的中国创业观察报告。在刚刚到来的 2013 年 1 月 8 日,该中心发布了中国创业观察的第八份研究报告,主题是中国创业的 10 年变迁,以 2002—2011 年度的调查数据为基础,报告了过去 10 年间中国创业活动的四项变化和四项 特征。

一、四项变化

(1) 2002—2011 年间,中国创业活动的活跃程度,在趋势上表现为日益活跃。全员创 业活动指数(早期创业活动指数)从 2002 年的 12.3%增加到 2011 年的 24%,表明中国有更 多的创业企业出现和更多的人参与到创业活动中去。中国在参与全球创业观察的 60 多个 国家和地区中的排名从 2002 年的第 11 位提升到第 2 位。中国已成为全球创业活动最活跃 的地方之一。其中,女性创业活动指数为 22.4%,男性创业活动指数为 25.7%。女性创业 活动指数在参与全球创业观察的 60 多个国家和地区中的排名第 2 位,男性排名第 6 位。

(2) 2002—2011 年间,中国的创业转型基本完成。创业转型是指创业者的创业动机从 以生存型为主导转变为以机会型为主导。2002 年,机会型创业的比重为 40%,生存型创业 的比重为 60%;到 2011 年,机会型创业的比重上升到 58.37%,生存型创业的比重下降到 41.63%。中国的创业转型发生于 2005 年,之后的几年间再没有出现过生存型创业大于机 会型创业的态势。与此相对应,男性的创业动机一直是机会型高于生存型。2002 年,男性 的机会型创业比重为 62.66%,到 2011 年,该比重为 57.20%。女性创业者的机会型创业比 重在 2002 年为 64.94%,2011 年为 59.63%。发生转型的条件之一是 2002—2011 年间,创 业者"掌握创业知识和技能"的人数在逐步提高,周围的创业机会在逐渐增加。

(3) 2002—2011 年间,中国的区域创业活动的绝对差距在加大。创业具有明显的区域 特性,世界各国都是如此。整体创业活动数量和质量的提高,不能依赖于少数地区,而中国 的创业活动现状是创业活动的区域差距在过去 10 年呈现不断扩大的态势。2002 年,中国 发达地区每万人拥有的创业企业数为 24 家,非发达地区的同一指标为 3.9 家。到 2011 年, 中国发达地区每万人拥有的创业企业数为 53.6 家,非发达地区的同一指标为 16.9 家。在 2002 年时,两类地区相差约 20 家企业,2011 年则相差约 37 家企业。

(4) 2002—2011 年间,我国的创业环境在缓慢改善,创业机会多。创业环境综合指数 从 2002 年的 2.69 上升到 2011 年的 2.87;具体到创业环境条件:我国在市场开放程度、基 础设施、文化和社会规范等方面具有优势,在教育与培训、研发转移等方面有所改善;但是 在商务环境、政府项目、金融支持等方面改善缓慢。创业环境总体仍亟待进一步提高。用我 国期望今后三年内创业的人数衡量,2011 年该比例为 34.8%,而且一直处于全球前列。

二、四项特征

(1) 我国新创企业在产品创新和工艺创新方面与其他发展中国家相比仍然处于较低水 平。2011 年,仅有 14.1%的新创企业提供的产品或服务具有能够带来竞争优势的新颖性, 超过 70%的新创企业采用的是 5 年之前的生产技术,不足 3%的新创企业属于中高技术企业。与此对应的是我国新创企业的长期增长潜力明显不足。

（2）在就业促进方面,预期 5 年后能够创造出较多就业机会的新创企业在我国的比例较高,处于发展中国家的前列。2011 年,将近 1/4 的新创企业预期在 5 年后可以提供 20 个以上的就业机会。在机会型创业企业中,超过 30% 的企业预期 5 年后可以提供 20 个以上的就业机会,而在生存型创业企业中,仅有不足 15% 的企业具有这种预期。

（3）在创业活动的国际导向方面,我国新创企业一直以国内客户为主要的服务对象,国际化程度处于发展中国家后列。在 2011 年,我国 86.5% 的新创企业没有任何国际客户,国外客户比例在 25% 以上的企业在新创企业中所占比重不足 1.5%。

（4）高学历创业者的创业效应显著。高学历创业者指大专学历以上的创业者。高学历创业者机会型创业、生存型创业的比重都很低。相对于学历低的创业者而言,高学历创业者在促进就业和企业成长潜力方面有很强的优势。2011 年,高学历创业者中有 16.7% 的人能够在当年创造 20 个以上的工作岗位,有 20.5% 的人能够在当年创造 6~19 个工作岗位,有 50% 的人能够在当年创造 1~5 个工作岗位。在成长潜力方面,2011 年,高学历的创业者预期在未来 5 年中能创造 20 个以上就业岗位的占比为 38.2%。

不过,我们发现,我国创业活动虽然以机会型创业为主,但是创业活动的质量不高。高学历创业者少,在全球的排名落后,并且较多地集中于低技术行业,以利用劳动力成本优势为主,尽管能够创造一定的就业机会,但是对长期的经济增长和出口的贡献相对不足。

如何推动创业、以创业带动就业,是关系国计民生的大事。研究创业活动的规律和存在的问题,有助于有效实施创业和促进创业带动就业工作。由清华大学中国创业研究中心和清华科技园主办、中央电视台《致富经》栏目和共青团清华大学团委协办的中国创业观察报告发布暨论坛上,清华大学党委副书记史宗恺致辞,人力资源与社会保障部原副部长、现中国就业促进会会长张小建作“网络创业——中国创业新推动力量”的报告。展讯通信的创始人、武岳峰资本的合伙人武平博士和知名童装品牌派克兰帝的缔造者罗键霆就中国创业十年路发表了演讲。整个发布会由北京市人民代表大会常务委员会教科文卫体办公室副主任颜振军博士主持。

全球创业观察(GEM)2013 年中国报告

2014 年 1 月 18 日发布的全球创业观察中国报告,是清华大学中国创业研究中心自 2002 年参加全球创业观察研究以来发布的第九份全球创业观察中国报告。该研究的特色在于通过实地的成人调查和专家调查,对中国的创业态势、创业行为特性、创业结构、创业与经济增长的关系、创业环境与政策方面进行分析和评价。近年来,每一次发布的全球创业观察中国报告都有一个主题。清华大学经济管理学院副院长、清华大学中国创业研究中心主任高建教授以创业环境和政策为主题,基于 2002—2012 年的数据,对中国的创业环境和政策进行了分析和评价。

在《全球创业观察中国报告:创业环境与政策》发布会组织的"中国创业政策面面观"论坛上,人力资源与社会保障部就业促进司创业指导处处长柴海山、中国科学院大学创新创业中心主任柳卸林教授、中央电视台七套《致富经》栏目制片人冯克和共青团北京市委员会事业部部长张楠作为嘉宾,分别就中国创业政策的整体状况、科技创业政策、百姓创业政策、青年和大学生创业政策等进行了研讨并进行了现场互动。

《全球创业观察中国报告:创业环境与政策》的主要观点如下。

一、中国创业环境

中国的创业环境在参加全球创业观察的 69 个国家和地区中排在第 36 位,居于中游水平。相对于排在前面的瑞士、芬兰、美国、新加坡等国家,还有较大差距。

衡量创业环境条件有 9 个方面,分别是金融支持、政府政策、政府项目、教育和培训、研究开发转移、商业环境、市场开放程度、有形基础设施、文化和社会规范。

在衡量创业环境的 9 个环境条件中,中国的创业环境条件排在全球创业观察参与国家和地区中后 50% 的方面有金融支持、政府项目、创业教育与培训、创业的商务环境。从简单的数量计算看,有近 50% 的环境条件是落后的,需要改善。在全球创业观察参与国家和地区中,中国处于前 30% 位置的创业环境条件是研究开发转移和市场开放程度。

2002—2012 年间,中国创业环境条件总体上在逐步改进,创业环境综合指数从 2002 年的 2.69(满分是 5 分)提高到 2012 年的 2.8。从历史比较的角度看,我国的创业环境还没有得到十分有效的改善。

二、中国创业政策

1. 改善创业环境的政策

消除薄弱环节是改善创业环境政策的基本策略。中国创业环境条件中,需要着重改善的方面包括金融支持(指数为 2.37,满分为 5 分,下同)、政府项目(2.51)、教育与培训(2.25)和商务环境(2.79)。具体而言,金融支持中,股权投资、债权融资方面的支持是重点,中国民间的股权投资已经在日益活跃,建设好创业资本市场是关键。针对中小微创业企业的债权融资需要给予特别的重视和加强。政府项目方面,孵化器和科技园对创业企业创立和发展起到积极作用,但政府项目缺乏广泛性和多样性,在组织上还不能全面胜任对创业企业的帮助。改善商务环境的核心是要提高为创业提供专业服务的水平,主要是提高技术、市场、融资、人才流动等的专业服务水平。

2. 改善创业能力的政策

改善环境的政策有助于增加创业机会。改善创业能力的政策有助于把握创业机会。中国的创业者中,具备创办企业技能和经验的人在 40% 左右(2012 年为 35.7%)。与提高创业能力直接相关的创业教育与培训是我国创业过程中的薄弱环节。因此,要把培养创新创业思维和能力作为我国各级各类教育的重要方面,高等教育和职业教育需要提高创业教育的有效性和覆盖面。有效性是指克服简单沿用其他学科和现有教学法的弊端,探索新的创业教育方法。覆盖面是指不仅理工科学生需要创业的学习和实践,文科学生同样需要创业的学习和实践。高等教育以外的各级教育同样需要。

3. 增强创业动机的政策

在被调查者中,有 22.4% 的人表示"期望在未来三年内创办企业",有 27.4% 的人认为"在未来的 6 个月中存在创办企业的良好机会"。有 72% 的人认为"创业是一个不错的职业选择",76% 的人认为"创业者社会地位较高"。这些数据表明:一方面,对创业未来预期很正面的人很多;另一方面,有创业动机的人却不多。因此,需要进一步制定和完善鼓励创业动机的政策,重点是针对不同类别的潜在创业者,如科技人员、大学生、留学生、留学归国人员、复员退伍军人、残疾人等,以及不同行业,如农业、现代制造业、高技术产业、创意产业等,还有不同政策区,如开发区、自贸区等制定相应的增强创业动机的政策。

全球创业观察(GEM)2014 年中国报告

2015 年 1 月 29 日,清华大学经济管理学院中国创业研究中心在清华经济管理学院发布了由高建、程源、牟睿和李麟完成的全球创业观察中国报告(2014)。今天发布的报告主题是中国青年创业报告。这是该中心自 2002 年参加全球创业观察研究以来发布的第十份中国创业观察报告。

一、青年创业的活跃程度和特征

本报告的青年创业者是指年龄在 18～44 岁之间的创业者。中国青年创业相对于全员的创业活动更为活跃,早期创业活动指数为 18%。我国青年创业活跃程度在全球创业观察的 70 个参与国家和地区中属于活跃的国家。

青年创业的特征如下。

(1) 最集中的年龄段。无论男女,青年创业最多的年龄段在 25～34 岁。其次是 35～44 岁的创业者。

(2) 教育的主体程度。按照受教育程度,青年创业者中没有受过高等教育的约占 60%,受过高等教育的创业者比重接近 40%。青年创业者中拥有本科学历的创业者占 12.2%,专科学历的创业者占 27.5%。全员创业者中,中国拥有本科学历的比重占 9.2%,美国为 51.7%;中国拥有专科学历的比重占 21.6%,美国为 33.5%。

(3) 创业者的创业动机与受教育程度有关。从创业动机看,可以把创业者分为生存型创业者和机会型创业者。前者是迫于生存压力不得不选择创业,后者是看到了比目前事业选择更好的机会而去创业。研究表明,这两类创业的效应不同。相对于生存型创业,机会型创业能带来更多的就业机会、更好的创新、更新的市场和更大的成长潜力。从我们的调查看到,青年创业中,学历是小学的创业者占机会型创业的比重为 22.2%,而学历是高中和大学的创业者占机会型创业者的比重为 70% 以上。

(4) 青年创业者对生活和工作收入的满意度高于非创业者。调查显示,超过 50% 的青年创业者对生活是满意的,而非创业者低于 50%。而且,青年创业者的创业越成熟,满意的人越多。这一点在对工作收入的满意度上表现得更加明显。青年创业者对工作收入的满意度,在还是初生创业者时略高于 40%,在成为初创企业后,达到 50%。而非创业者对工作收入的满意度低于 40%。

(5) 青年创业者的三个主要资金来源依次是:朋友、家庭和亲戚,分别为 36%、34.7% 和 16%。

(6) 青年创业主要从四个来源获得意见建议:73.9% 来自朋友,52.6% 来自配偶或伴侣,45.7% 来自父母,39.2% 来自家庭或亲戚。

(7) 青年创业退出的前三个原因是:企业不盈利(37.5%)、个人原因(29.2%)和发现更好的机会(13.9%)。

二、"80 后"和"90 后"的创业活动特征

本报告的"80 后"对应于年龄在 25～34 岁之间的创业者,"90 后"对应于年龄在 18～24 岁之间的创业者。

（1）"80后"是青年创业者的主体，创业活动最为活跃。"80后"创业者的早期创业指数为21.34%，"90后"创业者的早期创业指数为14.32%。

（2）相对于"80后"，有31.1%的被访"90后"在未来三年内有创业意愿，且不惧失败。但在创业能力方面，"90后"认为自己具备创业能力的人少于"80后"。无论是"80后"还是"90后"，都认为创业是好的职业选择。

（3）"80后"和"90后"的创业动机没有区别，都是以机会型创业为主要动机，分别达到66.5%和68.9%。

三、青年创业的质量

从创业中的创新程度、市场开发程度、成长性、中高技术所占比例、创造就业和国际导向等方面可以衡量创业质量。

（1）青年创业者更注重产品的新颖性。与全员创业者相比，有77.7%的青年创业者的产品具有新颖性，高于全员创业者的62.7%。在使用新技术和开发新市场方面却没有优势，也不突出。

（2）青年创业者比较有成长潜力。与全员创业者相比，有新技术和一定增长潜力的青年创业者为6.2%，全员创业者为5.7%。

（3）青年创业者在中高技术上并没有优势。从调查数据看，不到2%的青年创业者是基于中高技术的创业。

（4）青年创业者更有可能创造就业机会。青年创业者能提供的当前就业机会中，有17.1%的青年创业者预期能提供超过5个就业岗位，高于全员创业者的16.7%；青年创业者5年内能提供的就业机会中，有36.9%的青年创业者预期能提供超过5个就业岗位，高于全员创业者的35.3%。

（5）青年创业者更关注国际市场。属于早期创业活动的青年创业者中，24.8%的人有国际客户，而全员创业者该比例为23.2%。已经发展到成熟企业的创业者中，青年创业者中有13.9%的人有国际客户，全员创业者该比例为13%。

全球创业观察(GEM)2015 年中国报告

2016 年 1 月 28 日上午,由清华大学中国创业研究中心与启迪控股、清华大学启迪创新研究院联合主办的全球创业观察(GEM)中国报告发布会成功举办。全球创业观察中国负责人、清华大学经济管理学院党委书记、清华大学中国创业研究中心主任高建教授,与清华大学中国创业研究中心副主任程源教授发布了研究报告。本次会议还邀请到科技部火炬中心政策调研与统计处处长程凌华女士,清华大学启迪创新研究院专职副院长、启迪控股股份有限公司常务副总裁陈鸿波先生,启迪控股股份有限公司副总裁、北京启迪创业孵化器有限公司董事长张金生先生,华山资本执行董事刘明豫女士和助理来也创业项目合伙人孙昊天先生等人出席。发布会由清华大学启迪创新研究院院长助理杨红梅博士主持。

全球创业观察中国报告主要发现如下。

一、总体情况和环境分析

(1)中国的创业活动在全球效率驱动和创新驱动型经济体中仍然处于活跃状态。根据我们完成的 2014 年数据调查,中国创业活动指数(15.53)高于美国(13.81)、英国(10.66)、德国(5.27)、日本(3.83)等发达国家。机会型创业的比重增加,有 2/3 的创业者创业基于机会,表明我国创业者的创业贡献预期会增加。因为机会型创业相对于生存型创业能带来更多的就业机会、新市场机会、创新机会和企业增长机会。女性创业者(创业活动指数 14.18,第 21 名)相对男性创业者(创业活动指数 16.83,第 22 名),在全球创业活动中相对而言更加活跃一些。

(2)中国创业活动的创新含量有待提高。虽然中国的创业活动指数高于美国、英国、德国和日本等发达国家,但创业中"产品采用新技术"(25.63,第 50 名)和开发"新市场"(24.6,第 69 名)的指数远低于这些国家,表明我国的创业者在基于创新的创业方面亟待加强。在"产品采用新技术"和开发"新市场"两个指数较低的情况下,认为"产品的新颖性"高,表明创业者对自己为市场提供产品的"新颖性"有过高的评价,对技术创新的重要性认识不足。创业中的创新程度是对创业质量的衡量。此外,衡量创业质量的指标还有增长潜力、开拓新市场等方面。之前年份发布的报告对此已经有分析。大力提高创业质量是新时代我国创业的新要求。

(3)需要重点改善创业环境中的金融、教育、服务和文化等环境条件。相对 2013 年的调查,2014 年的调查数据有以下发现:首先,在中国创业环境中,金融支持、政府政策、有形基础设施方面有提高。教育培训和研究开发转移仍然是薄弱方面。但总体上看,中国创业环境在改善。其次,与主要国家比较而言,中国的创业环境条件除了在有形基础设施上是评价最好的以外,在金融支持、政府项目、教育培训、研究开发转移、商务环境方面还有较大差距。最后,单纯与美国相比,中国需要大力改善金融支持、创业教育、创业服务业质量的"商务环境"和体现创业精神和弘扬创业文化的"文化与社会规范"等创业环境条件。

二、中国青年创业活动的分布和特征

本报告的青年创业者是指年龄在 18～34 岁的创业者。中国青年创业的早期创业活动指数为 18%,在全球创业观察的 73 个参与国家和地区中属于活跃的国家。

青年创业的特征如下。

(1) 教育的主体程度。中国接受过本科教育的创业者比例较低,18~24 岁的青年中全球有 53%的创业者获得本科学历,而中国这一比例仅为 24%。25~34 岁的青年中全球有 46%的创业者拥有本科学历,而中国这一比例为 34%。

(2) 创业者的创业动机与受教育程度有关。受教育程度越高,机会型创业的比例越高。相对于生存型创业,机会型创业能带来更多的就业机会、更好的创新、更新的市场和更大的成长潜力。

(3) 青年对创业的社会价值观和自我认知优于非青年。一方面,更多的青年认为创业是一种好的职业选择,创业者拥有较高的社会地位,以及经常有媒体报道创业故事。另一方面,更多的青年认为自己发现了好的创业机会,自己具备创业能力以及认识更多的创业者。

(4) 青年创业者比较有成长潜力。与非青年创业者相比,有新技术且具有一定增长潜力的青年创业者比例为 11.2%,非青年创业者这一比例为 6.9%。

(5) 青年创业者更注重产品新颖性和使用新技术。65%的青年创业者认为自己的产品具有新颖性,而非青年的这一比例为 57%。同时,12%的青年创业者使用了新技术,而使用新技术的非青年创业者比例为 7%。

(6) 高学历创业者在市场竞争和国际化程度方面更具优势。24%的大学及以上学历创业者认为自己的产品新颖且市场竞争不激烈,而中学及以下学历创业者该比例为 17%。同时,30%的大学及以上学历创业者有 25%以内的产品面向国际客户,1%的大学及以上学历创业者有 75%以上的海外客户,这些比例都显著高于低学历创业者。

三、国际视野下的青年创业

(1) 与其他创新驱动型国家和地区相比,我国青年创业活动非常活跃。

(2) 与全球其他国家和地区相比,接受过创业教育的中国青年相对较少。87%的中国青年没有接受过创业教育,而欧洲和美国等发达国家该比例为 68%。

(3) 与全球其他国家和地区相比,中国青年更难从银行和金融机构获得资金,更多的中国青年使用家庭积蓄开展创业活动。在中国青年创业者的资金来源中,只有 9%的资金来自银行或金融机构贷款,欧洲和美国等发达国家有 23%的资金来自银行。同时,在中国青年的资金来源中,有 58%的资金来自家庭积蓄,而欧洲和美国的这一比例仅为 14%。

(4) 与全球其他国家和地区相比,中国青年创业的行业集中在客户服务类行业,商业服务类行业创业活动较少。82%的中国青年创业者选择了在客户服务类行业创业,欧洲和美国等发达国家只有 45%的青年创业者在该行业起步。而只有 5%的中国青年创业者在商业服务类行业创业,欧洲和美国等发达国家该比例为 29%。

自 2002 年清华大学中国创业研究中心参与全球创业观察项目研究以来,以全球视角研究中国创业已经走过了十余年。我们从不同视角研究中国创业者的行为和中国的创业态势,已经发布的研究报告关注过机会型和生存型创业,创业转型和就业效应,中国的创业结构,中国创业的国际比较、中国创业的环境与政策和中国青年创业等主题。这些主题研究对中国的创业研究和实践产生了重要而深刻的影响,得到社会各界的广泛认可。

全球创业观察(GEM)2016 年中国报告

全球创业观察(GEM)2015/2016 中国报告是清华经济管理学院中国创业研究中心发布的第十二份中国报告,主题为二十国集团(G20)背景下的中国创业。2016 年 9 月 4—5 日,二十国集团领导人第十一次峰会在中国杭州举行,峰会通过了《二十国集团创业行动计划》,认为创业是推动体面就业、创造力、创新和经济增长的重要引擎。二十国集团除欧盟作为经济联合体外,其他 19 个国家均在不同年份参与全球创业观察研究,报告从创业活动的总体特征、创业环境和政策、创业质量和创业融资等不同视角分析了二十国集团背景下的中国创业。发布会在清华经管创业者加速器举行。

国际欧亚科学院院士、中国科技体制改革研究会理事长张景安,人力资源社会保障部国际合作司司长郝斌,中国科协创新战略研究院院长罗晖出席会议并发言,清华经济管理学院中国创业研究中心主任、清华经济管理学院党委书记高建教授和清华经济管理学院中国创业研究中心副主任程源教授发布了报告。同时,启迪控股股份有限公司常务副总裁、清华大学启迪创新研究院专职副院长陈鸿波先生代表清华大学启迪创新研究院发布了《2016 中国城市创新创业环境评价研究报告》。

报告主要发现如下。

(1)中国创业活动在二十国集团中处于比较活跃的状态。中国早期创业活动指数为 12.84%,比大多数创新驱动国家,如美国(11.88%)、英国(6.93%)、德国(4.70%)和日本(3.83%)更活跃。中国创业活动的主体是青年,占创业者总体比例的 41.67%,创业动机以机会型创业为主,64.29% 的创业者为机会型创业者,与十年前(53.2%,2005)和五年前(57.47%,2010)相比,机会型创业者的比重不断提高。

(2)中国创业活动主要集中在客户服务业,高附加值产业创业比例较低。中国客户服务产业(如批发、零售等)创业比例占所有行业的 69.79%,而高附加值的商业服务业(如信息通信、金融、专业服务等)创业比例为 8.2%。发达国家的商业服务业创业比例更高,如英国(35.49%)、美国(32.79%)、法国(31.42%)、德国(26.89%)。

(3)二十国集团中创新驱动经济体的创业企业更容易成长为成熟企业。中国早期创业企业(成立不超过 42 个月的企业)比率为 12.84%,而已有企业(运营超过 42 个月的企业)率为 3.12%。创新驱动国家这两个数值更为接近,日本(早期创业率 3.83%,已有企业率 7.18%)和德国(早期创业率 4.70%,已有企业率 4.82%)的已有企业比率高于早期创业比率。

(4)中国创业生态环境总体表现良好。创业生态环境在市场开放程度和政府政策方面表现较为突出,但商务环境和教育培训等方面亟需改善。与去年相比,政府政策方面得分显著提高,金融支持和政府项目方面有所提升,这些改进与国家大众创业、万众创新的政策实施有直接关系。具体而言,中国在银行贷款、政府扶持创业项目数量、中小学创业教育、中小企业新技术获取、专业的商业金融服务和市场进入壁垒等方面表现较差,需要大力改善。

(5)中国创业活动的创新能力和国际导向有待提高,创业带动就业能力较好。本研究将顾客认为创业企业提供的产品或服务是新颖的且企业在市场上没有或只有较少竞争对手的企业定义为创新型企业。与二十国集团相比,中国的创新型企业比例为 25.80%,在效率驱动型经济体中排在前列,与创新驱动型经济体相比还有一定差距,落后于加拿大

（36.10%）、美国（36%）、英国（36%）和德国（34.20%）。我国创业企业的产品在全球化的背景下仍需提高竞争力。中国创业企业拥有 25% 以上海外客户的比例也相对较低，为 5.46%，落后加拿大（27.93%）、德国（25.13%）和美国（11.67%）等发达国家。在高成长企业方面，中国创业企业表现较好，5 年内能创造 20 个及以上就业岗位的公司占调查总数的 3.51%，在二十国集团中是领先的，创业带动就业方面具有很大的发展潜力。

（6）根据二十国集团创业调查数据显示，创业数量和质量负相关，创业活动活跃的国家，其产品和市场创新能力相对较差。中国创业既要重视数量，更要重视质量。我国创业企业中应用新技术的比例近年来有所提高，在效率驱动型经济体中处于前列，但技术创业的比例仍然较低，明显低于创新驱动型经济体。

（7）中国创业者资金主要来源于自有资金（比例为 91.3%），主要渠道是家庭和朋友。银行贷款、创业投资、政府项目和众筹也是创业资金的来源，但比例仍然低于大多数创新驱动型经济体。中国创业者创办企业平均所需资金为 16263 美元（约合人民币 11.3 万元），美国为 17500 美元（约合人民币 12.2 万元）。机会型创业者所需资金高于生存型创业者。高成长、有创新性和具有国际导向的创业企业需要的资金也相对更多。

全球创业观察(GEM)2017 年中国报告

2018 年 1 月 27 日,由清华大学二十国集团创业研究中心和启迪创新研究院联合完成的全球创业观察中国研究成果发布会在清华科技园的清华 x-lab 场地举行。国家人力资源和社会保障部就业促进司副巡视员柴海山,启迪控股股份有限公司常务副总裁、启迪创新研究院专职副院长陈鸿波到会致辞,清华大学二十国集团创业研究中心主任高建教授发布了报告。

全球创业观察(GEM)2016/2017 中国报告是清华大学二十国集团创业研究中心下的中国创业研究中心发布的第十三份年度中国创业观察报告,本次报告的主题为"中国创业的质量、环境和国际比较"。报告对中国创业活动的质量、环境以及与 G20 经济体之间创业活动的共性与差异进行分析,主要发现如下。

一、中国创业活动的质量在提高

从中国早期创业活动的结构特征来看,机会型创业比例由 2009 年的 50.87% 提高到 2016—2017 年度的 70.75%;同时,中国创业者的产品创新性、创业成长性和国际化程度在提高。2009 年,20.19% 的创业者认为自己提供的产品或服务具有创新性,2016—2017 年度这一比例为 28.76%。2009 年,15.65% 的创业者认为企业具备高成长潜力,可以在 5 年内创造 10 个及以上就业岗位,2016—2017 年度这一比例为 22.74%。创业者的海外客户比例提升最为明显,2009 年仅有 1.4% 的创业者有海外市场,而 2016—2017 年度 7.67% 的中国创业者拥有海外客户。从创业者的背景和创业活动的创新性、成长性及国际导向来看,中国创业活动的质量提高了。

二、中国创业生态环境在改善

中国创业环境综合指数由 2010 年的 2.87 上升到 2016—2017 年度的 3.10,说明中国创业环境的总体情况在不断改善。具体到创业环境条件,中国创业环境在金融支持、政府政策及社会和文化规范方面较 2010 年都有了明显提升,但在教育培训、商务环境和研发转移方面改善缓慢或停滞不前。与创新驱动经济体和 G20 经济体平均水平相比,中国在商务环境方面亟需加强。

中国创业环境在金融支持、政府政策及社会和文化规范方面较 2010 年提升显著。2010 年中国金融支持的创业环境条件得分为 2.54 分,2016 年提高到 3.32 分;2010 年中国政府政策的创业环境条件得分为 2.66 分,2016 年提升至 3.02 分;2010 年中国社会和文化规范的创业环境条件得分为 2.97 分,2016 年提高到 3.47 分。

中国在教育培训、商务环境和研发转移方面改善较为缓慢。2010 年中国教育培训的创业环境条件得分为 2.38 分,2016 年该得分为 2.61 分。2010 年中国商务环境的创业环境条件得分为 2.54 分,2016 年该得分为 2.58 分。研发转移方面,2010 年创业环境条件得分为 2.65 分,而 2016 年该得分降为 2.49 分。

与发达经济体和 G20 经济体平均水平相比,中国在商务环境方面亟需加强。2016 年中国商务环境创业环境条件得分为 2.58 分,与加拿大(3.39 分)、德国(3.35 分)和美国(3.30 分)等发达国家的商务环境创业环境条件得分相比,存在较大差距。

三、中国创业活动的结构特征

与其他 G20 经济体相似，青年是中国创业活动的主体，高收入人群更愿意创业，社会对创业的认可程度较高，创业动机以机会型为主

中国创业活动最活跃的年龄段是 18～34 岁的青年阶段，占总体创业者比例的 44.39%，G20 经济体平均比例为 43.19%。

中国较高收入人群（收入较高的前 33% 人口）中有 13.84% 为创业者，而中等收入和低收入人群这一比例分别为 6.47% 和 6.9%，G20 经济体中高收入人群创业的平均比例为 13.23%。

中国有 70.29% 的受访者认为创业是一个好的职业选择，77.78% 的受访者认为成功企业家享有较高的社会地位及 79.32% 的受访者认为可以经常在媒体上看到成功创业的故事。G20 经济体中这三项指标的平均比例也都超过 60%。

企业不盈利是中国和 G20 经济体创业者终止创业的主要原因，中国因为企业不盈利终止创业的比例为 38.91%，G20 经济体平均比例为 30.66%。

四、中国创业活动的变化趋势

中国在创业活跃程度、女性创业比例、创业者受教育程度、高附加值商业服务业创业和创业者创业能力自我感知方面与 G20 其他经济体存在差异

创业活跃程度包括早期创业活动指数、创业型员工比例（内创业）和成熟企业拥有比例。早期创业活动指数是指 18～64 岁的群体中，参与企业创建或运营企业少于 42 个月的个体数量在每 100 位成年人口中所占的比例。创业型员工比例是指作为员工参与到创业活动，如开发和建立新的业务或分支机构的人员比例。成熟企业拥有比例是指在同样的年龄群体中，拥有并自主管理一家运营超过 42 个月的企业的人口比例。2016—2017 年度，中国早期创业活动指数为 10.5，创业型员工比例为 1.2，成熟企业拥有比例为 7.5，总体创业活跃程度处于 G20 经济体中间水平。

中国女性创业活跃程度约为男性的 70%。G20 经济体中，印度尼西亚女性创业比例最高，约为男性的 1.2 倍，日本的女性创业比例最低，约为男性的 1/4。

中国参与早期创业的人员中，具有大专及以上文化程度的比例为 47%，处于 G20 经济体中间水平，低于发达经济体。例如，G20 经济体中加拿大、法国、美国的高学历创业者比例分别是 82%、81% 和 79%。

商业服务业（信息通信、金融、专业和其他服务业等）相对于客户服务业和第一、第二产业具有更高的附加值。中国商业服务业的创业比例相对较低，为 12.46%；而客户服务业的创业比例最高，为 62.68%。G20 经济体中英国（34.7%）、美国（33.6%）和法国（31.4%）等国家商业服务业创业所占比率均较高。

中国创业者认为自己具备创业能力的比例较低，为 29.8%。G20 经济体中平均有 44.86% 的受访者认为自己具备创业能力。因此，中国创业者需要进一步提高创业能力。

全球创业观察(GEM)2018 年中国报告

2018 年 11 月 16 日,由二十国集团创业研究中心和启迪创新研究院联合完成的 2017/2018 全球创业观察中国报告发布会在厦门市清华海峡研究院举行。清华大学经济管理学院党委书记、创新创业与战略系教授、清华大学二十国集团创业研究中心主任高建发布了报告。

全球创业观察(GEM)2017/2018 中国报告是 2002 年以来发布的第十四份年度中国报告。该报告基于过去 15 年的年度调查数据,从中国创业活动的结构特征、质量、环境和区域差异等四个方面分析了中国创业活动 15 年来的变化与发展,主要研究观察如下。

一、中国创业活动的结构

1. 结构特征

中国创业者中最为活跃的群体是 25～34 岁的青年。创业动机以机会型为主,大部分创业者选择在以批发或零售为主的客户服务业创业,具有高附加值的商业服务业创业比例低。

具体来看,中国超过 30% 的创业者为 25～34 岁的青年,18～34 岁的群体约占创业者总数的一半。创业动机分为生存型和机会型两类,平均来看,中国创业活动中机会型动机占到总体的 60% 以上,并持续提高。以批发或零售为主的客户服务业是中国创业者选择创业的主要领域,超过 60% 的创业者在该行业创业,其次为制造业和运输业。

2. 变化趋势

在 2002—2017 年的 15 年中,中国低学历创业者比例逐步下降,高学历创业者比例有所提高,高收入的人群创业增多。虽然中国创业失败的比例呈现出下降趋势,但创业者对自己创业能力的认可程度有所下降,恐惧失败的比例逐步提高。

具体来看,中国创业者中初中及以下学历的创业者比例从 2003 年的 14.2% 逐步下降到 2017 年的 6.3%。创业者的受教育程度与创业动机显著相关,2017 年未受过正式教育或受教育程度为小学的创业者中,仅 25% 的创业动机是机会型创业,而这一比例在本科及以上学历创业者中为 81.8%。2002 年,仅 25.5% 的高收入人群参与创业,而 2017 年,高收入人群创业的比例是 30.5%。

中国终止创业(过去一年内将企业关闭)的比例也呈现下降的趋势,2003 年终止创业的比例为 8%,而 2017 年这一比例约为 2%。同时,中国创业者认为自己具备创业能力的比例有所下降,从 2002 年的 37% 下降到 2017 年的 28%。但是,中国创业者对创业失败的恐惧比例有所上升,从 2002 年的 25% 上升到 2017 年的 41%。导致这一现象的原因可能是随着技术进步和社会发展,成功创业所要求创业者的能力也不断提高,越来越多的创业者认识到自己存在的不足。

二、中国创业活动的质量

2002—2017 年的 15 年中,中国创业活动的质量在提高,但与 G20 经济体中的发达国家相比,仍存在差距。

创业质量包括创业企业的创新能力、成长性和国际化程度。创业企业的创新能力与企业产品的新颖性和新市场开拓有关。在我国,2006 年顾客认为创业企业提供的产品/服务是新颖的且企业在市场上没有或只有较少竞争对手的比例仅为 7%,2017 年这一比例增长到 27%。高技术创业比例相对更低为 3%。虽然中国创业企业的创新能力有提高,但无论是创新能力还是高技术创业比例,与 G20 经济体中的发达国家相比仍然落后,也低于 G20 平均水平。

2006 年,中国有超过 40% 的新创企业能提供的就业岗位很少甚至为零,而这一比例 2017 年下降到 1.3%。同时,2006 年可提供 6 个及以上就业岗位的高成长企业比例为 20%,2017 年这一比例增长到 27%。总体来说,中国创业企业创造就业岗位的能力不断提升。与 G20 经济体对比,中国高成长创业企业的比例处于 G20 平均水平以上。中国创业企业中约三成拥有海外客户,这一比例与 G20 经济体中的发达国家相比差距明显,如美国创业企业拥有海外客户的比例超过 80%。

三、中国创业环境

中国创业环境在不断改善。有形基础设施、市场开放程度、文化与社会规范等是创业环境中一直表现较好的方面,而商务环境、研发转移和教育与培训等是中国创业环境中一直表现较弱的方面。

具体来说,有形基础设施是中国创业环境中最好的一环。市场开放程度和文化与社会规范也表现较好。金融支持早期是中国创业环境中较为薄弱的一环,随着天使投资和创业投资在中国的活跃以及互联网金融和众筹等新形式融资渠道的出现,中国创业活动的金融支持开始改善,已经呈现出较好的表现。政府项目、商务环境、研发转移和教育与培训是表现较弱的方面。其中,中央和地方政府的创业政策表现较好,但其中涉及的高效行政、规范行政和政策优惠等方面表现有待改善。创业教育与培训尤其是中小学启蒙教育(鼓励、关注和指导)表现比较弱。研发转移的评分不高,研究成果和新技术商业化过程存在障碍;技术获取难,获取后转化速度慢。

四、中国创业活动的区域差异

2002—2017 年的 15 年中,中国城乡创业活跃程度比较均衡,但城市机会型创业的比例相对高一些。区域创业活动的差距还没有显著缩小。

具体来说,2010 年前农村地区创业活动较城市更为活跃,2005 年城市样本中每 100 个 18~64 岁的成年人口只有 10 名早期创业者,而农村样本的创业者数量是 16 人。2017 年城市样本中每 100 个成年人中创业者数量是 11 人,而农村样本为 10 人,基本相同。

城市地区创业者中机会型创业的比例为 67%,而农村地区创业者中机会型创业的比例为 61%。

北京、上海、天津、广东、浙江和江苏等六地区(以下简称"六地区")和其他地区每万名成年人在过去三年中新增的私营企业数量都在增加,但"六地区"的增长更快。2002 年中国"六地区"的每万人拥有的新增创业企业数为 24 家,其他地区为 4 家。到 2017 年,"六地区"每万人拥有的新增创业企业数为 212 家,其他地区为 81 家。造成创业活动区域差异的主要因素是创业文化氛围、产业结构变化、人力资本和技术发展水平。研究表明,一个地区私营企业就业人数多、第三产业 GDP 占比高,劳动力人口中本科及以上学历比重高以及发明专利授权量多,则该地区的创业活动就可能更加活跃。市场需求和人口变化对区域创业活动的影响程度相对较弱。

全球创业观察(GEM)2019 年中国报告

2019 年 10 月 22 日,由二十国集团创业研究中心和启迪创新研究院联合完成的 2018/2019 全球创业观察中国报告在 2019 二十国集团创业圆桌对话上发布。清华经济管理学院创新创业与战略系教授、清华大学二十国集团创业研究中心主任高建发布了报告。

全球创业观察(GEM)2018/2019 中国报告是清华大学二十国集团创业研究中心发布的第十五份年度中国创业观察报告。本次报告以中国和 G20 经济体创业活动的质量、环境和特征为主线,结合中国十年间创业质量的变化,对中国和 G20 经济体的创业活动进行了分析,主要发现如下。

一、中国创业活动的质量

1. 中国创业活动的创新能力和国际化程度不断提高,高成长企业比例在两成左右波动

中国创业活动的创新能力和国际化程度在不断提高,而高成长企业的比例在两成左右波动。具体来说,2009 年顾客认为创业企业提供的产品/服务是新颖的且企业在市场上没有或只有较少竞争对手的比例为 20.2%,2018 年这一比例增长到 33.6%。同时,中国创业企业的销售收入中超过 25% 来自海外市场的企业比例从 2009 年的 1.4% 增长到 2018 年的 11.3%。中国创业企业中预计 5 年内可提供 20 个及以上就业岗位的高成长企业比例在过去 10 年间在两成左右波动,未显现出明显的上升趋势。

2. 中国创业活动的产业分布以客户服务业为主,虽然商业服务业比例不断上升,但与发达经济体之间仍有明显差距

中国创业活动的产业分布主要集中在以批发、零售为主的客户服务业,占全部创业活动比例的 60% 以上。以专业服务业(7.4%)、金融业(3.6%)、管理服务业(0.8%)为代表的商业服务业创业比例仍然较低,仅占全部创业活动比例的 14.3%。虽然这一比例在过去 10 年间已有明显提升,2009 年为 2.5%,但与美国等 G7 经济体相比仍有较大差距。以美国创业活动的产业分布为例,其客户服务业比例仅为 23.4%,而专业服务业、金融业和管理服务业占比分别为 13.2%、8.8% 和 5.6%,产业分布更加均衡,知识密集型产业的比例也更高。

二、中国创业环境

1. 中国创业环境的总体情况较好,在 G20 经济体中排名靠前

中国创业环境的综合评价得分为 5.00 分,在 G20 经济体中排名第 6,处于靠前位置。印度尼西亚、印度和美国的各领域专家对本国创业环境最为满意,其创业环境综合评价得分分别为 5.91 分、5.58 分和 5.32 分,在 G20 经济体中具有优势,而巴西、沙特阿拉伯和南非的创业环境评价相对较弱,创业环境综合评价得分分别为 4.01 分、4.01 分和 3.78 分,有待提高。

2. 有形基础设施、内部市场活力以及文化和社会规范是中国创业环境中具有优势的方面,而学校创业教育、研发转移及商业和法律基础设施是中国创业环境中的相对短板

中国创业环境中具有优势的方面包括有形基础设施、内部市场活力及文化和社会规范,其得分分别为 7.40 分、6.67 分和 6.02 分。而中国创业环境中的相对短板是学校创业教育、研发转移及商业和法律基础设施,其得分分别为 3.38 分、4.04 分、4.23 分。值得注意的是,中国的商业和法律基础设施得分是 G20 经济体中该项得分最低的,应予以重视,重点改善。

三、中国创业活动的特征

1. 从创业活动的类型来看,中国技术创业和员工内部创业的比例仍然偏低,家庭创业以家庭成员合伙经营为主

中国技术创业的比例较低,为 2.66%,这一比例与排名靠前的澳大利亚(13.1%)、英国(11.27%)和日本(10.58%)等经济体仍有较大差距。从员工内部创业的情况来看,中国有 1% 的创业活动为员工内部创业,加拿大(8.59%)、美国(7.96%)和澳大利亚(7.81%)的员工内部创业更为活跃。

中国超过 92% 的家庭创业都是家庭成员之间的合伙创业,家庭成员作为员工打工的比例相对较低。

2. 从总体情况来看,中国创业活动终止的主要原因是企业不盈利。高质量创业活动终止的主要原因是有机会出售企业或发现了其他商业机会

中国创业活动终止的主要原因是企业不盈利(28.31%)、家庭和个人原因(23.1%)、资金困难(21.32%)、有机会出售企业或发现了其他商业机会(12.42%)以及退休(6.26%)、政府制度环境(1.44%)等其他原因。而高质量创业活动退出创业的主要原因是有机会出售企业或发现了其他商业机会(45.1%)、企业不盈利(32.1%)、家庭和个人原因(16.2%)以及资金困难(6.7%)。从创业活动终止原因的差异可以看出具有创新性、高成长和国际化导向的企业生存能力更强,终止创业以主动退出为主。

3. 中国创业的社会感知对个人感知具有积极影响,良好的创业文化有助于个体发现创业机会

创业活动的社会感知主要反映经济体对待创业活动的社会价值观,从大众的职业选择、企业家的社会地位和媒体关于创业的报道 3 方面体现。从中国创业活动的社会感知来看,大众对创业活动具有积极的认知,认为创业是一个好的职业选择、成功企业家具有较高社会地位及媒体经常报道创业活动的比例分别达到 60.8%、68.7% 和 68.1%。

创业活动的个人感知包括个体对创业机会的感知能力和个体对自身创业能力的认知。通过分析中国创业活动社会感知与个人感知之间的关系发现,两者显著相关,良好的创业文化有助于个体发现创业机会,开展创业活动。

全球创业观察（GEM）2020 年中国报告

2020 年 12 月 12 日,清华大学二十国集团创业研究中心与北京华普亿方教育科技集团股份有限公司在广东省肇庆市共同发布 2019/2020 年全球创业观察（GEM）中国报告。清华大学二十国集团创业研究中心主任、清华经济管理学院教授高建发布了报告。

全球创业观察（GEM）中国报告（2019/2020）是清华大学二十国集团创业研究中心发布的第十六份年度中国创业观察报告。2019 年有 50 个经济体参与了全球创业观察研究,受访者样本超过 15 万个。本次报告以 G20 经济体背景下中国创业活动的阶段和类型特征为主线,分析了中国存续和终止创业活动的特征、产业分布及环境,主要发现如下。

一、中国相对成熟企业的比例更高,创业企业具有较好的存活率

全球创业观察研究根据创业活动的不同阶段将创业活动划分为早期创业活动和相对成熟企业。全员早期创业活动指数是指参与企业创建或运营企业少于 3.5 年的个体数量在成年人口中所占的比例,中国早期创业活动指数为 8.7%,表明每 100 人中有 8.7 人参与早期创业活动。相对成熟企业指数是指参与到那些拥有并自主管理一家运营超过 3.5 年企业的人口比例,中国的相对成熟企业指数为 9.33%,表明每 100 人中有 9.33 人参与相对成熟企业。通常来说,早期创业活动较相对成熟企业更为活跃,因为成熟企业需要至少存活 3.5 年。中国的相对成熟企业比例更高,说明中国创业企业的存活率相对较好。

二、中国创业终止多因被动原因,零售、餐饮和酒店是创业终止比例最高的行业

创业退出具有多种原因,我们将其分为主动退出和被动退出两种类型,相对来说,主动退出的创业者有更好的发展。主动退出的原因包括正好有卖掉业务的机会、遇到其他工作或商业机会以及事先计划好退出;被动退出的原因包括业务不盈利、资金问题、退休、家庭或个人原因、偶发事件、政策制度等。中国创业终止主动退出的比例较低,为 23%;资金问题（29%）、家庭和个人原因（24%）、业务不盈利（19%）等被动退出是创业终止的主要原因。分行业来看,零售、餐饮和酒店是创业终止比例最高的行业,其次为社会服务业、制造业和批发业。

三、中国创业活动的产业分布以客户服务业为主,虽然商业服务业比例不断上升,但与发达经济体之间仍有明显差距

中国创业活动的产业分布主要集中在以批发、零售为主的客户服务业,占全部创业活动比例的 70% 以上。以管理服务（4.4%）、信息通信（2.9%）、专业服务（2.3%）和金融（1.5%）为代表的商业服务业创业比例仍然较低,仅占全部创业活动比例的 11.1%。虽然这一比例在过去 10 年间已有明显提升,2009 年为 2.5%,但与美国和 G7 经济体相比仍有较大差距。以美国创业活动的产业分布为例,其客户服务业比例仅为 24.6%,而商业服务业比例为 30.1%,产业分布更加均衡,知识密集型产业的比例更高。

四、中国创业的硬环境好于软环境,文化环境、市场环境和政策环境优于包括金融、教育、研发、商业在内的其他软环境

中国创业环境指数得分为 5.89 分,在 G20 经济体中排名第 2。创业环境指数由 12 项

具体指标构成,我们将其分为硬环境和软环境。硬环境是指与创业相关的有形基础设施,软环境包括文化、市场、政策和其他方面等。

中国创业的硬环境得分最高,为 7.49 分,是中国创业环境中最好的方面。文化环境、市场环境和政策环境得分分别为 6.68 分、6.03 分和 5.80 分,在 G20 经济体中排名同样靠前,但与有形基础设施得分仍有差距。其他软环境包括金融、教育、研发和商业,是中国创业环境评价中得分相对较低的方面,得分为 5.33 分。与中国创业活动的产业格局相似,其他软环境都属于商业服务业领域,无论是创业活动还是创业环境都需要重点推动。